臺灣歷史與文化 研究輯刊

十 二 編

第 8 冊

戰後臺灣作家文學中的「原住民族書寫」：自 1945 到 1987（第二冊）

蔡 政 惠 著

花木蘭文化事業有限公司

國家圖書館出版品預行編目資料

戰後臺灣作家文學中的「原住民族書寫」：自 1945 到 1987
（第二冊）／蔡政惠 著—初版—新北市：花木蘭文化事業有
限公司，2017〔民 106〕
目 2+182 面；19×26 公分
（臺灣歷史與文化研究輯刊十二編；第 8 冊）
ISBN 978-986-485-159-1（精裝）
1. 臺灣文學 2. 文學評論
733.08   106014102

ISBN-978-986-485-159-1

9 789864 851591

臺灣歷史與文化研究輯刊
十二編　第八冊　　　　　　　ISBN：978-986-485-159-1

戰後臺灣作家文學中的「原住民族書寫」：
自 1945 到 1987（第二冊）

作　　者　蔡政惠
總 編 輯　杜潔祥
副總編輯　楊嘉樂
編　　輯　許郁翎、王筑　美術編輯　陳逸婷
出　　版　花木蘭文化事業有限公司
社　　長　高小娟
聯絡地址　235 新北市中和區中安街七二號十三樓
　　　　　電話：02-2923-1455／傳真：02-2923-1452
網　　址　http://www.huamulan.tw 信箱 hml810518@gmail.com
印　　刷　普羅文化出版廣告事業
初　　版　2017 年 9 月
全書字數　866039 字
定　　價　十二編 13 冊（精裝）台幣 26,000 元

戰後臺灣作家文學中的「原住民族書寫」：
自 1945 到 1987（第二冊）

蔡政惠 著

第三章　鍾肇政文學中的原住民族書寫（下）

第一節　原住民族群認同意識的演變

一、原住民認同迷思

（一）馬黑坡之花岡一郎

在鍾肇政的諸多文本中，均不斷地呈現原住民族，在日本殖民的同化教育下，族群認同被混淆，導致族群認同迷思的集體意識再現，諸如在《馬黑坡風雲》中，花岡一郎有時反而覺得，「自己是被不可抗拒的力量，安置在同族的人們與內地人中間。」〔註1〕因此，被同化的被殖民者有時甚至於認爲與族人間會有族群隔閡存在。

> 一郎約略知道莫那的脾氣，是沈默寡言的。他回到工作上面，就是
> 無言地表示談話已告終。可是一郎希望能跟這位他心中所崇拜的人
> 物多些。……對一邊，雖然是異族，但一郎以爲知道的多些。他們
> 不外希望這些「蕃人」，從此安穩下來，作個大日本帝國國民，好好
> 兒供他們統治。對另一邊呢？是同族人，可是一郎覺得隔膜多了。
> 〔註2〕

在花岡一郎心目中，或許感受到族人對他乃抱持著誤解與偏見，「也許，

〔註1〕 鍾肇政，《鍾肇政全集7‧馬黑坡風雲》（2000年），頁214。
〔註2〕 鍾肇政，《鍾肇政全集7‧馬黑坡風雲》（2000年），頁214。

莫那也和大家一樣，對一郎抱有成見，懷有戒懼。他多麼想讓族裡的人明白。雖然這樣一身穿戴，但是皮膚下流著的仍然是不折不扣的泰耶魯血液啊，仍然是『塞達卡・達耶』（註：山地人自稱，意爲高山上的人）的血液啊。」〔註 3〕除去日本和服的外衣，花岡一郎仍爲不折不扣的「塞達卡・達耶」。但花岡一郎在日本殖民官方的同化教育中，聽過不少對於原住民族的輕蔑與汙名化言論，「過去，一郎直接間接地聽過不少有關泰耶魯的言詞，也在書本上看到過不少，都認爲泰耶魯的智力很低，還停留在野蠻人的階段，不會運用數字，也不會運用思想，只知蠻幹，不顧後果。」〔註 4〕此乃造成原住民族產生族群認同迷思。花岡一郎在莫那口中聽到的族群定位，彷彿一記當頭棒喝，「從莫那這樣的人的口裡聽到這個詞兒，眞太奇異，太不可思議了。莫那起只不是腦筋遲鈍，不能運用思想的野蠻人，簡直是有著高度智慧，現代思想的聰明才智之王呢。」〔註 5〕莫那口中的少數民族，證明其令人奇異且不可思議的先進思維。

> 「你不相信嗎？可是這是千眞萬確，一點兒也不假。我們是被征服
> 的，受壓迫的少數民族。你明白我的意思吧。」「嗯……」一郎好像
> 頭頂挨了一棒。少數民族！〔註 6〕

在花岡一郎的記憶中，「少數民族，曾經在什麼時候聽到這個詞兒，也可能是在書本中看到的。卻從來也沒想到泰耶魯就是少數民族，而自己正是其中的一份子。而且，他們這個少數民族，想來到的的確確地是被征服的，受壓迫的。」〔註 7〕原住民被殖民者，在此刻著實地體悟到，被殖民壓迫的情境，正侵蝕著傳統原住民部落。鍾肇政藉由文本揭露，原住民族受到日本殖民同化教育洗腦後，如何地認定皇民化運動，而造成族群認同迷失；甚至於以身爲原住民族爲恥，以身爲大日本帝國國民爲榮，令人不勝唏噓。

（二）武達歐之回歸山林

在鍾肇政〈回山裡眞好〉中，描述原住民孩童的社會適應議題，亞爸送武達歐回學校，要返回到山裡時；武達歐詢問亞爸，回山上要去打獵還是馬

〔註 3〕 鍾肇政，《鍾肇政全集 7・馬黑坡風雲》（2000 年），頁 214。
〔註 4〕 鍾肇政，《鍾肇政全集 7・馬黑坡風雲》（2000 年），頁 215。
〔註 5〕 鍾肇政，《鍾肇政全集 7・馬黑坡風雲》（2000 年），頁 217。
〔註 6〕 鍾肇政，《鍾肇政全集 7・馬黑坡風雲》（2000 年），頁 217。
〔註 7〕 鍾肇政，《鍾肇政全集 7・馬黑坡風雲》（2000 年），頁 218。

嘎嘎嗎？亞爸告知現代社會中，當然不會存在馬嘎嘎。武達歐又再次詢問，原住民族是野蠻人嗎？其實，在諸多原住民孩童心中，乃存在著被殖民者的自卑心態，彷彿法農所展現出的被殖民者心態，「所有被殖民者——換句話說，所有因爲當地文化的原初性被埋葬而產生自卑情結的人——都得到面對開化者國家的語言，也就是母國的文化。隨著學習母國的文化價值，被殖民者將更加遠離他的叢林。」〔註8〕武達歐在山下的生活，乃極度無法適應，而渴望回到山上。

> 「不行，亞爸還有事情要快點回去。」「打獵嗎？」「嗯？」「馬嘎嘎？」
> 「嘻嘻嘻……」亞爸滿臉的苦笑。「傻孩子，現在沒有馬嘎嘎啦。早
> 就沒有啦。」「亞爸，我也要去打獵。」「行。」兩人從鎮上的方向
> 走去。「亞爸！」走了一段路，武達歐忽然大聲叫。「唔？」「我們是
> 野蠻人嗎？」「野蠻人？當然不是。」「我們不是嗎？」「誰說的？有
> 人說你嗎？」「沒有……。」〔註9〕

武達歐此時憶起最害怕的老師，與他人的談論之語，那一句「野蠻人，天生的野蠻人！」此言深深地刺痛武達歐的內心，彷彿後殖民論者法農所論述的「黑人自卑情結」，「在白人面前，黑人有一種莫名的自卑，無法正常思考，也無法完全表達自己。」〔註10〕當武達歐面對亞爸的關心，卻又不敢承認自我所忍受的族群輕蔑，而身陷族群困境。豈料，日後此即釀成武達歐不斷滋事的重要因素之一。

> 武達歐又不想了。他在想著前幾天經過有最叫他害怕的老師們在裡
> 頭的訓導處前面時聽到的幾句交談。「六十幾公里呢。眞不得了。」
> 「天生的馬拉松人才吧。」「野蠻人，天生的野蠻人！」誰？誰是野
> 蠻人呢？武達歐急步離開那裡。他的心在篤篤急跳，腦子漲得幾乎
> 要炸裂似的。他說的會是誰呀？一定不是我。當然不是，我怎麼會
> 是個野蠻人！「武達歐，告訴亞爸，誰說你是野蠻人？」「……沒有
> 啦。」「那你怎麼問這個？」「隨便想到的。」「哼哼……」〔註11〕

鍾肇政藉由〈回山裡眞好〉中，刻畫出原住民青年在平地求學時，所遭

〔註8〕 法農，〈黑人與語言〉，《黑皮膚，白面具》（2005年4月），頁89。
〔註9〕 鍾肇政，《鍾肇政全集15‧回山裡眞好》（2000年），頁253～254。
〔註10〕 陳芳明；法農，〈皮膚可以漂白嗎？〉，《黑皮膚，白面具》（2005年4月），頁15。
〔註11〕 鍾肇政，《鍾肇政全集15‧回山裡眞好》（2000年），頁254～255。

受到的輕蔑與衝擊；卻僅能以不斷地飲酒滋事，來做無言的抗議，誠如後殖民論者法農所述，「在安的列斯，年輕的黑人在學校不停重複『高盧人，我們的祖先』，他自我認同的對象，是為野蠻人帶來純白真理的探險家、文明傳播者、白人。有認同，也就是說年輕黑人在主觀上採取了白人的態度。」〔註12〕最後，飽受族群蔑視的武達歐乃選擇回歸部落，方可重新享受自由自在、不再受輕視與汙名化的山地部落生活。

二、原住民青年

（一）插天山之達其司・比荷

鍾肇政在《插天山之歌》中，由漢族青年在山中部落，遇見原住民族的故事，鋪陳原住民族的人物形象特色。首先，志驤遇見原住民青年達其司・比荷，「志驤看清楚了對方的面孔。膚色黧黑，眉毛濃濃的。眼睛圓而大，嘴唇稍厚，一臉精悍之色，大約二十歲不到。必定是山地人吧，他想。」〔註13〕達其司・比荷教導志驤原住民族鉤鱸鰻、鉤鮎魚的特殊技術。

> 「我叫卡瓦達。請指教。」……「對，川瀨。你也可以叫我達其司，達其司・比荷。這才是我的原來名字。」「達其司・比荷，真好聽的名字，比卡瓦塞好多了。哈哈……」〔註14〕

當志驤與達其司・比荷對話後得知日本殖民教育景況，「志驤還問了達其司許多話，知道了如下事時：他家裡一共六個人，父母之外有一弟二妹，還在蕃童教育所（註：日據時在山地設的教育機構），教育所在『竹頭角』，走路要半小時多一點，唸了三年就畢業了。教師都是巡查，渡邊也是校長先生。」〔註15〕原住民青年，均被送進由日本巡查擔任教師的「蕃童教育所」，被迫接受日本殖民遺毒。日本殖民當局還不斷地剝削著這群純樸的原住民；甚至於在「蕃產交易所」的成交價格，乃一落千丈地慘遭剝削，原住民族則蒙受暴利剝削而不自知。

〔註12〕 法農，〈黑人的實際經驗〉，《黑皮膚，白面具》（臺北：心靈工坊文化事業股份有限公司，2005 年 4 月），頁 243。

〔註13〕 鍾肇政，《鍾肇政全集 4・臺灣人三部曲・插天山之歌》（2000 年），頁 1121～1122。

〔註14〕 鍾肇政，《鍾肇政全集 4・臺灣人三部曲・插天山之歌》（2000 年），頁 1121～1122。

〔註15〕 鍾肇政，《鍾肇政全集 4・臺灣人三部曲・插天山之歌》（2000 年），頁 1124～1125。

志驤記得秀吉曾經告訴過他，鮎魚最貴時可以賣到八角多，可見這位純樸的山地青年以及他的族人們，經常都在受著剝削。尤其是那所什麼蕃產交易所，簡直就是吸吮山地人膏血的剝削機構。〔註16〕

漢族青年秀吉對原住民族乃存有刻板印象，認爲「蕃人就是蕃人」，「原來秀吉並不認識那個山地青年的，不過他說見到以後一定認識，只不知道名字罷了，因爲秀吉在夏天也常去釣鮎魚。秀吉認爲蕃人就是蕃人，是天生的山裡人，與平地人大有不同。不怕溪水冷，就是差異之一。」〔註17〕在漢族青年秀吉眼中，乃瞧不起原住民族，但豈知原住民族是否也瞧不起漢族呢？

「話是這麼講，可是……哎哎，我也不懂。老實說，我們叫他們蕃仔，是有點瞧不起的意思，但是他們也並不把我們放在眼裡。這是很使人不服的。可是我們不會釣鱸鰻，這個時候，我們也還沒有人去釣鮎魚，叫他們獨佔了。目前鮎魚剛出。價錢很好哩。」〔註18〕

在山地部落當中，諸如達其司・比荷般的鉤鰻高手必定很多，「志驤相信，從最內山的高崗部，到第二階段的馬利科彎部，以致這一帶的拉號部，還有下游的狗爪部，像達其司這樣的鉤鰻高手，爲數必不在少數。」〔註19〕志驤也隨著達其司鉤起鱸鰻來，卻在心中默默地納悶著，平地人與山地人的身體結構眞有所差異嗎？

達其司說深處的水不再冷，可是志驤仍然覺得好冷。潛在水裡還好，浮上來呼吸，身子就猛顫不停。而達其司卻若無其事，一點也不在乎。這就令人奇怪啦，難道平地人與山地人，在身體構造上眞有些微妙的不同嗎？抑只是習慣？平地人沒有人能鉤鱸鰻，原因或者就在這裡吧。〔註20〕

鉤鱸鰻需具備相當的技術與能力，「這一天，達其司結束了青年召集，又來了。一看到志驤，就說已聽到志驤所抓的那尾鱸鰻了，而牠也是這一年的第一尾大魚。達其司把志驤誇讚了一番。『整個拉號和雞飛的人都在談著你呢。李桑，你眞了不得。』」〔註21〕當地諸多原住民族，均很佩服志驤的能

〔註16〕鍾肇政，《鍾肇政全集 4・臺灣人三部曲・插天山之歌》（2000 年），頁 1130。
〔註17〕鍾肇政，《鍾肇政全集 4・臺灣人三部曲・插天山之歌》（2000 年），頁 1131。
〔註18〕鍾肇政，《鍾肇政全集 4・臺灣人三部曲・插天山之歌》（2000 年），頁 1161。
〔註19〕鍾肇政，《鍾肇政全集 4・臺灣人三部曲・插天山之歌》（2000 年），頁 1161。
〔註20〕鍾肇政，《鍾肇政全集 4・臺灣人三部曲・插天山之歌》（2000 年），頁 1162。
〔註21〕鍾肇政，《鍾肇政全集 4・臺灣人三部曲・插天山之歌》（2000 年），頁 1164。

力。因在原住民部落，自從日本殖民官方禁止馘人頭後，鉤鱸鰻已儼然成爲一種值得驕傲之事。當年原住民族馘取人頭，方可成爲勇士娶妻；如今乃被鉤鱸鰻所取代，或許在漢族眼中，此即爲一種文明化的展現。

> 「我們那裡，鉤鱸鰻已代替了馘人頭。是一件非常光榮的事。所以
> 這是一件了不起的消息，馬上會傳開的。」……傳聞裡，山地人把
> 出草馘人頭當作一件英雄式行爲，一個青年非馘到人頭，便不能側
> 身於成人社會裡，娶妻也不被允許。而馘首之風早已革除了，不料
> 鉤鰻魚竟能取代它。說來也是自然的趨勢吧！〔註22〕

鍾肇政在《插天山之歌》中，描述原住民族的馘首文化，已被鉤鱸鰻技巧所取代。原住民青年即自幼被送進「蕃童教育所」，長大後鉤鱸鰻技術絕佳，鉤鱸鰻時不怕溪水冷；然而，昂貴的鮎魚，被送到日本的「蕃產交易所」後，原住民族卻慘遭日本殖民官員的剝削。此外，藉由漢族青年志驤的觀點，去描述漢族眼中的原住民族，與同處於日本治理下，原住民族與漢族的差異之處。

（二）莫勇之月夜召喚

鍾肇政在〈月夜的召喚〉中，利用諸多情節鋪陳原住民青年莫勇的自我內心獨白，藉此反映原住民在平地工作的各種心態與處境。諸如莫勇被嫌臭而在洗澡後，換上漢族老闆孩子的服裝而感到滿足，「莫勇低下頭看看自己的全身，血液猛地衝上來了。洗澡時，先生就拿了衣褲要他換的。他換了。上牀的時候，因爲那是他的小房間，沒別人，所以他又換回去。先生說那是哥哥以前穿的，現在不能穿了。小弟還要好幾年才能穿，恐怕留不到那麼久。還有好幾身，都可以給你。你穿上一定很合適。」〔註 23〕當莫勇撿漢族老闆孩子舊衣後，反觀自己原本的服裝，縱然又舊又破仍捨不得丟掉。

> 你那舊的已經破了，可以丟掉了。當時莫勇是點了頭，可是他捨不
> 得。他怎能丟掉呢？這是出門前唯一的一件比較少破的，還可以穿
> 好久好久。如果是在家，他還捨不得穿哩！〔註24〕

當莫勇換上漢族老闆孩子的舊衣裳後，視爲十分珍貴的衣裳，至於自己的舊衣裳，乃小心翼翼地收起來，「洗完澡，穿上先生交給他的新衣，他眞不

〔註22〕鍾肇政，《鍾肇政全集 4・臺灣人三部曲・插天山之歌》（2000 年），頁 1164。
〔註23〕鍾肇政，《鍾肇政全集 15・月夜的召喚》（2000 年），頁 213。
〔註24〕鍾肇政，《鍾肇政全集 15・月夜的召喚》（2000 年），頁 213。

敢相信他還是他。雪白的上衣，卡其褲有筆直的摺痕，使他幾乎擔心走路一不小心就會摔倒。他先把舊衣服摺疊好，送到自己的房間包進大手帕裡，這才出到廳裡。他的心猛跳個不停，他從來也沒有穿得那麼體面過。」〔註 25〕對於莫勇而言，有舊衣裳可穿，已為莫大的快樂。老闆的母親阿婆還允諾，以後會買新衣裳給莫勇穿，現在先委屈他穿舊衣裳，莫勇心目中乃感到受寵若驚。

> 「阿婆說，」先生爸把意思告訴莫勇：「舊衣服看起來還合身，她要
>
> 你委屈一下，以後再買新衣服給你，好嗎？」〔註 26〕

原住民青年莫勇知足常樂的態度，讓他在平地過得更自然。當他與老闆娘、阿婆在工廠一起工作之際，「在工廠裡，經常都只有他和太太、阿婆。太太的國語不靈光，阿婆更是一句話也不會，所以她們教他做什麼時，都是一面講一面比手劃腳的。她們倒是經常地在聊著，莫勇只有在一邊發自己的呆，想自己的心事。」〔註 27〕由於原漢民族的語言隔閡，讓雙方經常僅能比手劃腳。因此，多數的時間，莫勇僅可自我消磨時光；而最常相處與對話的對象，即為工廠中的那兩隻鸚哥。莫勇有何心事，第一個想到的即為這兩隻鸚哥，由此呈現原住民在平地工作的適應議題。

> 在這當兒，莫勇最感親切的就是先生養的兩隻鸚哥了，好美麗的小
>
> 鳥，裝在鳥籠裡，掛在工廠裡的窗邊屋簷下？莫勇把牠們當作自己
>
> 唯一的伴兒，不，是唯一的知心朋友了？所以，有時他到窗口裝著
>
> 透透氣的樣子，便無言地向牠們說：「鳥啊，唱歌給我聽好不……唱
>
> 啊，快唱啊……你唱一支，我也唱一支……你怎麼不說話？這不是
>
> 跟我一樣嗎？一天也沒說多少句話。你們好壞，不跟我說話！」但
>
> 是，這些話，他是在心裡說的，他知道鳥們聽不到，也就不敢多奢
>
> 望他們會回答了。〔註28〕

莫勇在與這兩隻鸚哥對話時，若鸚哥相應不理，莫勇又會湧起原住民族的自卑心態，總會單純地認為，難道乃由於自身的「曹」族原住民身分，所以連平地的鸚哥都不想理會他，由此反映原住民族的自卑心態，彷彿法農所述，「法農提醒他的讀者，奴隸並不是由膚色來決定，而是由他的自卑的、毫

〔註 25〕鍾肇政，《鍾肇政全集 15・月夜的召喚》（2000 年），頁 213。
〔註 26〕鍾肇政，《鍾肇政全集 15・月夜的召喚》（2000 年），頁 214。
〔註 27〕鍾肇政，《鍾肇政全集 15・月夜的召喚》（2000 年），頁 215～216。
〔註 28〕鍾肇政，《鍾肇政全集 15・月夜的召喚》（2000 年），頁 216。

無自主的內心來決定。」〔註 29〕原住民族長期在族群自卑情結的作用下，使得莫勇乃鬱鬱寡歡。

> 「鳥啊！我剛才聽到你們唱歌了，好好聽，比我們那兒的鳥唱的還好聽？可惜我不能跟你們一起唱。現在可以啦，我可以跟你們一塊唱啦了，我們一起來唱吧。好不好？」「……」「咦，怎麼不回答我？你說話呀。」「……」「你不肯跟我說，因為我是曹……」莫勇臉上爬滿了惆悵。〔註 30〕

縱然莫勇到平地工廠工作時，很快地適應平地生活。但過了一陣子，「莫勇變了，而且變得很突然。莫勇照樣勤奮地工作、作息，可是眉宇間總似乎有一抹憂鬱與焦急。那是很不容易察覺出來的。不過如果有人晚上看著他的一舉一動，便不難看出來。」〔註 31〕莫勇生活的悶悶不樂，與漢族老闆一家人的相處時，彷彿薩依德的親身經歷所述，「我和校外的英國孩子並無接觸；隔著一條無形界線，他們藏在我不能進入的另一個世界裡。」〔註 32〕莫勇總是索然無味地與漢族形成隔閡。

> 過去，莫勇總是早睡的？電視，他興趣缺缺。有時先生的家人要他坐下來看看，他總是不能靜靜地呆著。一聽到先生說，你想睡覺先去睡吧。他就迅速地起身進去。那背影，好像剛做完什麼苦工一般，多麼輕鬆愉快的樣子。孩子們在屋前的水泥地上玩，小弟也常會邀他一起做些遊戲，他也總是木立一旁，好像十分不願意參加的樣子。〔註 33〕

心事重重的莫勇經常無法入眠，「這幾天來，他沒在那麼早入睡，常常都是坐在床沿上，面孔承受著從窗外射進來的月光痴痴地想著什麼心事。這時候，他的憂鬱與焦急就那麼明晰的顯露在面孔上。直到月影斜了，不見了，這才躺下去。第一個發現莫勇變了，是阿婆。」〔註 34〕第一個察覺莫勇變化，乃為心思細膩的阿婆。阿婆回想著莫勇總是那麼彬彬有禮，恭敬如宜，還經

〔註 29〕陳芳明：法農，〈皮膚可以漂白嗎？〉，《黑皮膚，白面具》（2005 年 4 月），頁 17。

〔註 30〕鍾肇政，《鍾肇政全集 15・月夜的召喚》（2000 年），頁 216。

〔註 31〕鍾肇政，《鍾肇政全集 15・月夜的召喚》（2000 年），頁 219～220。

〔註 32〕薩依德，〈殖民學校：人地不宜〉，《鄉關何處》（臺北：立緒出版社，2000 年 10 月），頁 57。

〔註 33〕鍾肇政，《鍾肇政全集 15・月夜的召喚》（2000 年），頁 219～220。

〔註 34〕鍾肇政，《鍾肇政全集 15・月夜的召喚》（2000 年），頁 220。

常受到老闆的誇讚；甚至於與老闆的孩子產生對比。

> 這一家人用大碗盛飯給他吃，已經有好些日子了。原本莫勇是跟大
> 家一起吃的。莫勇吃飯好規矩，從不掉一粒飯，也從不吃剩，吃完
> 後碗筷都放得整整齊齊，不用說也從不在吃飯時說一句話。在這方
> 面，因爲先生都不大嚴格地管教孩子們，所以每餐下來，餐桌上莫
> 勇的位子與孩子們的，成了一個明顯的對照。也是因爲這種情形，
> 先生還當面誇獎過莫勇，要小弟與小妹學他的榜樣。〔註35〕

老闆一家人察覺到莫勇的食量變少；照理說成長發育中的青少年，食慾
理應不錯；更何況莫勇乃來自於山地，在漢族的刻板印象中，或許山地青年
的食量較爲驚人，「先生一家很快地發現到，早餐與午餐，莫勇必吃兩碗，晚
餐則必吃一碗，不多也不少，再怎麼勸他，都不能使他多吃一口這就奇了。
照理一個十五歲的孩子正是吃不飽睡不飽的年紀。何況是山裡來的。……也
許是山地人糧食不豐富，晚上只睡覺不做事，所以養成了少吃的習慣吧。這
是先生的見解，可是是不是如此，他也沒法證實。」〔註36〕細心的阿婆提議
要讓莫勇用一大碗來裝飯，否則擔憂發育中的青少年莫勇如何飽食呢？

> 阿婆異想天開，認爲也許大家一塊吃，他不敢多吃。這個意見顯然
> 說不通，不過阿婆的提議倒得到兒子與媳婦的同意。阿婆說，用一
> 個大碗。盛滿滿的飯，挾滿滿的菜，讓他自己去吃，也許能讓他多
> 吃些。小小年紀，不吃飽些，怪可憐的。〔註37〕

翌日，老闆娘就照著阿婆的意思去做，莫勇果然欣喜地接下那一大碗飯，
甚至於讓莫勇端到屋頂上去吃，讓莫勇享受著自在的氣氛。果眞讓莫勇吃得
津津有味，也讓莫勇除去那份平地的陌生感。莫勇即代表原住民族的族群自
卑，在漢族面前總矮人一截般；彷彿法農所論述的被殖民者心態，黑人在白
人面前，總是自慚形穢地自我矮化。

> 下一天太太就眞的盛一大碗給莫勇，叫他自己先吃？莫勇猛地點下
> 了頭接過去了。那時莫勇欣悅的樣子，眞是動人極了？這以後，每
> 餐都是家人進食前讓他先吃，他有時還端著碗筷跑到水泥屋頂上去
> 吃？而且那一大碗足足有三碗飯，加上堆得老高的菜，量是非常可

〔註35〕鍾肇政，《鍾肇政全集15‧月夜的召喚》（2000年），頁220～221。
〔註36〕鍾肇政，《鍾肇政全集15‧月夜的召喚》（2000年），頁221。
〔註37〕鍾肇政，《鍾肇政全集15‧月夜的召喚》（2000年），頁221。

觀的，莫勇都吃得精光，每一餐都不例外。莫勇抖落了一部份陌生感，就是從這一天開始。〔註38〕

　　對莫勇極爲關懷的漢族阿婆，「阿婆忽又提了一個意外的事，『是不是我把他的舊衣服丟掉了，他才這麼傷心呢？』阿婆說明好幾天前，她送莫勇的衣服去莫勇的房間時看到的情形。自從莫勇剛來的時候，阿婆就讓媳婦親自替莫勇洗換下來的衣服。晾乾了一後，多半是阿婆收下，摺疊整齊，送到各人的房間。」〔註39〕當阿婆送換洗衣物進莫勇房間時，親眼目睹其望著舊衣物而興嘆，故未經莫勇同意而將其舊衣丟棄。豈料，此舉乃引發莫勇的鬱鬱寡歡。

> 那天傍晚，工作剛完，阿婆就把莫勇的送去，結果看到莫勇正在把那一身又破又髒的舊衣服拿出來看看，又似珍惜，又似懷念。童稚的臉上充滿迷惘與複雜。阿婆幾乎爲之動容，又憐憫又心疼，便與媳婦商量，決定把那些破爛偷偷地丟掉了。莫勇倒沒有表示什麼，也不見他刻意去尋找，還以爲事情就這樣過去，免去了他賭物思鄉的苦楚，不料莫勇竟用這種方式來表示他無言的抗議。〔註40〕

　　在漢族老闆一家人商議後，決定要協助莫勇拋開不快，而提議讓莫勇學習騎腳踏車，「『爸，我有個妙計。』老大說：『好多次我看他很想騎腳踏車的樣子，我來教他騎騎，他一定會很高興。』……莫勇那興高采烈的樣子，只能說彷彿是一個孩子得到想望好久好久，已經絕望了的寶物似的？重重地摔下來，褲子上的泥巴都沒拍連明明跌疼了，也沒皺一下眉，痛處也不去一把揉一下，便一骨碌地爬起來又騎上去。膝頭血淋淋了，還一點也不爲意。」〔註41〕在漢族老闆一家對原住民族莫勇採取異樣眼光之餘，仍釋出善意地關懷照顧他。此外，還描述原住民族融入漢族文化的重要情節，即爲莫勇在平地所遇到的第一個漢族傳統節日──舊例八月十四日的地方做平安戲。此重要節日乃使得工廠停工，阿婆、太太與莫勇均在廚房忙著，「舊例八月十四日，地方做平安戲。這是一年一次的僅次於王公生的一連兩天的大祭典，家裡做了些紅龜與一種糯米飯，不但要到廟裡拜，還要宴客。從十三起工廠就停工，以便阿婆與太太兩人空下手來忙廚房的事。莫勇當然沒事做了，只幫阿婆與

〔註38〕鍾肇政，《鍾肇政全集 15・月夜的召喚》（2000 年），頁 221～222。
〔註39〕鍾肇政，《鍾肇政全集 15・月夜的召喚》（2000 年），頁 223。
〔註40〕鍾肇政，《鍾肇政全集 15・月夜的召喚》（2000 年），頁 223。
〔註41〕鍾肇政，《鍾肇政全集 15・月夜的召喚》（2000 年），頁 223～224。

太太做些廚房的事。」〔註42〕當莫勇嚐到熱騰騰的紅龜，感受到漢族的過節氣氛，乃散發出充滿快樂的神情。

> 紅龜剛蒸好，阿婆就把熱得燙人的取了一個給莫勇。「給你吃。」莫
> 勇猛點一下頭就接下，燙得連連換手，哎唷哎唷地直吹著氣就吃起
> 來。阿婆和媳婦微笑著看他，一種莫可比擬的溫暖與快意，在她們
> 心中蕩漾著。那是莫勇的異乎尋常的高興的樣子，就像他學騎車子
> 時那樣的，或著捧著大碗的飯爬到屋頂上吃的模樣——不，還要高
> 興好多倍好多倍的樣子感染了她們的。那是人間少見的快樂，一種
> 真正純粹的喜悅吧。好大的紅龜，莫勇一口氣吃下了四個。〔註43〕

當漢族老闆為莫勇買新衣裳，豈料從沒穿過新衣裳的莫勇，竟不可思議的愣住。經老闆解釋後，「拜拜都要穿新衣的，你們那邊也有拜拜吧？叫豐年祭是不是？」〔註44〕飽受思鄉情愁之苦的莫勇，即回憶起原住民族的豐年祭，神情乃頓時瞬間轉變。

> 「我給你買了新衣，可以不用撿哥哥的舊衣穿了。就是這個。」先
> 生打開了放在牀上的一隻紙盒子，取出了一身牛仔裝與牛仔褲，先
> 把牛仔裝攤在胸前。「喜歡嗎？」莫勇倒不敢點頭了，只是怔怔地望
> 著那一身新衣。一種看到不可思議的東西時的神色出現在他臉上。
> 〔註45〕

老闆並無察覺到莫勇這般細膩的神情轉變，莫勇甚至於展露出痛苦的神情。老闆自顧自地欣喜地要莫勇換上新衣裳，冀望可讓他恢復快樂；豈知，莫勇竟然絲毫不動。此刻的莫勇或許心裡受寵若驚，再加上思鄉情懷而感到五味雜陳。

> 先生只顧放下牛仔裝，又彎下身取牛仔褲，也不會察覺的，沒注意
> 到這一瞬間在莫勇臉上略過一抹類似痛苦之色。即令先生看到了，
> 也不會察覺的，因為先生此刻已經是滿心的欣悅，以為這下可以讓
> 莫勇高興起來，不再少吃東西，並完全恢復以前的快活天真。「來，
> 那身衣褲，脫下來換下這個吧。」莫勇聞風不動。〔註46〕

〔註42〕鍾肇政，《鍾肇政全集15・月夜的召喚》（2000年），頁224。
〔註43〕鍾肇政，《鍾肇政全集15・月夜的召喚》（2000年），頁224。
〔註44〕鍾肇政，《鍾肇政全集15・月夜的召喚》（2000年），頁225。
〔註45〕鍾肇政，《鍾肇政全集15・月夜的召喚》（2000年），頁225。
〔註46〕鍾肇政，《鍾肇政全集15・月夜的召喚》（2000年），頁225。

　　在漢族老闆一家人努力地善待原住民青年莫勇之際，也察覺到莫勇的情緒轉變。原住民青年在平地工作，最難適應的即為內心深處的懷鄉心情，與漢族的各種眼光，均對原住民族的內心產生衝擊。諸如在漢族印象中，山地青年的食量更加驚人，還有當莫勇被嫌臭而換上漢族老闆孩子的服裝，舊衣裳乃小心翼翼地收起等諸多情節的描述，均再現漢族的異樣眼光。再加上原漢族群的語言隔閡，即造成莫勇甚至於因「曹」族身分，自卑地認為連平地的鸚哥均不想理會他。莫勇彷彿即為米謝爾・傅科所謂「馴服的身體」與米亥爾・巴赫汀所謂「怪誕身體」般。

> 　　以身體為文本，被殖民身體為帝國殖民主義的「再現」
> （representation），是歷史學家米謝爾・傅科（Michael Foucault）所謂「馴服的身體」（docile body），或者亦可如社會主義者米亥爾・巴赫汀（Mikhail Bakhtin）所謂「怪誕身體」（grotesque body），集人性、物性〔註47〕與獸性於一身，……具又可將「身體」視為帝國殖民權力關係的「銘刻」（pathology）。〔註48〕

　　莫勇對於部落賭物思鄉的苦楚，為融入漢族而騎腳踏車、參加漢族節慶做平安戲的開心……等諸多情節，均為了要鋪陳原住民青年，在平地與漢族接觸後的族群適應議題。莫勇的人物形象，彷彿為法農的化身般，將原住民彷彿被殖民者的意識型態，與生活情境再現於文本中。

（三）回山裡真好之武達歐

　　在鍾肇政〈回山裡真好〉中，描述原住民青年到平地求學的故事。原住民在平地就學適應不良之餘，甚至於還染上諸多惡習。倘若當初原住民青年不出去求學，或許即可維持單純的性格。當初，武達歐出去唸書時，還不懂為何要外出去求學，「『我不懂出去外面唸了書要幹啥。比來那兒的小子沒有去唸，還不是好好的。還有，……』他舉了一串名字。……『你說，咱們武達歐如果不想唸，那就……』」〔註49〕當武達歐到平地求學後，三番兩次地在校園飲酒鬧事而造成紛擾不斷，讓亞爸到學校去收拾爛攤子，最後僅能重回到山中生活。

〔註47〕黃心雅，〈「翻譯」法農，權力、慾望與身體的中介書寫〉，法農，《黑皮膚，白面具》（臺北：心靈工坊出版社，2005 年 4 月），頁 22。

〔註48〕黃心雅，〈「翻譯」法農，權力、慾望與身體的中介書寫〉，法農，《黑皮膚，白面具》（2005 年 4 月），頁 22。

〔註49〕鍾肇政，《鍾肇政全集 15・回山裡真好》（2000 年），頁 238。

「喝酒不好？你說是武達歐嗎？沒有啊？剛才也喝了半瓶。」她把
眼光擱在桌上的那瓶酒瞟了一眼又說：「喝酒還是乖乖的，不是
嗎？」……第二次是再過兩個禮拜的樣子。那天是假日。武達歐出
去玩，結果又喝醉了，在學校裡大鬧。〔註50〕

　　當武達歐回到山裡後，大家均很好奇地詢問他，為何選擇回到山裡來？孰不知為漢族的冷言冷語造成他內心的衝擊，抑或為思鄉的牽引，讓武達歐又回到山裡來。「那一次，巴杜為何問過他為什麼回來？武達歐的回答是他也不知道，就是想回來。『不想唸書嗎？』武達歐搖搖頭。『有人欺侮你？』」〔註51〕當在武達歐飲酒鬧事而回到部落時，亞亞乃百般詢問，甚至於懷疑武達歐是否恐懼與漢族相處；但沉默不答的武達歐，後來又被送回學校。

　　父子倆都沈默著。「武達歐，我問你。」她又說：「你不敢回去是怕
什麼？老師嗎？還是同學？」武達歐好一刻才搖搖頭。「不是？」亞
亞有點不耐煩起來。「不要老是搖頭，叫你亞爸送你回去好不好？」
〔註52〕

　　豈料，在武達歐回校不久後，又在客運車站飲酒鬧事，「陳約翰醉酒在客運車站大鬧的新聞驚動了整個學校。他瘋瘋癲癲地闖到車站大吼大叫，逢人便吵，舉手要打人，還一拳打破了販賣部的一塊玻璃，整個拳頭血淋淋的。他還用那個拳頭來擦臉，血和淚水汗水來攪和，於是滿臉血漬了。最後是勞動了警察先生，把他送到一家醫院，包紮手上的傷口，揩淨了臉，然後才送回學校。」〔註53〕此即武達歐表達無聲抗議的方式，目的僅冀望可回到山裡來。因此，當武達歐又再度鬧事後，巴杜只好到校協助處理相關事宜。

　　巴杜原本就是個寡默的人，在劉主任面前，更顯得木納，對主任的
話只有不住的點頭稱是。訓導處的先生們倒是很容易的看出來，這
位來自深山的頭髮斑白的老人，臉上倒楣有多少苦惱傷心之色。
〔註54〕

　　原住民青年武達歐，在眾人的期待下，到平地校園求學，卻因無法適應而不斷地滋事；最後，只好選擇回到山裡，重新回到故鄉的懷抱生活。當原

〔註50〕鍾肇政，《鍾肇政全集15・回山裡真好》（2000年），頁239。
〔註51〕鍾肇政，《鍾肇政全集15・回山裡真好》（2000年），頁240。
〔註52〕鍾肇政，《鍾肇政全集15・回山裡真好》（2000年），頁241。
〔註53〕鍾肇政，《鍾肇政全集15・回山裡真好》（2000年），頁251～252。
〔註54〕鍾肇政，《鍾肇政全集15・回山裡真好》（2000年），頁252。

住民青年到平地求學後，除了產生適應不良外，還染上諸多惡習；再加上漢族冷言冷語地造成其內心衝擊，抑或思鄉的牽引，使得武達歐又重回山裡。武達歐的例證僅為冰山一角，諸多原住民族人在平地求學或工作者，均面臨著同樣的生存困境，與族群接觸後所產生的適應議題。

（四）獵熊者之歐畢魯

在鍾肇政〈獵熊的人〉中，由歐畢魯這個角色，鋪陳出原住民族在進入平地後，如何將平地的生活陋習帶入部落中。由此諷刺平地化即文明化的殖民迷思外，也讓讀者思考平地化難道就必定為文明化與進步化嗎？因此，文本以歐畢魯從十七歲進入平地工廠當學徒後，乃產生一百八十度的轉變進行鋪陳。

> 已經有十年那麼久了吧。那時，歐畢魯還是個十七歲的少年。亞爸在比拉克的勸說下，同意讓歐畢魯到鎮上的一所工廠去當學徒。三年，嗯，就在那三年裡，歐畢魯整個地變了。不，應該說歐畢魯下山去了才一年，人就不一樣了。〔註55〕

在部落族人與家人眼中，到平地工廠當學徒的歐畢魯，染上許多稀奇古怪的陋習，諸如，「他學會了花錢，也學會了各種稀奇古怪的事，諸如抱一些怪東西（對對，他們管它叫什麼「吉他」哩），又彈又唱。假期回來，他簡直是片刻不離手，看去就像著了魔一般。不用說，田裡園裡的事，他再也不肯做了，連偶爾出去打獵，他也無精打采的，非抱著吉他便不願意出門。這還好，後來他竟學會了玩紙牌。嘎拉嘎拉地叫著。跟三五朋友圍著一張桌子，便可以玩上一整天，有時夜裡也可以不睡覺。」〔註56〕原住民青年歐畢魯，就這樣渾渾噩噩地過日子，當完兵後從事司機工作，又染上諸多惡習。

> 三年過去了，然後當兵，又是一個三年。回來以後，他很少待在家裡，整天在外混。他會開車，所以到巴陵去替一個頭家開一輛小車子。把一批批的外來客載上又載下。往來奔馳於巴陵和上巴陵之間。沒有客人，便窩在屋子裡玩紙牌，嚼檳榔、喝酒。賺得錢是不少，但是從來沒有帶一塊錢回來。〔註57〕

〔註55〕鍾肇政，《鍾肇政全集 15‧獵熊的人》（2000 年），頁 276。
〔註56〕鍾肇政，《鍾肇政全集 15‧獵熊的人》（2000 年），頁 276。
〔註57〕鍾肇政，《鍾肇政全集 15‧獵熊的人》（2000 年），頁 276～277。

　　縱然面對這樣的歐畢魯，讓亞爸非常地生氣；比拉克也僅能在一旁替弟弟說話，「『亞爸，歐畢魯還小，不懂事，你就別生氣了。』『哼，還小。只有你說他還小。』『他會乖的。會是個好泰耶魯呢。』『我看……他根本不是個泰耶魯啦！』」〔註58〕但歐畢魯的言行舉止已讓眾人大大地失望；甚至於當比拉克還以身爲泰耶魯爲榮，努力地學習當個山地獵人之際，還遭受到歐畢魯與眾人輕蔑的取笑，顯現歐畢魯已不再以狩獵爲榮。

　　　　「歐畢魯，我的松鼠陷阱抓到了好多好多的松鼠哩。」「松鼠啊？我
　　　　還以爲什麼事呢？」幾個人嘻嘻地笑了出來了。「不，不。」比拉克
　　　　感受到眾人輕蔑的眼光，急起來了。「我是說，那些松鼠，全部都被
　　　　吃光啦。」〔註59〕

　　比拉克此時趕緊說明，那隻松鼠乃被那隻傳說中的大瓦鹿（熊）吃掉。此時，才引起歐畢魯的關注，詢問是否爲去年那隻大瓦鹿（熊）。根據比拉克的臆測，應該是那隻大瓦鹿（熊）沒錯。

　　　　比拉克這才恍然大悟，說：「我還沒說清楚啦。我是要說松鼠被吃掉
　　　　了，是那隻大瓦鹿（熊）又來了。」「什麼？！」歐畢魯的眼裡，掠
　　　　過了一抹寒光。「大瓦鹿又來了。是去年那一隻嗎？」……「我是沒
　　　　有看到。不過從足跡看，那麼大的瓦鹿，一定是去年那一隻。而且
　　　　還有小瓦鹿的腳印。」〔註60〕

　　歐畢魯的原住民族性格，與對於大瓦鹿（熊）的興趣，沒多久即會消散，「歐畢魯眼裡的光倏然消退，又恢復了原先那種似不屑的眼神，並伸出一隻手，把桌上的紙牌拿起來。『歐畢魯，我們該入山啦。下午就去。』」〔註61〕歐畢魯面對比拉克的邀約，反而認爲沒機會可獵到大瓦鹿（熊）。

　　　　勞辛說：「我們沒有帕都司（槍），根本沒辦法。」「我們有拉拉歐（刀）
　　　　啊。」比拉克說。「拉拉歐有屁用。」他洛說。「是啊。」勞辛附和：
　　　　「拉拉歐沒辦法打鹿的。我還不想去送死。」「怎麼會？我們有長柄
　　　　拉拉歐，我亞爸造出來的，一定對付得了大瓦鹿。」「屁！你亞爸還
　　　　不是死在那隻大瓦鹿爪下。」〔註62〕

〔註58〕鍾肇政，《鍾肇政全集15・獵熊的人》（2000年），頁277。
〔註59〕鍾肇政，《鍾肇政全集15・獵熊的人》（2000年），頁278。
〔註60〕鍾肇政，《鍾肇政全集15・獵熊的人》（2000年），頁279。
〔註61〕鍾肇政，《鍾肇政全集15・獵熊的人》（2000年），頁279。
〔註62〕鍾肇政，《鍾肇政全集15・獵熊的人》（2000年），頁280。

諸多族人面對著歐畢魯的轉變，著實地令人失望，「『歐畢魯那孩子，不中用啦。』『歐畢魯不再是泰耶魯啦。』『讓歐畢魯出去做工，是失策啦。一個人泰耶魯，實在不必出去的。唉唉……』可是不管怎麼樣，瓦必都是為了歐畢魯而死的。」〔註 63〕到平地工作的歐畢魯，原有的原住民族性格消磨殆盡；因此，瓦必甚至於曾為了歐畢魯而犧牲性命，乃令人感到遺憾。當初歐畢魯被登山客請去當嚮導而肚疼，老布納和比拉克獲知消息後，即義不容辭地趕往協助。

> 那一天，歐畢魯被一群登山客請去當嚮導。不巧歐畢魯走到巴科耶旺山時，肚子突然疼起來，而且疼得好厲害。幸好那附近有一所山中小屋，是砍樹工人住的。歐畢魯只好在那所小屋留下來，爬山隊伍另外請了一名工人，越過巴科耶旺山出到大豹那邊去了。另一位好心的伐木工人跑到家裡來告急。於是老布納和比拉克就帶著些藥品和乾糧，趕往巴科耶旺山。〔註 64〕

當老布納與比拉克前往巴科耶旺山時，「當他們來到半路的哈馬旺平臺時，突然聽到一聲野獸的吼叫，而且就在身邊不遠處的灌木叢裡。『是瓦鹿……』老布納低聲說著，並示意勿響。」〔註 65〕老布納與比拉克竟然遇見大瓦鹿（熊），但老布納卻因此犧牲性命。

鍾肇政在文本中即由不同角度去思考，原住民族在部落的傳統生活，與平地工廠的生活差異。以去平地工廠工作的原住民族，與部落生活的原住民族，進行對比探討，以思考文明化即為進步嗎？部落生活必定比平地工廠生活單純許多。因此，到平地工廠當學徒的歐畢魯，乃染上諸多稀奇古怪的陋習；反之，比拉克還以身為泰耶魯為榮，努力地學習當個山地獵人，卻遭到歐畢魯與眾人輕蔑的取笑。最後，獵熊成功的原住民青年們，終究要回歸現實生活。

（五）戰火之皇軍青年

鍾肇政在《戰火》中，描述諸多皇軍青年，乃來自於培訓皇國青年的青年學校，「所謂的青年學校，與近幾年，也就是仗打起來以後才設立的諸如：『勤行報國青年隊』『青年鍊成所』『青年道場』等等，並沒有太大的不同。

〔註 63〕鍾肇政，《鍾肇政全集 15・獵熊的人》（2000 年），頁 284。
〔註 64〕鍾肇政，《鍾肇政全集 15・獵熊的人》（2000 年），頁 284。
〔註 65〕鍾肇政，《鍾肇政全集 15・獵熊的人》（2000 年），頁 284～285。

一句話，就是爲了給各地方的年輕人灌輸皇國思想，鍛鍊成皇國青年。」
〔註66〕日本殖民官方，乃培育皇軍來爲聖戰效命，而積極進行皇民化思想的
同化教育。

> 最後的目的，不用說出來也可以猜到，就是爲了成爲一名皇軍，爲
> 聖戰而出力，爲陛下獻出生命。如果說還有別的，那麼這一兩年才
> 開始大聲喊出來的另一個口號，也是目標之一吧。那就是：「增產報
> 國」。〔註67〕

　　在青年學校所訓練出來的皇國青年，唯一的目標即爲可爲皇國效命，
「等在前面的，除了『義勇隊』、『志願兵』、『皇軍』之外，還會有什麼呢？」
〔註68〕在川中島原住民遺族心中，日本當局供給一切生活所需外，也掌控所
有原住民的言行舉止與思想意識，而造成莫大的壓迫感。

> 那牆，總是那麼高那麼厚，又那麼無情、冷酷，就像那合歡、奇萊、
> 能高等一座座奇偉峻拔的高峰——不，不能跟山比的。那些山，至
> 少到畢荷的上一代爲止，是他們的依靠，它供給他們所需的一切，
> 也供他們馳騁，供他們安身。而目前這堵牆呢？只會給他們壓迫
> 感，甚至也把他們困在核心，使他們動彈不得。〔註69〕

　　在《戰火》中描述諸位深具代表性的原住民青年，諸如佐塚昌男，「還有
一位極爲『出色』的人物，是在場唯一穿軍服的人，領子上別著上等兵軍階
章，戰鬥帽還是簇新的？此人姓名佐塚昌男。是霧社一帶唯一的高砂族『在
鄉軍人』。」〔註70〕當原住民青年成爲皇軍時，均爲日本殖民帝國展現皇民化
運動的成果。佐塚昌男的父親，乃於當年的霧社事件中被馘首，「提起佐塚這
個姓氏，幾乎人人都還記得，霧社事件當時，以霧社分室主任身分，軍臨整
個霧社一帶山地的佐塚警部奇人。他雖然在事件發生時被馘去了頭，不過妻
小卻都保住了一命。這位軍人裝束的昌男，就是他和白狗社頭目的女兒耶娃
伊・泰莫之間所生的大兒子。」〔註71〕因此，佐塚昌男的入伍出征，在日本
報紙的報導中乃喧騰一時，報紙中即大肆宣揚著佐塚昌男的爲國爭光，甚至

〔註66〕鍾肇政，《鍾肇政全集9‧高山組曲‧戰火》（2000年），頁320。
〔註67〕鍾肇政，《鍾肇政全集9‧高山組曲‧戰火》（2000年），頁320。
〔註68〕鍾肇政，《鍾肇政全集9‧高山組曲‧戰火》（2000年），頁321。
〔註69〕鍾肇政，《鍾肇政全集9‧高山組曲‧戰火》（2000年），頁322。
〔註70〕鍾肇政，《鍾肇政全集9‧高山組曲‧戰火》（2000年），頁241。
〔註71〕鍾肇政，《鍾肇政全集9‧高山組曲‧戰火》（2000年），頁241。

於被賜予充當皇軍一員的榮譽，成爲深具指標性的人物，鼓舞更多原住民青
年夢想成爲皇軍。

> 說起佐塚昌男的入伍，在島上曾經是宣傳一時的大事，報刊上都以
> 醒目的方式報導，說成是高砂族青年當中首開記錄的事。「帝國爲了
> 膺懲暴戾的支那，終於起來了。在這聖戰剛打起來的當兒，『蕃地』
> 出身的佐塚昌男也被賜予充當皇軍一員的榮譽，這不但是他本人的
> 最大光榮，並且他從今以後的表現，勢將受到全體高砂族的矚目」
> ──這就是報刊上主要的論點。〔註72〕

原住民青年成爲皇軍後，不論有多少出色的表現，礙於原住民族身分，
仍會受到所謂的「種族歧視」，「不過不管如何，佐塚昌男在山邊裡算是有了
『輝煌』的閱歷和『崇高』的地位，但是仍然被認爲是『蕃人』，卻無由否
認。」〔註73〕此即原住民被殖民者，長期以來飽受殖民者歧視的無奈。此
外，佐塚昌男的姊姊佐塚和子，乃被培訓爲知名歌手，甚至於拍攝電影，成
爲家喻戶曉的人物。

> 倒是他姊姊佐塚和子，事件後被送到「內地」進了音樂學校，成了
> 一名歌星，三四年前回臺巡迴演唱，其中一首「莎央之鐘」大爲轟
> 動，榨出了無數人們的眼淚，因而使一家電影公司拍成了同名的一
> 部電影。〔註74〕

山下太郎同樣前往戰場，爲皇國的勝利而奮戰著，縱然有諸多戰友陣
亡；但仍不消減山下太郎效忠皇國與皇軍的信心，「在南洋的大小島與上，他
們正在浴血奮戰。那麼多的戰友陣亡了，每一次戰鬥結束，他們就躺在他的
身旁。他有悲傷嗎？我相信一定有，但是，這都是爲了天皇陛下，爲了大東
亞新秩序。不錯，這是偉大的聖戰，人人都有一死報國的決心。……這就是
活在『悠久的大義』……。」〔註75〕山下太郎甚至於抱著勇於爲皇國犧牲的
堅定信念而出征，不但不可汙衊皇軍的榮耀，更要爲高砂族的名聲而奮戰。
在皇軍青年山下太郎心目中，「我，山下太郎，再過兩天，也要出征了。我
不會辱沒高砂族的名譽，更不會辱沒皇國青年的榮耀。在戰場上，高喊天皇
陛下萬歲，然後戰死，這就是我的最大決心，也是最大期望。川中島青年學

〔註72〕鍾肇政，《鍾肇政全集9‧高山組曲‧戰火》（2000年），頁241。

〔註73〕鍾肇政，《鍾肇政全集9‧高山組曲‧戰火》（2000年），頁242。

〔註74〕鍾肇政，《鍾肇政全集9‧高山組曲‧戰火》（2000年），頁242。

〔註75〕鍾肇政，《鍾肇政全集9‧高山組曲‧戰火》（2000年），頁257。

校的諸君，會在我後面，一個個跟上來嗎？諸君有這樣的勇氣與決心嗎？」〔註76〕皇軍青年的願望，乃冀望在戰場上高喊天皇陛下萬歲，勇敢爲地皇國犧牲性命，此乃鼓舞著諸多川中島原住民青年效法。

　　在杉山主任心中相信，川中島模範蕃社的模範青年，必定會遵守著皇民化運動的口號，秉持著玉碎精神，奮勇殺敵與抗戰，共同爲皇國的勝利而努力著，「『……是模範蕃社的模範青年，錯不了！我在川中島待了那麼多年，還會不明白嗎？』是杉山主任的話，從玄關那邊過來。」〔註77〕此時原住民青年，儼然已成皇民化運動的成果展現。在日本殖民官方的鼓舞與報紙大肆報導下，不斷地傳來皇軍勝利的捷報；彷彿勢如破竹般，有戰必勝，「皇軍發揮出最大的力量了！在珍珠灣，在馬來海，在新嘉坡，在……好多陌生的怪地名啊。皇軍眞是不得了，有戰必勝，勢如破竹……。」〔註78〕因此，鼓舞皇軍與川中島青年，欲爲皇國出征的堅定信念。隨著日本殖民官方徵求「高砂族挺身隊」隊員的消息傳出後，鼓舞諸多高砂族青年躍躍欲試，甚至於認爲有機會爲皇國出征，方爲無比榮耀之事。

> 然後，那麼突然地，傳來了一個大消息，上面在徵求「高砂族挺身隊」隊員。那是可以到戰場去的。雖然還不是皇軍，但也叫「軍屬」，可以幫助皇軍，與皇軍差不多。滿十八歲以上的人都可以志願。這是高砂族的最大榮譽，到了戰場上，說不定還可以跟皇軍一塊去殺敵人，取敵人首級，那才是最了不起最光榮的事。日本男兒是最勇敢的，你們這些川中島的青年，是不是也有這種勇氣呢？〔註79〕

　　川中島青年沙坡，爲爭取到可成爲「高砂族挺身隊」隊員的機會，居然想出一個令人驚訝的方式，「沙坡想到了一個他認爲最有力的志願方法：血書。……因爲官說，川中島如果有一個人及格，獲准參加，那就是整個村子的榮耀；萬一有兩個能夠進了挺身隊，那簡直是自有川中島以來的最最了不起的事了。」〔註80〕沙坡即成爲全族人的驕傲與榮耀。果然不久後，報紙即將此消息加以報導，「不料這天報紙上。居然把沙坡血書志願參加挺身隊的事報導出來了。報上不但沒有半句譴責他的違法，還把他說成是模範蕃社的

〔註76〕鍾肇政，《鍾肇政全集9・高山組曲・戰火》（2000年），頁257～258。

〔註77〕鍾肇政，《鍾肇政全集9・高山組曲・戰火》（2000年），頁260。

〔註78〕鍾肇政，《鍾肇政全集9・高山組曲・戰火》（2000年），頁293。

〔註79〕鍾肇政，《鍾肇政全集9・高山組曲・戰火》（2000年），頁293～294。

〔註80〕鍾肇政，《鍾肇政全集9・高山組曲・戰火》（2000年），頁294。

模範青年，正如當年說阿外那樣。」〔註81〕此外，還對於川中島青年的愛國之心加以讚賞。因此，在沙坡的血書激勵下，川中島原住民青年即大受鼓舞，整個社會氛圍，均瀰漫著以皇軍而戰爲榮的氛圍。

> 首先是志願「高砂族挺身隊」的事。在現今整個社會的上的空氣裡，人人都在喊「滅私奉公」「爲陛下而死」等口號的情形下，即連用「山下太郎」這個名字，在臺北與廣大的世界保持著相當密切接觸的阿外來說，喊口號他算是當行出色的一位。〔註82〕

沙坡縱然無法成爲偉大的獵人，但以另一種方式希望爭取成爲挺身隊的榮譽，冀望有機會可爲皇軍而奮戰，誠如塞達卡·達耶般地爭取驕傲與榮耀，「沙坡絕不輸給從前在內山裡的任何一個偉大獵人。就是目前，在深山裡的無數同胞之中，恐怕也不會有幾個那麼了不起的。如果是過去，憑這一點，弟弟的聲望可以高過哥哥許多許多倍。然而如今誰還稀罕這種能力呢？正如他們代代塞達卡·達耶那樣，沙坡也是十分矜持，十分富於榮譽感的人。他會想到出奇的方法來爭取參加挺身隊的榮譽，便也一點不足怪了。」〔註83〕原住民族均努力地成爲傳統部落勇士的目標，在此刻已轉變以成爲皇軍爲榮。此刻，阿外突然憶起過去霧社事件的回憶，方爲塞達卡的最後一役，自此族人均成爲所謂的川中島「良蕃」，再也沒有戰爭、勇士與馘首。因此，有機會爲皇國而出征，即成爲川中島原住民青年的殷切期盼。

> 天神啊！阿外突然有所感。十一年半以前發生的「事件」，是塞達卡的最後一場戰爭。他們痛快地打了那一仗，痛快地馘取了人頭，也痛快地就死。那以後，不但川中島居民成了「良蕃」，別的所有部族，別的所有部落，也都不再有戰爭，不再有馘首。唯一剩下的是打獵，但獵物也年年地在減少。然而，塞達卡勇士是爲了戰爭，爲了出草馘首而存在的。塞達卡的血，只有在戰爭時，出草時，或者出獵時才歡躍、沸騰。沒有了戰爭，沒有了馘首，塞達卡的血便不再奔騰了，也不再有勇士了，不再有英雄了。〔註84〕

縱然阿外對於山中的一切乃如此地懷念，卻再也無法回到過去，「阿外偷偷地吁了一口氣，這才又說：『山裡，比外面好多了。吃的，穿的，都豐富些，

〔註81〕 鍾肇政，《鍾肇政全集9·高山組曲·戰火》（2000年），頁294。
〔註82〕 鍾肇政，《鍾肇政全集9·高山組曲·戰火》（2000年），頁299。
〔註83〕 鍾肇政，《鍾肇政全集9·高山組曲·戰火》（2000年），頁300。
〔註84〕 鍾肇政，《鍾肇政全集9·高山組曲·戰火》（2000年），頁300～301。

尤其自己織的布，耐用多了。外面都是『斯・夫』（指人造絲），不然就是『代用品』，我這鯊魚皮鞋就是代用品。』」〔註85〕此時的原住民部落，全然被皇民化運動給大大地改造。因此，阿外乃退而求其次地認為，有機會可成為皇軍同樣很了不起，「當然！我們不能當一名皇軍，當挺身隊也很了不起，可以在前線幫皇軍的忙，沒有比這更大的榮譽了。」〔註86〕因此，只要有川中島原住民青年要出征，族人還會為他們祝福，「不過我還是會為他盡心的，我要縫『千人針』（日俗，請一千個人每人縫一針，作為送給出征軍人保平安之物）送給他，以後也常常寫慰問信、寄慰問袋給他。」〔註87〕此刻的原住民青年，乃以成為皇軍為重要的生活目標。

> 又過了些日子，沙坡果然點上了挺身隊，在全村盛大的「壯行會」之後，也離開了故鄉。阿外因為未能請准假，所以沒有趕回川中島為弟弟的出遠門壯行色，倒是這些來自全島山地的五百名「高砂族挺身隊」隊員，在臺北集結，並接受為期一個月的短期訓練的期間，到隊裡看望弟弟一次。〔註88〕

阿外不斷地從報紙上看到皇軍出征的戰果外，也在報紙上感受到皇軍不惜犧牲性命的重大決心，諸多口號，喊得震耳欲響，因此，為皇國而戰儼然已成為原住民青年重要的生活信念。因此，整著原住民青年均已能成為皇軍出征為榮。

> 也是在阿外在報紙上看這個消息的當兒，「高砂族挺身隊」上了運輸船。在護航艦隊護航下，一路向南方鼓浪而去。於是又次日──三月十二日，阿外又得面臨驚心動魄的消息了。「仰望太陽旗，吾將含笑赴死；高砂族挺身隊，乘風破浪南行。」「高砂族挺身隊，披瀝烈烈祖國愛；決死赴菲島，不打勝仗不回來。」「高砂義勇隊，發揮天生神勇；人手一把蕃刀，開闢衝鋒路。」〔註89〕

根據「大本營發表」的報導，來自臺灣「蕃地」的挺身隊從事叢林作戰，「根據『大本營發表』的戰況來說，這些來自臺灣『蕃地』的挺身隊，抵達戰地後，立即被改編成義勇隊，分配到各野戰部隊，從事叢林作戰。這些

〔註85〕鍾肇政，《鍾肇政全集9・高山組曲・戰火》（2000年），頁309。
〔註86〕鍾肇政，《鍾肇政全集9・高山組曲・戰火》（2000年），頁310。
〔註87〕鍾肇政，《鍾肇政全集9・高山組曲・戰火》（2000年），頁312。
〔註88〕鍾肇政，《鍾肇政全集9・高山組曲・戰火》（2000年），頁313。
〔註89〕鍾肇政，《鍾肇政全集9・高山組曲・戰火》（2000年），頁314。

過慣叢林生活的戰士們，來到這熱帶雨林的榛莽中，簡直是得其所哉，開闢道路只是牛刀小試而已，在巴丹，在科雷希多等美軍所誇示全世界的要塞攻略戰裡，發揮了最大戰力。泅過海，然後攀登絕壁，把手榴彈扔進砲座裡頭，輕易地使那些威脅登陸艦隊的巨砲一座座毀滅，終於使這兩處要塞陷落，震驚了全球。」〔註 90〕對於原住民族而言，在叢林中活動簡直極爲得心應手，因而得以發揮最高戰力，以獲得最後的勝利。

當山下太郎完成三個月的鐵血訓練後，即寫信給畢荷報告目前的生活狀況，「我完成了三個月的鐵血鍛鍊，身體愈益健壯。不然，命令一下，我們也要開赴前線，投身於光榮的戰場，偉大的聖戰。我們的熱血都在沸騰呢。我一定會好好幹，必不辜負先生的期許。敬請釋懷。」〔註 91〕連日本官員黑田警部，也捎信來關心山下太郎，肯定山下太郎的鐵血訓練與皇軍之姿，「完成了鐵血鍛鍊，哈哈哈，眞不錯。山下是不折不扣的勇士了。可以當一名皇軍了。」〔註 92〕日本義勇隊乃不斷地徵集外，日本殖民官方也逐一紀錄著皇軍的出征資訊。

> 義勇隊已徵集了八次——阿外就是第八次。這方面，依靠駐在所的
> 「警察日誌」上的記載，他已經有了正確的資料。第一次義勇隊，
> 也就是阿外的大弟弟沙波去的那一次。時間是昭和十七年三月初。
> 六月下旬，這第一批義勇隊總共五百名，回來了四百五十名，是立
> 了大功，部隊長和司令官都頒了「賞狀」，在全島——也許是全國吧
> ——引起了一陣旋風。緊接著，七月中旬，第二批也是五百名，川
> 中島還是只有一名，又出發了。十月份，是第三批，也是只有一個
> 人入選，但是志願兵也是同一月份去的，川中島去了兩個。〔註93〕

川中島青年若有機會可成爲皇軍，均爲義無反顧地勇往直前；甚至於積極地爭取可成爲皇軍的機會，「那是會在任何一個塞達卡青年心中激起一把烈火的。『哈！』『我當然敢！』這些都是意料之中的回答。塞達卡是說一不二的，既然肯定了，那麼他是非志願不可，也非去不可了。」〔註 94〕連已婚的達巴斯也完全不顧妻子反對，堅決要爲皇軍效命，「他的妻子伊瓦利比他

〔註90〕鍾肇政，《鍾肇政全集 9‧高山組曲‧戰火》（2000 年），頁 314。
〔註91〕鍾肇政，《鍾肇政全集 9‧高山組曲‧戰火》（2000 年），頁 323。
〔註92〕鍾肇政，《鍾肇政全集 9‧高山組曲‧戰火》（2000 年），頁 325。
〔註93〕鍾肇政，《鍾肇政全集 9‧高山組曲‧戰火》（2000 年），頁 326。
〔註94〕鍾肇政，《鍾肇政全集 9‧高山組曲‧戰火》（2000 年），頁 326。

年長兩歲，是由官下令而結婚的。婚後夫妻倆很是恩愛，而且裡裡外外地都能互助合作，早已培養了深厚的感情了。」〔註95〕縱然與妻感情甚篤的達巴斯，也志願去為皇國效命。畢荷甚至於還受達巴斯妻子之託，努力規勸達巴斯。

> 「聽說你要志願義勇隊？」「哈。」「為什麼？哪個官要你志願嗎？」「皇國青年，每一個都要志願。」……「發揚日本精神，這就是大和魂。先生，我是個男子，皇國男子，也是塞達卡男子，一個男子，就應該在戰場上，像櫻花一般地散落。我這麼做，不對嗎？」
> 〔註96〕

達巴斯的妻子伊瓦利手持山刀，告訴達巴斯不要一意孤行地拋妻棄子，不然妻小的未來將如何是好呢？『『達巴斯……你，你無情無義啊……。』是伊瓦利。她手拿一把山刀衝向達巴斯。那山刀連連發出閃光。她把山刀塞進達巴斯手上，邊哭喊著：『你先殺了我，兩個孩子也殺了，馘了頭，你就可以放心地去了，殺吧，殺吧。』」〔註97〕但心意已決的達巴斯，仍不顧妻小的反對，堅決地出征去。全村照往例幫他舉行所謂的「壯行會」，但事隔沒多久即傳來達巴斯「戰死」的不幸消息，族人均為此感到惋惜與難過。

> 達巴斯並沒有打消了原意，而且還入選了。出發前夜，村子照例為他開了一個「壯行會」。全村村民有吃有喝，也有人唱歌跳舞，可是場面好像熱烈不起來。……然而，才四個月，時在昭和十八年七月末，消息就傳來，達巴斯「戰死」了。是他所乘坐的運輸艦，在還沒抵達目的地就挨魚雷，沉沒在摩羅泰島外海。〔註98〕

阿外在皇軍中則很慶幸地可遇到林兵長，林兵長乃為高砂族人中，在第二游擊隊，四百多名高砂族人中的最高階級，誠如法農所述，「在殖民軍隊中，特別是在塞內加爾土著兵團中，土著軍官的首要角色是通譯，將主人的命令傳達給他們的同族，因而享有某種尊榮感。」〔註99〕阿外則是到了戰地，方才被編列為皇軍。

〔註95〕鍾肇政，《鍾肇政全集9‧高山組曲‧戰火》（2000年），頁327。
〔註96〕鍾肇政，《鍾肇政全集9‧高山組曲‧戰火》（2000年），頁329。
〔註97〕鍾肇政，《鍾肇政全集9‧高山組曲‧戰火》（2000年），頁331。
〔註98〕鍾肇政，《鍾肇政全集9‧高山組曲‧戰火》（2000年），頁331。
〔註99〕法農，〈黑人和語言〉，《黑皮膚，白面具》（臺北：心靈工坊文化事業股份有限公司，2005年4月），頁89。

阿外認爲能夠與林兵長在一塊，實在是天神與祖靈爲他安排。在高
砂族人當中，至少在這第二游擊隊裡的四百多名高砂族人裡，兵長
是最高的階級，但人數並不多。例如阿外所屬的第三中隊第二小隊
五十名高砂族隊員之中，也不過七名而已，其餘便是上等兵與一等
兵，像阿外這些義勇隊員，原本只是「軍屬」身分，到了戰地才被
正式編入正式部隊，給加上二等兵的階級，總算成了不折不扣的皇
軍一員了。〔註 100〕

阿外在皇軍中，領略著不同軍階的同袍，均一起爲皇國而努力著，「『阿
外對此領略特別深，當年在馬黑坡，在波阿隆，同胞們也是那樣的。我那些
同胞們的想法，眞跟『內地人』有一脈相連的地方嗎？阿外聽了這個消息，
禁不住地這麼想。那麼，自己在這南洋的島上，是不是也會遭遇那種命運呢？
不！他在心裡劇烈地否定了這想法。我不能死。我一定要活下去。活下去，
也就是勝利！』」〔註 101〕在皇軍中除了軍階較高的長官爲內地人外，多數爲高
砂族，鍾肇政藉此描述原住民皇軍青年的命運。

最令人驚異的是除各級隊長，下從分隊長，上至部隊長，全是「內地
人」之外，其餘清一色都是高砂族。在這些列兵之中，約半數多是志
願兵出身的，兩百來個是阿外這一批剛從臺灣來的義勇隊。〔註 102〕

另一位重要的皇國青年——林兵長，原名「歐蘭·卡曼」，即爲阿里山下
托富耶部落出身的布農族，當初即爲一個出類拔萃，又令人崇敬的人物，卻
同時爲一個悲劇英雄的人物形象，彷彿後殖民理論學家法農所述的「悲劇英
雄」，「出現得最早、理論水準最高、反抗經驗最痛苦的，毫無疑問要以法農
居首，他是一則黑人世界的史詩式英雄傳奇。」〔註 103〕林兵長同爲鍾肇政筆
下所塑造，同爲被殖民者的悲劇英雄代表人物。

阿外就明白了林兵長的爲人。他是阿里山下托富耶部落出身的布農
族，原名「歐蘭·卡曼」，二十七歲，是嘉義農林學校畢業的。在訓
練所裡就是個出類拔萃的人物，因此長官鼓勵他考「幹部候補生」。
結果是落空了——如果眞考取了，如今可能是見習士官或少尉了。

〔註 100〕鍾肇政，《鍾肇政全集 9·高山組曲·戰火》（2000 年），頁 335。
〔註 101〕鍾肇政，《鍾肇政全集 9·高山組曲·戰火》（2000 年），頁 336～337。
〔註 102〕鍾肇政，《鍾肇政全集 9·高山組曲·戰火》（2000 年），頁 337。
〔註 103〕南方朔：法農，〈後殖民論述的第一道聲音〉，《黑皮膚，白面具》（2005 年 4
月），頁 6。

　　那會是多麼驚人、多麼了不起的事！有人說，他成績沒有達到標準，也有人說是達到標準，可是不曉得是怎麼緣故被刷下來。也許軍部裡認為高砂族還不可以當「將校」吧。這些都無關宏旨，阿外那麼自然地，就對他抱持了一份崇敬了。〔註104〕

　　在戰地中連和田曹長也衷心地和大家談心，說明對於原住民族的改觀，當初日本人認為原住民族，乃為臺灣深山裡的野人，且為馘首族群，誠如薩依德所述，「某種程度而言，無論現代或原始社會，都是以此『非我族類』的負面思考方式，找到集體的認同。」〔註105〕如今在日本殖民者眼中，原住民被殖民者，則成為不折不扣的帝國軍人；甚至於連原住民族，也以上一代祖先自詡為野蠻人，此乃十分地諷刺。

　　和田曹長把小隊長的威嚴一股腦摔脫了，感動地說：「我都能相信你了。你們真是好部下，也是不折不扣的帝國軍人了。你們是我所看過的最純真、最純樸，而且是最忠心、最勇敢的一群。」……「是我衷心的話，一點也不假。說出來是很見笑的，過去我只知道你們是臺灣深山裡的野人，而且是馘首族。不少人都以為不小心會被你們把頭給砍去了。真是大錯特錯。慚愧！」「小隊長殿，請千萬不要這樣。事實上，直到我們上代，的確還是野蠻人啊。」〔註106〕

　　在皇軍中原住民族得到最大的鼓勵，自認為與日本殖民者有平等的機會，「小隊長，事實上我們來到軍隊裡，已經切切實實體會到，大家都是陛下的赤子，完全平等。冒死時，缺糧食，人人餓肚子，沒有例外。我們來到戰場，確實明白了這一點。這對我們實在是最大的鼓勵呢。這跟在故鄉的山裡，真是太不相同了。」〔註107〕在天皇陛下面前，日本殖民者與原住民被殖民者，均被一視同仁的對待，「林兵長說，在軍隊裡，大家完全平等，還認為這一點，是與山裡最不相同的地方。說軍隊裡大家完全平等，阿外是很能領悟其中的意思的。軍隊裡階級分明，且嚴格之極，但對每個兵都一樣。」〔註108〕對於原住民族而言，此乃令人倍感欣慰，因此諸多原住民族均嚮往成為皇軍。縱

〔註104〕鍾肇政，《鍾肇政全集9‧高山組曲‧戰火》（2000年），頁339。
〔註105〕薩依德，〈想像的地理和其再現：東方化東方〉，《東方主義》（臺北：立緒出版社，1999年9月），頁75。
〔註106〕鍾肇政，《鍾肇政全集9‧高山組曲‧戰火》（2000年），頁353。
〔註107〕鍾肇政，《鍾肇政全集9‧高山組曲‧戰火》（2000年），頁354。
〔註108〕鍾肇政，《鍾肇政全集9‧高山組曲‧戰火》（2000年），頁357。

然不論內地人、臺灣人、高砂族，在軍隊中，乃完全一視同仁；但仍有階級之分，因長官幾乎爲內地人，列兵則爲高砂族人；且軍中的階級之分，乃格外嚴格，造成原住民族在軍中，仍承受著殖民壓迫的階級差別待遇。

> 換一種說法，不論是內地人、臺灣人、高砂族，在軍隊裡是完全一
> 樣的，大家都同樣地被吸收在軍隊這個組織裡頭。第二游擊隊裡，
> 幹部清一色是內地人，而列兵則是兵長以下全是高砂族。如果換一
> 個部隊，那麼上等兵是內地人，照樣必須對高砂族兵長敬禮、服
> 從。〔註109〕

縱然在日本殖民官方口中，在皇軍中大家均一視同仁，但實際上仍有階級之分；彷彿在部落中，警察與原住民族，同樣存在著殖民者與被殖民者的主奴關係；甚至於在軍隊中，高砂族仍像奴隸般地被對待著，諸如此類的種族歧視與被殖民壓迫現象仍顯而易見。

> 阿外還記得很清楚，那些警察們是怎樣地高高在上啊。從故老們聽
> 到的從前情形是更可怕的。那個時代，高砂族與警察的關係，根本
> 就是主奴，並且這個「奴」，還是不被當人的奴隸。就是進了義勇隊
> 以後也一樣。〔註110〕

在軍隊中的求生本能，乃爲十分重要的技能。相對而言，原住民族的求生技能乃較爲厲害。阿外在河邊的小沼地發現許多鰻魚，這種所謂「鱸鰻」的魚營養價值高；且從前在部落中，會捕獲鱸鰻的族人乃十分厲害。

> 阿外倒早就有所發現了。特別是在沙巴泰河中上游，有不少由山澗
> 構成的小支流，還有河邊的小沼地，都是鰻魚最喜歡棲息的地
> 方。……那是臺灣平地人最珍視的，叫「鱸鰻」的魚，味道鮮美不
> 算，還含有高單位的維他命、礦物質如鐵、鈣等，還有大量的蛋白
> 質、脂肪。〔註111〕

當阿外將發現鱸鰻的消息報告林兵長時，林兵長就馬上報告和田曹長。此時，阿外在內心思考著，林兵長難道是爲了要邀功，所以將此消息報告內地長官，「林兵長是不是也想到，爲了一旦戰爭進入殘酷階段，必須靠這些魚族，還有什麼沙哥椰子澱粉來活命，因此豈不是應該把這些救命的資源當作

〔註109〕鍾肇政，《鍾肇政全集9‧高山組曲‧戰火》（2000年），頁357。
〔註110〕鍾肇政，《鍾肇政全集9‧高山組曲‧戰火》（2000年），頁358。
〔註111〕鍾肇政，《鍾肇政全集9‧高山組曲‧戰火》（2000年），頁359。

秘密嗎？不是讓那些內地人都餓死更好嗎？——他是眞的在炫耀嗎？在諂媚嗎？在表現嗎？」〔註112〕在林兵長心中，是否仍維持一個原住民族的矜持呢？阿外此時乃產生族群認同迷思。

> 他「國語」好，學問也不錯，一個堂堂的兵長，一個最皇軍的皇軍。難道這就是他所追求的？——他是個布農。是不是布農也像塞達卡那樣，有強烈的矜持。他之求表現，會是只爲了布農的一份矜持？〔註113〕

縱然原住民族在進入皇軍後，仍面臨著皇軍與原住民身分的族群認同矛盾。但阿外始終認爲原住民族的矜持，乃無法改變，「阿外自覺還能夠領略這些說法的不尋常意義。然而，他也有一番見解：泰耶魯就是泰耶魯，這一點是不改變的。同樣，布農也是布農，排灣也是排灣。」〔註114〕在阿外不斷地思考著林兵長的內心想法後，臆測著林兵長乃由堂堂正正的布農族，逐漸地轉變爲皇軍。

> 阿外總算能冷靜地設想林兵長的內心了。他一向來都那麼元氣充沛，是個最英勇最機智的戰士，也是最皇軍的皇軍。他該也曾是個最矜持的布農吧。這一份矜持，他把它從布農的轉變成日本人的、皇軍的，因此當一名最好的日本人、最皇軍的皇軍，也就是他發自內心底最深處的願望。〔註115〕

當阿外有機會瞭解林兵長的內心後，林兵長表明他仍爲不折不扣的布農族，仍爲高砂族而努力奮鬥著，「林兵長那一場嚎啕大哭，幾乎是驚心動魄的。他不只是爲了自己，也是爲了全部的過來的。他力爭做一個日本人、皇軍的榮耀，乃是爲了提高同胞的地位。這麼說來，林兵長豈不是最純潔的高砂族嗎？」〔註116〕由此證明在原住民族成爲皇軍後，內心仍存在著原住民族的族群身分認同。但在林兵長所處的時代中，仍爲一位悲劇英雄的形象；甚至於代表諸多原住民青年，在川中島後期的歷史中，因皇民化運動所產生的悲情，爲原住民族留下歷史性的扉頁。

> 新的時代雖然還不知道是怎樣的，但一定是不同的，而林兵長在這

〔註112〕鍾肇政，《鍾肇政全集9·高山組曲·戰火》（2000年），頁360。
〔註113〕鍾肇政，《鍾肇政全集9·高山組曲·戰火》（2000年），頁360。
〔註114〕鍾肇政，《鍾肇政全集9·高山組曲·戰火》（2000年），頁470～471。
〔註115〕鍾肇政，《鍾肇政全集9·高山組曲·戰火》（2000年），頁471。
〔註116〕鍾肇政，《鍾肇政全集9·高山組曲·戰火》（2000年），頁471。

個時代裡，是一個悲劇英雄。悲劇英雄恐怕命中註定必須隨一個時
代而滅亡，然後從廢墟中重生。林兵長會活過去的，並且也像過去
的好長一段歲月那樣，他必定是個最堅強最勇敢的生存者。〔註117〕

在原住民族皇軍心中，原住民族乃為真正的強者，「大家都能征慣戰，勇
邁堅強，而且不分內地人、臺灣人、高砂族。衣服破爛，也是大家一樣，餓
肚子呢，也無分彼此。這一點在他們是最大的安慰。有些人還更進一步偷偷
地在內心燃燒著矜持與誇耀；高砂族才是真正強的。」〔註118〕不論如何，原
住民族優秀的求生本能，即為與生俱來，且值得驕傲的族群特質。

真的，他們只要一腳踏出營地，進入叢林，便可以找到東西吃。他
們知道哪裏會有一些小野獸；怎樣的植物，可以吃果實、嫩芽。當
他們能把弄到手的東西，分一些給長官和內地人同袍吃的時候，他
們感到最高的榮耀。〔註119〕

當畢荷思索著原住民族的過去與未來時，驚覺日本殖民官方所印行的歷
史紀錄中，尤其是霧社事件的部分，乃充滿著許多虛偽和掩飾，「事件本身的
──第一次事件發生的前前後後，還有第二次事件。官已經印行了那麼多有
關事件的報告，充滿著虛偽和掩飾。這個部分是為了揭發真相，留下真實而
寫的，非隱秘不可，否則被查覺，不但留下記錄不成，性命也可能難保呢。」
〔註120〕此即使原住民族的後輩子孫，逐漸遺忘自我族群的歷史真相，陷入日
本殖民官方皇民化精神的族群迷思中。誠如薩依德所述，原住民族即如「東
方主義中的東方」，而成為被研究的對象，無法取得歷史詮釋的自主權。

東方和東方人被認為是一個研究的「對象」，這對象，被研究者蓋滿
了異己的戳記──無論身為主體或客體，東方都是異類──且是一
種構成性的、本質性的異己。它成為一個研究的標本，被西方人賦
予上「歷史的」主體，雖然東方被認為是習慣性成為被動的、非參
與性的性質。〔註121〕

川中島的原住民族，在歷史的記載下，即充滿著諸多不為人知的辛酸與

〔註117〕鍾肇政，《鍾肇政全集9‧高山組曲‧戰火》（2000年），頁471。
〔註118〕鍾肇政，《鍾肇政全集9‧高山組曲‧戰火》（2000年），頁183。
〔註119〕鍾肇政，《鍾肇政全集9‧高山組曲‧戰火》（2000年），頁183。
〔註120〕鍾肇政，《鍾肇政全集9‧高山組曲‧戰火》（2000年），頁324。
〔註121〕Anwar Abdel Malek, "Orientalism in Crisis," Diogenes 44 (Winter 1963):
107~8。薩依德，《東方主義》（1999年），頁139。

血淚，「還有，在川中島的生活，也必須有詳盡的紀錄。如今公認的這所『模範蕃社』，背後有多少不爲人知的血淚呀！馬紅的死，那麼多族人之死，無一不是不應該死而死的。塞達卡是把生死看得很淡的部族，但卻確確實實是熱愛生命的。熱愛生命卻又視死如歸，這種精神一定要讓人家知道才好。」〔註122〕在畢荷心中，川中島的歷史，與皇民化現況，甚至於是義勇隊與志願兵，均該被記載下來，「義勇隊與志願兵的事，也要儘可能地寫下來吧，尤其那些『出征』者所留下來的家族的故事。」〔註123〕諸多爲族人亦或爲皇國犧牲性命的故事，均該被記載下來，成爲歷史的扉頁。

　　鍾肇政在《戰火》中，描述諸多具有代表性的原住民青年。首先，描述霧社一帶唯一的高砂族「在鄉軍人」佐塚昌男。佐塚昌男的姊姊佐塚和子，則被送進日本內地，被培訓爲知名歌手；甚至於在臺巡迴演出「莎央之鐘」而大爲轟動，還因此拍攝電影，成爲家喻戶曉的人物。此外，山下太郎乃前往戰場，抱著勇於爲皇國犧牲的堅定信念，爲皇國的勝利而奮戰著。沙坡即爲了爭取可成爲「高砂族挺身隊」隊員的機會，決定要寫血書，報紙上將沙坡勉勵成模範蕃社的模範青年。阿外則懷念山中的一切，卻又認爲有機會成爲皇軍方爲很了不起之事，因此當山下太郎完成三個月的鐵血訓練後，即寫信給畢荷報告目前的生活狀況。甚至於連已婚的達巴斯也同樣堅決地要爲皇軍效命，完全不顧妻小的反對而堅決出征去，然而沒多久便戰死。另一個形象鮮明的悲劇人物林兵長，乃爲高砂族人，處於第二游擊隊四百多名高砂族的最高階級。林兵長即爲阿里山下托富耶部落出身的布農族，原名「歐蘭·卡曼」，畢業於嘉義農林學校；卻在日本戰敗後，對族群認同產生莫大的衝擊。上述原住民青年，均爲展現日本殖民壓迫的皇民化運動成果，即成爲族群認同迷失的諷刺性代表人物。

（六）原住民族菁英之文化保存

　　鍾肇政在〈日安·卑南〉中，乃描述諸位原住民菁英份子，如何努力地爲原住民族文化而努力，「林志興、林信來兩位朋友該是我印象最深刻的年輕一輩精英份子。我很驚訝到，他們都有爲他們族群保存傳統文化的素志，而且已經漸漸地在開始做了。」〔註124〕諸多原住民均在不同層面，爲原住民族

〔註122〕鍾肇政，《鍾肇政全集9·高山組曲·戰火》（2000年），頁324～325。
〔註123〕鍾肇政，《鍾肇政全集9·高山組曲·戰火》（2000年），頁325。
〔註124〕鍾肇政，〈日安·卑南〉，《願嫁山地郎》（1989年3月），頁168。

文化而努力；諸如阿美族原住民林信來，乃為原住民族音樂而努力。

> 林信來……在師專任教，公暇之餘，為他們族裡的音樂，做著蒐集、
> 整理、紀錄的工作，且已有了初步的成果，如《臺灣阿美族民謠謠
> 詞研究》一書，即為這方面頗具權威性的皇皇巨著。目前在從事的，
> 即為卑南族音樂的研究。〔註125〕

卑南族原住民林志興，乃努力地進行原住民族文化的田野調查，冀望保存下原住民族的神話傳說故事，「林志興就告訴我，偶爾回老家，和祖父母一代人已經無法交談，滿心的關候之意，只能化作微笑與點頭，言下似頗無奈。而林君之所以急著想為祖先的文化種種留下一鱗半爪的紀錄，這該也是原因之一。」〔註126〕林志興甚至於還冀望，以文學創作結合口傳文學，將原住民文化再現於文本中。

> 林志興……他希望蒐集、整理，並記錄下他們卑南族的民間傳說、
> 神話故事，外加歌謠等。他把他們流傳下來的故事，說得動聽至極，
> 這也難怪，他自己就是為那些美麗動人的故事與歌謠而陶醉。他還
> 以個不凡的志願，就是希望用文學創作的方式，來表達他們形形色
> 色的故事。〔註127〕

戰後第一位原住民作家陳英雄，乃深具指標性意義，「光復後第一個山胞作家陳英雄，……實則遍覽日據時期臺灣文學作品，未見有成於山胞的文章，因此陳君還極可能是所有山胞自有歷史以來的第一個作家。……可惜迫於生活，他這方面的興趣未能維持下來。」〔註128〕鍾肇政即思考到，原住民族在文學創作上的限制與困境。

> 他是在關山的一個山區裡的派出所服務，……其實他並未忘情於寫
> 作，中斷的最大原因，除了生活問題之外，主要還是因為沒有適當
> 的發表園地。聽他說這樣的苦楚，我心中不免也橫生感觸。因為以
> 山地的文化背景而言，在歌舞或者運動方面，他們儘可能出人頭
> 地，唯獨在文學方面，恐難免背負多一層阻礙吧。〔註129〕

鍾肇政一向鼓勵原住民族創作，與原住民族文學的發展，曾自述，「我個

〔註125〕鍾肇政，〈日安・卑南〉，《願嫁山地郎》（1989 年 3 月），頁 168。
〔註126〕鍾肇政，〈日安・卑南〉，《願嫁山地郎》（1989 年 3 月），頁 171。
〔註127〕鍾肇政，〈日安・卑南〉，《願嫁山地郎》（1989 年 3 月），頁 168～169。
〔註128〕鍾肇政，〈日安・卑南〉，《願嫁山地郎》（1989 年 3 月），頁 169。
〔註129〕鍾肇政，〈日安・卑南〉，《願嫁山地郎》（1989 年 3 月），頁 169～170。

人雖然過去寫了若干以山地為背景的作品，直到最近還有《高山組曲》名下的兩本長篇小說問世。但是，我知道平地人寫山地人的局限，充其量不過是隔牆觀望而已。因此，像英雄和志興這樣的優秀山地青年而又志於文學的，理應給予更多具體的鼓勵才是。」〔註130〕鍾肇政還實際地拜訪諸多原住民族朋友，諸如郭光也與陸森寶，由此深入認知原住民族文化。

> 我所拜訪的這一輩人是之中，大概可以拿郭光也和陸森寶兩位老先生為代表。前者阿美，以近望七之年，後者普優馬（即俗稱卑南），七十開外，同樣地都是從小接受日文教育長大的人士，思考與表達，均以日文為主，因而交談起來，可以清楚地感覺出，他們只有依靠日語，才能最恰如其份且精確地表達出所思所想。〔註131〕

鍾肇政首先介紹郭光也，「郭氏當年曾是日本甲子園球場馳騁過的棒球名將，五十年的今天，仍念念不忘往昔憑鐵血訓練體會的運動精神。他認為一個『誠』字是可以貫串一個人一生的基本精神，而這也恰是今日人們所最缺乏的。他深深相信阿美族人的傳統道德基礎，正也可以用這個字來概括。」〔註132〕郭光也乃冀望保存原住民族的文化精神，「……我們阿美不是只有歌舞而已，還有更重要的傳統精神。所以幾年前我就發起宏願，要把自己所知道的寫下來。我想再不寫，可能就永遠地失落了……」〔註133〕陸森寶先生同樣努力致力於原住民族文化的保存。

> 無獨有偶，以記錄自己傳統文化為職志的，還有一位陸森寶老先生。我應該說這位老先生也是一位十分睿智、充滿藝術細胞、普受族人欽敬，也值得所有後輩崇敬的普優馬長者。最令人驚異的，不是他在日據時期接受了師範教育——這方面，陸氏可能與霧社事件的花岡一郎差不多輩份——從事這教育工作數十年之久，而是他在青少年時代即依他們習俗，接受了他們族裡的傳統斯巴達式教育，如果就這一點而言，他就是碩果僅存的人物。〔註134〕

陸森寶努力地冀望保存原住民族文化，乃由於耆老凋零之故，「陸氏也以老成逐次凋謝，懂得當年事物的老人越來越少為憂，表示再不寫下來，將來

〔註130〕鍾肇政，〈日安・卑南〉，《願嫁山地郎》（1989年3月），頁170。
〔註131〕鍾肇政，〈日安・卑南〉，《願嫁山地郎》（1989年3月），頁171。
〔註132〕鍾肇政，〈日安・卑南〉，《願嫁山地郎》（1989年3月），頁171。
〔註133〕鍾肇政，〈日安・卑南〉，《願嫁山地郎》（1989年3月），頁172。
〔註134〕鍾肇政，〈日安・卑南〉，《願嫁山地郎》（1989年3月），頁172～173。

恐怕就沒有機會了。不過陸氏所做的，卻是音樂方面的蒐集、整理與紀錄，他自己也會作曲，作品充滿他們族裡的特殊風味。不管是舊有的也好，或者新作的也好，其文化價值，該是不容否認的吧。」〔註135〕原住民族文化保存，乃爲當務之急。鍾肇政還訪談到原住民青年，見證著原住民族斯巴達教育的變遷與特色。

> 我也訪得了一位普優馬青年，據說那種斯巴達教育，直到近年還有，
> 他少年時即受過那種訓練。不過根據個人觀察，這一老一少前後相
> 差達五、六十年之久，訓練內容與方式，必然有所不同，至少陸氏
> 的時代必定更接近傳統的方式才是。可惜陸氏因被保送到師校來讀
> 書，未受完傳統的斯巴達教育。〔註136〕

在原住民族的斯巴達教育中，方隨著時代不同而逐漸改變，在陸森寶與原住民青年這老少二代的斯巴達教育中，想當然爾存在著諸多差異之處，但相同的即爲原住民族群精神的再現。

三、漢族的眼光

（一）月夜下莫勇之族群自卑

鍾肇政在〈月夜的召喚〉中，雖展現出漢族老闆一家人，對於莫勇的態度挺友善；但對於莫勇身上的體味，仍展現出輕蔑的態度，「那老闆不只一次的皺眉屏息又側開臉，原來是嫌莫勇臭的。還有哩，『枯賽』，這也是臭的意思呀。和林大哥剛到先生家時就說『枯賽哪』，那時沒聽懂，原來那是一句日本話哩。」〔註137〕此即造成莫勇的質疑與自卑心態的萌發，呈現原住民族受到漢族歧視與壓迫的族群輕蔑；甚至於當眾人在質疑莫勇身上的體臭時，莫勇也產生自我懷疑；即使如此，莫勇與原住民玩伴彼此間，從不感受到彼此的體臭。

> 我臭嗎？莫勇簡直是一頭霧水。在學校時，老師也說過，要天天洗
> 澡，才衛生、才不會臭。老師不知說過多少次的，可是誰洗過澡呢？
> 常常到溪裡去泡泡，玩玩水，那倒是常有的事。大家都是那個樣
> 子，可是從來沒有人當面說過我臭，我也不覺得自己臭，那些玩伴

〔註135〕鍾肇政，〈日安・卑南〉，《願嫁山地郎》（1989 年 3 月），頁 173。

〔註136〕鍾肇政，〈日安・卑南〉，《願嫁山地郎》（1989 年 3 月），頁 173。

〔註137〕鍾肇政，《鍾肇政全集 15・月夜的召喚》（2000 年），頁 208。

們、同學們也都一樣的，可是我也從不覺得他們有哪一個是臭的。
〔註 138〕

　　莫勇縱然不認為自己有體臭，但在眾人的質疑下，只好去洗澡，「進了澡堂，水龍頭一扭，水就嘩啦嘩啦地流出來了，而且還是燙人的，真是驚奇啊？先生教他如何在浴缸裡裝水，如何洗澡。如何用肥皂，還特別關照他，頭髮也要好好地洗乾淨。」〔註 139〕第一次見到水龍頭的莫勇，乃感到十分驚奇，並回憶起當初老師如何教導他洗澡。此外，對於初來乍到平地工作的莫勇而言，對於未知的一切均充滿著擔憂；所幸一切僅為其杞人憂天。當莫勇適應平地生活後，即更得心應手的賣力工作著。

　　　莫勇所擔心的，原來都是一個杞憂，因為工作是單純的，而且毫不
　　　費力的。廠房裡幾架通風機與電扇經常地轉動，所以熱儘管熱，倒
　　　也還不到受不了的地步。最多的時候，只要拿一個圓凳子坐在機器
　　　旁守候著就好，根本就等於沒事。並且好多事情，例如添塑膠粒呀、
　　　換捲袋架呀、切袋等，他也很快地就學會了。先生不住地誇獎他，
　　　說他聰明，學得快，肯賣力，而且人也誠實，從不偷懶。〔註 140〕

　　縱然工作順心，但莫勇乃由於原漢族群語言的隔閡，而感到不安與好奇，「莫勇當然也有個小小的煩惱，那就是他聽不懂先生一家人的話。他們除了跟莫勇交談是用國語以外，他們互相間講的全是他們自己的話，他一句也聽不懂。其實，說這是莫勇的小煩惱，也不完全是正確的，因為他只有小小的好奇心，希望知道先生一家人講的是什麼，一旦他知道那是不可能的事以後，這小小的好奇心就煙消雲散了。」〔註 141〕所幸隨著莫勇的自我調適後，也就逐漸釋懷。此即反映出原漢族群的語言隔閡，對於原住民族所造成的影響。此外，由於莫勇的原住民族群自卑心態作祟，導致他卑微於身為「曹」的原住民身分，而認為沒資格跟「巴克西耶」（平地人）相比。

　　　在他腦子裡，更多的是來自一種自覺的無可如何。我是個「曹」，「曹」
　　　不可能跟「巴克西耶」（平地人）比，他們吃好的，穿好的，有大屋
　　　子住，還經常有車子坐，汽車、火車、歐多拜（摩托車）……樣樣
　　　都有，樣樣都是好的，我們「曹」有什麼呢？什麼也沒有。嗯，確

〔註 138〕鍾肇政，《鍾肇政全集 15・月夜的召喚》（2000 年），頁 208。
〔註 139〕鍾肇政，《鍾肇政全集 15・月夜的召喚》（2000 年），頁 209。
〔註 140〕鍾肇政，《鍾肇政全集 15・月夜的召喚》（2000 年），頁 214。
〔註 141〕鍾肇政，《鍾肇政全集 15・月夜的召喚》（2000 年），頁 215。

實是什麼都沒有……。〔註142〕

　　莫勇在平地工作時，心靈深處總不免有著千頭萬緒的想法；但唯一不變的信念，即努力地賺錢寄回家，「他的腦子裡只有一句話：好好地聽『『培翁西』（頭家）的話，好好地幹，好好地賺錢。那是林大哥三番兩次向他提醒的，也是出門時『伊諾』說的。要不是那時『阿莫』喝醉了酒呼呼大睡，莫勇相信他也會這麼說——那是一定的啦，只要賺到錢，『阿莫』有更多酒好喝，他當然會這麼說的。說不定還會加上一句：『賺到錢，馬上寄回來。』」〔註143〕縱然莫勇明知賺的錢或許會被「阿莫」拿去買酒，但還是努力地賺錢養家。莫勇在一次喃喃自語時，被老闆的孩子聽到。基於漢族對於原住民族的好奇心使然，對於莫勇的原住民語言乃充滿好奇，「『沒有嗎？奇怪。那麼莫茲伊呢？』突然傳來另一個聲音。「莫茲伊是什麼？」莫勇跳起來。回頭一看，原來是小弟，已經來到他身邊了。因爲太突然了，莫勇一時愣住了。」〔註144〕等待莫勇回過神後，就逐一地答覆小弟的疑問。莫勇在答覆時，又不免流露出對於「耶夫荷」（豹子）的敬佩與讚賞，同時想起最了不起的「曹」，由此展現對自我族群的認同與驕傲。

　　　「莫茲伊是什麼？」「熊啦。」「熊？」「黑黑的，好大好大，好可怕
　　　哩。」……「烏瓦。烏瓦……是什麼？」「鹿啦」「還有呢？」「夫朱，
　　　是山豬啦。」「夫朱……莫茲伊、烏瓦、夫朱，對不對，還有豹子，
　　　那天你講的。豹子叫什麼？」「耶夫荷。」莫勇的眼光突然地發亮。
　　　「耶夫荷。」小弟的眼珠子一轉說：「好兇好大是不是？」「不啦？
　　　耶夫荷是山的王，大王，最勇敢，最了不起的，就像曹。」「曹是什
　　　麼？」「就是我們啦。」莫勇重重地拍了一下胸。〔註145〕

　　縱然莫勇在漢族面前總是充滿著自卑情結，與身爲「曹」族原住民的族群驕傲下，不斷地進行天人交戰的自我辯證，彷彿黑人的被殖民者心境，「探究黑人自卑情結，以情慾隱喻殖民權力，透視帝國殖民主義如何扭曲被殖民者的心理結構，說明黑人主體形塑和認同過程中，被漂白的意識型態與現實情境交疊所產生的兩難。」〔註146〕在平地的莫勇總免不了會遭遇到漢族的輕

〔註142〕鍾肇政，《鍾肇政全集15‧月夜的召喚》（2000 年），頁 215。
〔註143〕鍾肇政，《鍾肇政全集15‧月夜的召喚》（2000 年），頁 215。
〔註144〕鍾肇政，《鍾肇政全集15‧月夜的召喚》（2000 年），頁 217。
〔註145〕鍾肇政，《鍾肇政全集15‧月夜的召喚》（2000 年），頁 218～219。
〔註146〕黃心雅：法農，〈法農，權力、慾望與身體的中介書寫〉，《黑皮膚，白面具》

蔑眼光，與汙名化的冷嘲熱諷，彷彿殖民者般以歧視字眼，諸如小蕃仔、蕃妹……等字眼，諷刺漢族對於原住民族乃充滿著輕蔑之意。

> 「那不是阿宏哥家的蕃仔嗎？」「是啊，那個小蕃仔。」「聽說做事
> 好勤快的。」「阿宏哥好福氣，請到了蕃仔。」「阿蒽妹那兒的蕃妹
> 才不錯哩。」「你也嚐過了？」「嘿嘿……」「聽說不便宜是不是？」
> 「便宜？阿蒽妹那兒也會便宜，簡直是殺人。」「唉唷，個貪婆仔，
> 不過也值得吧。」〔註147〕

　　漢族對於原住民族的刻板印象與輕蔑態度，或許僅爲少數人的想法，也抑或反映出部分漢族對於原住民族，仍因誤解而產生汙名化的看法。反之，原住民族莫勇被漢族輕蔑而感到自卑；卻又在談到原住民族傳統技能時，感到無限驕傲，此二種心境一直在莫勇心中不斷地矛盾著，彷彿被殖民者在殖民宗主國文化，與自我族群文化間拉鋸著。

（二）瓦麗絲之族群汙名化

　　鍾肇政在〈阿他茲與瓦麗絲〉中，描述原住民青年的種種無奈。以原住民少女瓦麗絲爲例證，說明其迫於生活，嫁給平地漢族先生阿他茲，卻不斷懷念著家與山地部落的一切，再加上經濟生活壓迫，最後甚至於無奈地選擇喝農藥走上輕生一途。

> 「你老婆爲什麼吃農藥？」「……我不知道」叫什麼叫！先生，你聽
> 到了，她是想山，想母親、想姊姊。她是在想老家啊！一定是的。……
> 瓦麗絲，我的阿菊，告訴我，不，應該告訴先生呢，說你是想老家，
> 想你的阿母阿姊，才……妳一直說妳那個姊姊是怎樣的疼妳、愛護
> 妳。妳從小就由阿姊把妳帶大，所以特別想她。可是，他在妳十五
> 歲時就死掉了，是這樣，對嗎？〔註148〕

　　連瓦麗絲堪稱爲山地第一美女的姊姊，「最記得的，只有一件，就是她比妳更美，是高倚蘭社第一個美女，不，是整個牌仔山部第一個美女。我可眞想看一眼這樣的美女呢。」〔註149〕瓦麗絲姊姊卻迫於生活無奈而成爲妓女，最後又紅顏薄命地早逝；使得孤苦無依的瓦麗絲，只好嫁到平地來生活。至

　　　（臺北：心靈工坊文化事業股份有限公司，2005年4月），頁20。

〔註147〕鍾肇政，《鍾肇政全集15・月夜的召喚》（2000年），頁232。
〔註148〕鍾肇政，《鍾肇政全集15・阿他茲與瓦麗絲》（2000年），頁309～310。
〔註149〕鍾肇政，《鍾肇政全集15・阿他茲與瓦麗絲》（2000年），頁310。

於瓦麗絲的姊夫，「對對，姊夫是去南洋的，叫什麼『高砂義勇隊』，妳說的。」
〔註150〕其乃因日本當局的派遣而前往南洋參與戰爭。當時諸多部落原住民青
年，均由於皇民化運動而為日本出征。此外，阿他茲乃無法理解瓦麗絲為何
如此地喜愛山地？難道是想念姊姊嗎？其實，當年瓦麗絲的亞爸，也在為日
本出征的戰爭中喪生。亞亞、姊姊在幾年內接連的喪生，使得瓦麗絲不得不
選擇嫁給阿他茲到平地生活，卻難以拋開思鄉的一切。

> 瓦麗絲，阿菊，妳是真的那麼想山裡和妳阿姊嗎？山裡有什麼好？
> 妳也知道平地是好的。要不，妳也不會嫁給我。先生說我是用花言
> 巧語騙了啦，我是嗎？沒有吧，是你自己願意的。確實記得，妳說
> 妳阿姊死了，沒辦法在山裡過下去了。妳的亞亞也死了，亞爸也死
> 了，亞爸也是在戰爭時死的。亞亞死時妳才十歲。然後是你十五歲
> 時，唯一的親人姊姊也死了。〔註151〕

瓦麗絲姊姊因日久等不到為日本出征的先生，為求生存不得不下山到平
地去，成為一個濃妝豔抹的妓女，僅為了養活瓦麗絲。因此，瓦麗絲想到姊
姊，「每次說起姊姊，妳都哭，哭得好傷心。姊姊等姊夫等了三年多，然後下
平地去了，每個月回家一次。妳姊姊變成了個更漂亮的女人，擦脂抹粉的，
還穿著高跟鞋，是嗎？」〔註152〕瓦麗絲總忍不住地淚如雨下，彷彿被殖民者
的弱勢處境般地令人堪憐。此即諸多原住民少女，或許均曾面臨著類似的悲
慘際遇。瓦麗絲除了自幼的身世坎坷外，再加上阿他茲罹患的「巴卡症」動
脈血管阻塞症，更使得瓦麗絲的生活陷入一陣愁雲慘霧中。

> 先生，你說我是「巴卡」是嗎？「巴格耶魯」是不是？那是日本人
> 罵人的話哩。「巴卡」症？我不懂，我只懂罵人的日本話，什麼「巴
> 卡症」，動脈血管阻塞症，我全不懂。反正我就是受不了。現在更退
> 了，呀！差不多沒有烏紫色了。可是，它還是會來的，我知道十天
> 八天的就會來一次。太可怕了。快快給我打幾針吧。兩針三針都無
> 所謂，只要能醫好……。〔註153〕

阿他茲生病已夠淒慘，再加上身邊甚至於有人懷疑，阿他茲生病與他娶
山地女人瓦麗絲有關，「先生，有人說，那是因為我討了一個番婆仔，才會得

〔註150〕鍾肇政，《鍾肇政全集 15・阿他茲與瓦麗絲》（2000 年），頁 310。
〔註151〕鍾肇政，《鍾肇政全集 15・阿他茲與瓦麗絲》（2000 年），頁 311。
〔註152〕鍾肇政，《鍾肇政全集 15・阿他茲與瓦麗絲》（2000 年），頁 311。
〔註153〕鍾肇政，《鍾肇政全集 15・阿他茲與瓦麗絲》（2000 年），頁 305。

到這種病。根本不是病，是『番仔』放的。番仔會『放』人，我真的被『放』了，因為我討了番婆仔，是真的嗎？」〔註154〕瓦麗絲也因此內心更加煎熬。鍾肇政由此控訴，漢族對於原住民族的嚴重汙名化輕蔑與種族歧視。甚至於連阿他茲也懷疑性功能逐漸不足，難道也是因為生病的關係嗎？甚至於懷疑他的怪病，難道是由於瓦麗絲的原住民身分所致。此對於瓦麗絲與山地原住民族而言，均堪稱為一種莫須有的族群汙名化罪名。

> 已經快半年了呢。就是這怪病發了以後，不久就不行了。以前，我
> 是很行的，天天都可以，並不是像人說的，番婆仔特別行，特別要。
> 是我，白天來，晚上再來也可以。可是，完完全全不行啦。這是這
> 個怪病的原因嗎？〔註155〕

當阿他茲病發時，「就像這一次，阿他茲病發了。四肢微微地浮腫著，變成了紫黑色。『發自骨髓的癢』攫住了他。他沒敢抓。他幾乎要發瘋了。他想到了一法：飛車！……人浮起來，是連同怒吼的引擎聲一起浮起來的。不，那可怕的車身的震顫告訴他，人也好，車也好，並沒有浮起來。那細細的、強烈的、急速的震顫，使他抵抗著發自骨髓的癢。而那撕裂的空氣從他的臉、脖子、手臂擦過，使他感到抓癢的痛快。」〔註156〕這場怪病讓這對夫妻的生活，雪上加霜地更加困頓。但阿他茲萬萬沒想到在怪病纏身下，屋漏偏逢連夜雨。他老闆背一屁股債，讓阿他茲不但要負擔醫藥費外，甚至於連賺錢的機會都失去；甚至於瓦麗絲也連帶地受到影響而需要犧牲自己去賺錢。

> 都是這種病。醫生，你知道我的病，是什麼「巴卡耶魯」，不，我不
> 是「巴卡耶魯」。你說的是「巴卡症」是不是？也是那麼湊巧，我頭
> 家垮了，再也沒有人買房子了。不景氣啊。我頭家背了一屁股債，
> 沒人買房子，就不能蓋房子，我也沒工好做了。頭家不要我們……。
>
> 〔註157〕

在阿他茲的怪病發作又失業的窘境下，只好選擇讓妻子瓦麗絲成為妓女去賺錢，「醫生，但願我敢說出來……好吧，說就說吧，她去『賺』了。我是不行了，完完全全不行了，可是也不能因為這樣，就去……。當然，她可能為了我的醫藥費。想想也是的，每一次病發了，打幾針，拿幾天藥，就要一

〔註154〕鍾肇政，《鍾肇政全集15・阿他茲與瓦麗絲》（2000年），頁305。
〔註155〕鍾肇政，《鍾肇政全集15・阿他茲與瓦麗絲》（2000年），頁305。
〔註156〕鍾肇政，《鍾肇政全集15・阿他茲與瓦麗絲》（2000年），頁306。
〔註157〕鍾肇政，《鍾肇政全集15・阿他茲與瓦麗絲》（2000年），頁313。

千多將近兩千多塊錢。聽說是什麼特效藥，所以貴些──是貴太多太多了。」
〔註158〕瓦麗絲彷彿蠟燭兩頭燒般，負擔著家計與阿他茲的醫藥費，或許在此
諸多壓力下，瓦麗絲才會選擇喝農藥輕生。鍾肇政在文本中，乃逐步地鋪陳
山地女人瓦麗絲的悲慘命運與困境，再由阿他茲的怪病，導致瓦麗絲不得不
為了生計而成為妓女，將她推入更深的萬丈深淵中。最後，鍾肇政所鋪陳的
結局，即為瓦麗絲在命運多舛地捉弄下，終於敵不過生活的煎熬，而選擇喝
農藥輕生，「『好像是農藥。』『農藥？別亂說。你怎麼知道是吃了農藥？』『有
個空瓶子。是農藥的瓶子沒錯，她好像吃下去了。』『唔，那現在怎麼樣？』
『在……床上翻滾，大聲哭叫。』」〔註159〕但所幸她還保住一命，內心卻也已
滿目瘡痍。因此，文本一開頭即開門見山地，鋪陳阿他茲送妻子瓦麗絲就醫
的情節。

> 阿他茲的機車一陣旋風般地衝到李診所大門嘎然停下來，帶來一股
> 刺鼻的汽油味。他無限焦急地放好車，一面解開安全盔的帶子一面
> 近乎奔跑似地闖進診所裡。「先生，我，我……是我老婆。」不是車
> 禍呢。老婆，是那個山地婆仔。他怎麼啦？急病？總不會是不小心
> 給車子撞了吧！〔註160〕

在瓦麗絲坎坷的身世與命運被娓娓道來之際，也象徵諸多山地原住民女
子，如同瓦麗絲與姊姊般，均選擇為了生計而成為妓女。原住民女子乃為了
生活不得不低頭而默默地犧牲，被迫接受這悲慘的宿命，彷彿控訴著被殖民
者的辛酸血淚。縱然瓦麗絲這個命運乖舛的原住民女子，僅能選擇輕生來結
束這悲慘的一切。但其最後的願望，即為回到山裡去。因此，在就醫時乃喃
喃自語，「不，我不要看醫生，我要回去。回去雷夾，回去亞亞那裡，回去卡
布蘇羊……。」〔註161〕這種結局或許為諸多原住民族，不論在平地求學、工
作或嫁人後，內心深處最大的冀望吧。不論是瓦麗絲或者她姊姊，均迫於生
活不得不選擇成為妓女；瓦麗絲的姊夫為日本征戰而一去不回……等諸多現
象，均為原住民族可能經常發生的悲慘際遇，彷彿為被殖民者的悲歌而控訴
著。平地漢族先生把病質疑成原住民妻子所造成，此即對於原住民族而言，
乃為一種極度不公平的汙名化族群壓迫，諷刺著原住民族所承受的種族歧

〔註158〕鍾肇政，《鍾肇政全集 15・阿他茲與瓦麗絲》（2000 年），頁 313。
〔註159〕鍾肇政，《鍾肇政全集 15・阿他茲與瓦麗絲》（2000 年），頁 301。
〔註160〕鍾肇政，《鍾肇政全集 15・阿他茲與瓦麗絲》（2000 年），頁 300。
〔註161〕鍾肇政，《鍾肇政全集 15・阿他茲與瓦麗絲》（2000 年），頁 314。

視，乃處境堪憐。

（三）川中島之殖民歧視

鍾肇政在《川中島》中，大多數以原住民族觀點與視角來進行思考，但仍可由日本殖民者口中，得知殖民者對於原住民族的觀念，誠如年輕的日本巡查杉山政曾與畢荷說過的一段話，表達日本人認為原住民族為未開化的野蠻與可怕蠻族，彷彿薩依德所述，「用『我們一國／野蠻人一國』的二分法來分類想像中的地理，從來都不需要等到『他們野蠻人』認可。『他們』之所以是『野蠻的異類』，原因就在他們的疆界和心態，都不同於我們的。」〔註162〕此種對位式閱讀的文本分析方式，即將殖民者的種族歧視心態表露無疑。

> 「我真的沒有想到泰耶魯是這樣的，真奇異。……高峰，你知道你們是奇異的、不可思議的種族嗎？……」「我原來只是知道，泰耶魯是臺灣深山裡的生蕃，未開化的野蠻人，而且是喜歡獵取人頭的可怕蠻族。有一雙獵狗般發出兇光的眼睛。臉上塗滿油彩，赤裸著身子，在密林裡猿猴一般地來去自如。」〔註163〕

在酒精的催化下，年輕的日本巡查杉山政卸下嚴肅的態度與畢荷談心。杉山政甚至於以高高在上、施予恩惠的心態與語氣，跟畢荷表達說，為了給你們帶來文明、教化，一切均為一種施捨。此種殖民統治者文明進步論的優越心態，徹底地將被殖民者奴隸化；日本殖民霸權即在原住民的被殖民部落中，建立所謂的「主奴式的霸權體系」。

> 「如果我也像那些人，說是為了你們，為了給你們帶來文明，為了教化你們……哈哈哈，你當然知道這些的，對不對？」……杉山嘮嘮叨叨地敘述他貧窮的出身，無法就讀中學的苦楚。在畢荷眼光裡，杉山也是個嚴肅、充滿威權的「突奴」，這一刻，好像是因為血管裡注入了些酒精，撤去了藩籬。然而，畢荷還是感受著沉重的威壓感，以及一絲絲莫名的惶恐。是的，從來沒有過「突奴」對他這樣說過話。那確實是一種施捨，好大好大的施捨，根本就應該由他來承受、來享有的施捨。〔註164〕

〔註162〕薩依德，〈想像的地理和其再現：東方化東方〉，《東方主義》（1999年9月），頁75。

〔註163〕鍾肇政，《鍾肇政全集9・高山組曲・川中島》（2000年），頁121。

〔註164〕鍾肇政，《鍾肇政全集9・高山組曲・川中島》（2000年），頁123。

　　此種大日本帝國的民族優越感，在諸多殖民帝國中均為顯而易見；反之，被殖民者即擁有著無奈又認份的被壓迫命運，此乃諸多殖民地均為司空見慣的景象與心態。因此，日本殖民霸權對於原住民而言，不僅在族群統治與經濟剝削的殖民壓迫外，在語言傷害與精神歧視上的族群壓迫，同樣令原住民族苦不堪言。

第二節　原住民族懷鄉意識的萌發

一、懷鄉的心境

（一）月夜下之懷鄉莫勇

　　鍾肇政在〈月夜的召喚〉中，深入刻畫一個原住民青年，到平地工廠工作後，所產生的懷鄉心境。文本中乃不斷地藉由各種故鄉情境，來展現莫勇的懷鄉心情。莫勇初來乍到平地工廠工作時，還經常想起山地生活的一切，令他懷念的家鄉情景，諸如在山上打山豬的快樂，但身在平地的莫勇，僅有無限的惆悵陪伴著他。莫勇渴望回到遙遠的山地小村落中，但為了賺錢不得不留在平地工廠，而飽受思鄉之苦。

> 就好比跟在大人之間去山裡打獵，打死了一隻好大好大的山豬一般。這當然不一樣，打山豬是那麼快樂的一件事，此刻就只有莫可名狀的惆悵心情。他但願能跟林大哥一塊回去，回到父母親那兒——那所遙遠的深山裡的小村落。可是莫勇知道這種不行的，走了那麼遠的路，好不容易地才來到這個地方，為的是工作。〔註165〕

　　在平地生活不久，而被嫌臭的莫勇，進行生平的第一次洗澡，「這是莫勇有生以來第一次全身浸在熱水裡。他感到渾身被無數的針尖刺著，胸膛裡有一股可怕的壓迫感，幾乎讓人暈眩。不過暈眩很快地就過去了，代之而來的，是亂七八糟的思念。」〔註166〕莫勇最鮮明的感受乃為思鄉情懷，他心中千頭萬緒地思念著部落故鄉的一切，頓時湧上心頭。莫勇不斷地假想著故鄉情境，「哥哥說要去獵山豬的，可不知獵到了沒有？山豬……噢。那肉多好吃，鹿肉也是一等的，還有羌子，兔子，不，兔肉不太好……就是哥哥打到山豬了，

〔註165〕鍾肇政，《鍾肇政全集 15・月夜的召喚》（2000 年），頁 205～206。
〔註166〕鍾肇政，《鍾肇政全集 15・月夜的召喚》（2000 年），頁 209。

我也吃不到了……這一出來，恐怕不能很快地就回去吧。」〔註167〕莫勇思念著故鄉美味的山豬肉、鹿肉……等山中野味，不知何時才能一嚐為快，他懷想著故鄉香味四溢的味道，在莫勇心中不斷地薰陶著。

> 這就是說，不知什麼時候才能再吃到山豬、鹿那些了。噢，那繃跳
> 的鹿、猛衝的山豬……美味的肉，在山裡烤起來，滋滋作響，一股
> 一股地滲出油來，連對面的山也可以嗅到香味。幾時才能再吃到
> 呢？〔註168〕

在思鄉之際，莫勇想起故鄉中的諸多國中同學，莫興、阿科伊諾、巴蘇耶，均到外地去工作，「莫興、阿科伊諾、巴蘇耶他們，這些同班的好友們，上了國中沒幾天就跑了，也有一年多了，一次也沒回來過。他們說是上臺北去的，不知他們現在怎麼樣了？他們住的地方，是不是也有那麼多好的、有趣的東西……。」〔註169〕不知朋友們的際遇如何？他們是否也可遇到許多新奇有趣的事物呢？是否也和他一樣思鄉呢？縱然思鄉情切的莫勇，此時僅能告訴自己，眼前只有將自己的工作完成，盡好自己的本份，否則連賺錢的機會都會失去，「工作能不能做好？這也是莫勇最大的心事。如果做不好……他真不敢想下去。他只知道他好想回家，也知道那是不可能的，無論如何得待下去。」〔註170〕眼前，他心中被滿腔的思鄉情懷所填滿。莫勇初來乍到平地的頭一天，即在思想情懷中度過，「沒頭沒腦的思緒一個個地浮上來，又隱沒。來自阿里山深處的一個十五歲少年方莫勇，就這樣送走了他離家遠行的頭一天。」〔註171〕縱然心目中百感交集，莫勇最思念的還是家鄉的一切，「他想的最多的是伊諾和阿莫，還有山裡的一切。」〔註172〕但莫勇的思鄉情懷，卻只能跟鳥兒訴說。

> 「鳥啊，我好想回家你知道嗎？昨天晚上我看到月亮啦，彎彎的，
> 好漂亮，你也看到了吧。等月亮圓了。那就是……哦，我不告訴
> 你，你先猜猜，月亮圓了是什麼？」「吱吱……」「你說什麼？傻瓜，
> 難道你忘了，不是吱吱，是粟祭啊！」「唧唧，吱──」「你也高興

〔註167〕鍾肇政，《鍾肇政全集15・月夜的召喚》（2000年），頁209。
〔註168〕鍾肇政，《鍾肇政全集15・月夜的召喚》（2000年），頁209。
〔註169〕鍾肇政，《鍾肇政全集15・月夜的召喚》（2000年），頁209。
〔註170〕鍾肇政，《鍾肇政全集15・月夜的召喚》（2000年），頁209～210。
〔註171〕鍾肇政，《鍾肇政全集15・月夜的召喚》（2000年），頁210。
〔註172〕鍾肇政，《鍾肇政全集15・月夜的召喚》（2000年），頁215。

啦。我就知道你也高興，誰不高興呢？夫朱（山豬）也高興，茲莫
伊（熊）也高興，烏瓦（鹿）當然也高興。告訴我，你看到烏瓦嗎？」
「唧——」「當然，粟祭的時候，鹿最多的。夫朱呢？」〔註173〕

當莫勇與老闆一家人去參加廟會拜拜的盛會，老闆要莫勇買點東西時，
莫勇卻無動於衷，因他內心所牽念的乃為要將所賺的錢寄回家。直到老闆允
諾要幫忙寄回山上時，莫勇方才安心。縱然離鄉背井地在平地工作，莫勇心
中仍牽掛著故鄉的家人；使他每一分錢都捨不得花費。

「我的錢，要寄回家啦。」「傻瓜，那是你的零用錢。你來了三個月
了，有六千，你賺了六千元啦，不是告訴你嗎？我會替你寄回去的，
明天就寄好不好？」〔註174〕

當莫勇走在月圓之夜的廟會街上，「八月十四的圓圓的月掛在中天。好美
好清麗的月。莫勇獨個兒在柏油大馬路上走，步子踏的好快？路上不時有三
三兩兩的行人，有的去有的來，偶爾也有強烈的車燈，有兩盞，也有一盞
的。轟隆一聲過去了？莫勇無動於衷，彷彿天地間就只有他一個人踽踽地
走。」〔註175〕此刻「月圓人團圓」的景象，彷彿又再度勾起莫勇的思鄉情懷。
縱然街上人車鼎沸，車水馬龍，但莫勇彷彿僅有一人獨自漫步般，遙想著故
鄉情景。因此，在莫勇耳邊響起故鄉的祭典歌聲，尤其在月圓之夜，更讓莫
勇「每逢佳節倍思親」。山上祭典歌舞昇平的情景，彷彿歷歷在目地觸動著莫
勇的心弦，歌聲敲響著他的內心深處。

非唷夫（月）圓啦……非唷夫圓啦……圓溜溜的非唷夫……蹦蹦
蹦……嘴琴響起了……蹦蹦唷蹦蹦，蹦蹦唷蹦蹦……來呀威西（舞）
要開始了……咚咚——咚咚——快樂的威西，跳呀，喝呀，這是大
家威西的時候，大家來呀……非唷夫圓了，粟祭之夜，蹦蹦唷蹦
蹦……懷念的旋律在莫勇耳畔響，敲聲敲響著莫勇的胸。〔註176〕

當莫勇在街上漫步著，感受到馬路的觸感，才回到現實，「不對，不對，
不是這樣的路。踏下去柔柔的、軟軟的，有凸有凹的。有陡坡的，差不多擦
鼻子的陡坡才是？這是什麼鬼路。討厭的路。」〔註177〕縱然故鄉的路不平，

〔註173〕鍾肇政，《鍾肇政全集15‧月夜的召喚》（2000年），頁217。
〔註174〕鍾肇政，《鍾肇政全集15‧月夜的召喚》（2000年），頁228。
〔註175〕鍾肇政，《鍾肇政全集15‧月夜的召喚》（2000年），頁231。
〔註176〕鍾肇政，《鍾肇政全集15‧月夜的召喚》（2000年），頁231～232。
〔註177〕鍾肇政，《鍾肇政全集15‧月夜的召喚》（2000年），頁232。

但那才是莫勇所習慣而喜愛。走在街上的莫勇，還喃喃自語地訴說著，「『平地人的嘿茲（鬼魂）啊，別嚇我，我是曹哩……』他氣喘喘地自語著。曹是不怕平地人的嘿茲的，他給自己壯膽。」〔註178〕莫勇以平地的鬼不要嚇唬山地的「曹」族青年，由此可知原住民族對於平地漢族的族群壓迫乃十分擔憂。在莫勇為自己壯膽後，思緒又開始飛揚，故鄉的鼓聲、嘴琴聲與歌聲，彷彿在莫勇的耳邊響起。縱然他的臉龐、腳與腳底均被刺傷，仍不以為意。因「曹」的血液正在其體內奔騰著。

> 他總算放下心了，思緒便又飛翔了。他的耳朵裡的鼓聲、嘴琴聲及
> 唱歌聲由遠而近？他已置身在舞陣之中。腳下是他熟悉的軟軟的
> 草，軟軟的泥土，以及凹凸不平。菅草葉割破了他的臉，灌木枝劃
> 破了他的小腿，刺痛了他的腳底，他都一無感覺。非哬夫的清光在
> 召喚……「曹」的血液在隨著他耳朵裡的樂聲鼓聲而鳴響，而騷亂，
> 而奔騰……。〔註179〕

鍾肇政在〈月夜的呼喚〉中，故事的結尾乃以虛寫方式，讓莫勇的思緒進入故鄉情境的想像中，以月夜的祭典情景融入莫勇現實的平地場景中，把莫勇的思鄉之情堆疊到最高點。因此，不論是到平地求學、工作的原住民族，總對山地部落充滿著濃厚的思鄉情懷。

（二）瓦麗絲之思鄉情壞

鍾肇政在〈阿他茲與瓦麗絲〉中，描述原住民青年諸多無奈與思鄉情懷。原住民少女瓦麗絲，乃迫於生活的無奈，而嫁給平地漢族先生阿他茲，不斷懷念著家與山地部落的一切，充滿著濃厚的思鄉情懷。然而，平地漢族先生阿他茲，在婚後卻使瓦麗絲生活變得更加乖舛，最後甚至於喝農藥輕生。

> 「你老婆為什麼吃農藥？」「……我不知道」叫什麼叫！先生，你聽
> 到了，她是想山，想母親、想姊姊。她是在想老家啊！一定是的……
> 瓦麗絲，我的阿菊，告訴我，不，應該告訴先生呢，說你是想老家，
> 想你的阿母阿姊，才……妳一直說妳那個姊姊是怎樣的疼妳、愛護
> 妳。妳從小就由阿姊把妳帶大，所以特別想她。可是，他在妳十五
> 歲時就死掉了，是這樣，對嗎？〔註180〕

〔註178〕鍾肇政，《鍾肇政全集 15・月夜的召喚》（2000 年），頁 233。
〔註179〕鍾肇政，《鍾肇政全集 15・月夜的召喚》（2000 年），頁 233。
〔註180〕鍾肇政，《鍾肇政全集 15・阿他茲與瓦麗絲》（2000 年），頁 309～310。

阿他茲無法理解瓦麗絲，為何如此地喜愛山地？難道是想念姊姊嗎？阿他茲反覆思索著，「瓦麗絲，阿菊，妳是真的那麼想山裡和妳阿姊嗎？山裡有什麼好？妳也知道平地是好的。要不，妳也不會嫁給我。先生說我是用花言巧語騙了啦，我是嗎？沒有吧，是你自己願意的。」〔註181〕其實，當年瓦麗絲的亞爸，也在為日本出征的戰爭中喪生。亞亞、姊姊在幾年內接連的喪生，使得瓦麗絲不得不選擇嫁給阿他茲，到平地生活，「確實記得，妳說妳阿姊死了，沒辦法在山裡過下去了。妳的亞亞也死了，亞爸也死了，亞爸也是在戰爭時死的。亞亞死時妳才十歲。然後是你十五歲時，唯一的親人姊姊也死了。」〔註182〕但瓦麗絲乃難以拋開思鄉的一切，生活的辛酸與苦楚，使原住民族更加懷念起山地部落的生活。文本中不斷地描述著瓦麗絲的生活苦楚，逐漸地轉變成濃厚的思鄉之情。諸多原住民族為求生存，不得不下山到平地去，離鄉背井僅為了生計著想。但在平地工作時，又不免遭遇到生活與工作上的不平等待遇與族群壓迫，而加深原住民族對於山地部落的思鄉之情。

二、故鄉的情境

（一）莫勇故鄉之召喚

鍾肇政在〈月夜的召喚〉中，描述莫勇百般懷想著故鄉的一切，縱然故鄉在莫勇的想像中是如此的美好；但實際上在故鄉的阿莫，經常酒氣薰天且暴力相向；不過，莫勇還是喜愛著故鄉的一切，不論是故鄉山豬追趕，或阿莫飲酒的畫面，均為莫勇所深深懷念著。

> 「莫勇！快起床！」那是父親沙嘎的嗓音，山豬死命地窮嚎時也沒有這麼難聽。莫勇一下子就從夢中被吵醒了，趕快奔到戶外一看，父親正站在門前坪子上，對著門大吼。「莫勇，還不起來？！這個殺千刀的！」「阿莫（爸爸）！」莫勇奮然地應了一聲：「我起來了。」〔註183〕

鍾肇政刻畫著故鄉中，阿莫喝酒的情景，與莫勇的互動過程，「莫勇看見父親有些站不穩的樣子。他明白過來了，又是一大早灌足了酒。看，一手握

〔註181〕鍾肇政，《鍾肇政全集 15・阿他茲與瓦麗絲》（2000 年），頁 311。
〔註182〕鍾肇政，《鍾肇政全集 15・阿他茲與瓦麗絲》（2000 年），頁 311。
〔註183〕鍾肇政，《鍾肇政全集 15・月夜的召喚》（2000 年），頁 210。

的是另一隻酒瓶，另一手有竹杯子。瓶裡已經沒有多少酒了。太陽正從斜對面露出了臉來，陽光叫莫勇睜不開眼睛。今天早上可沒有霧哩？『莫勇，去找你的伊諾（媽媽）。』」〔註184〕莫勇憶起的總是阿莫在部落中，酒後暴力相向的場景。

> 「哼，打死你！」父親舉起了酒瓶，可是莫勇眼明手快，已經拔起腿來朝屋後的山坡跑去。但才起跑，沙嘎的嗓音又來了。「別跑，莫勇，阿莫不打你。」莫勇停腳回過了頭。「告訴伊諾，阿莫有酒，一人一杯，一人一杯，去叫伊諾回來。」莫勇幾乎被騙住了。想想，馬上知道阿莫是騙人的。他有酒當然自己喝了，幾時給伊諾喝過呢？〔註185〕

除了阿莫與伊諾喝酒的場景，彷彿歷歷在目般，莫勇印象深刻的還有他們倆打架的場景。酗酒、暴力一如往常不斷地充斥在山上的家中，「阿莫和伊諾在喝酒哩。這一杯阿莫咕嚕咕嚕喝下去了，下一杯是伊諾，也咕嚕咕嚕喝下去。然後又輪到阿莫咕嚕咕嚕，喝完一杯，用右手背擦擦嘴，再伸出舌頭舔舔手背。有兩瓶，喝兩瓶，有三瓶喝三瓶。末了是打一場架，一如往常地。」〔註186〕儘管如此，莫勇還是如此的思鄉情切。在莫勇的內心記憶當中，阿莫與伊諾打架的情景，彷彿歷歷在目。此刻莫勇僅能趕緊逃跑，否則被阿莫抓到又不免一頓毒打。縱然如此山上情景，還是令莫勇有著無限的懷念。

> 阿莫說妳喝多了，伊諾說我沒有，你才多喝。妳這天殺的！你才是天殺的，拳頭揮過去，利爪便抓過來。伊諾頭髮亂了，給阿莫抓住。哎唷……哎唷……。莫勇拼命地跑，腿舉起來好吃力好吃力，幾乎邁不開步子。可是莫勇知道非跑不可，否則給父親抓住了，準有一頓好打。跑呀，跑呀。真糟，怎麼跑不快呢？〔註187〕

鍾肇政在〈月夜的召喚〉中，首先以莫勇的故鄉情境鋪陳，反襯出莫勇在平地工廠的生活情景，最後在文末再以月圓之夜的懷鄉情境，將一個原住民青年深刻的思鄉之情推到最高點，以增加整個文本的戲劇張力。此外，還利用莫勇懷想的故鄉情境，呈現山地部落的情景與問題，諸如酗酒、或經濟

〔註184〕鍾肇政，《鍾肇政全集15・月夜的召喚》（2000年），頁210。
〔註185〕鍾肇政，《鍾肇政全集15・月夜的召喚》（2000年），頁211。
〔註186〕鍾肇政，《鍾肇政全集15・月夜的召喚》（2000年），頁211。
〔註187〕鍾肇政，《鍾肇政全集15・月夜的召喚》（2000年），頁211～212。

困境等議題。

（二）女人島之沙拉凡懷鄉

鍾肇政在〈女人島〉中，描述原住民勇士到女人島冒險的傳說故事，當沙拉凡回到故鄉後已事隔許久、恍如隔世的情境。當沙拉凡在海上遇到險阻，還在爲女人島遇難的妲哈爾哀悼時，面前突然出現一個黑色小島，原來是一隻大鯨魚，自稱爲馬啾馬啾，之前就曾與沙拉凡打漁時見過面。馬啾馬啾還取笑沙拉凡，居然連阿美族勇士也會哭泣。

> 唉呀！前面的海上不知什麼時候冒出了一個黑色的小島。哦，不，那個小島在動哩。「沙拉凡。」從那小島有聲音發出來。現在，他看清楚了。那是一隻巨大的鯨魚。「你不認識我了嗎？我可認識你哩。我是馬啾馬啾啊。我們碰到過幾次了，是你打魚的時候。」「歐！」「想起來了？哩哩，看你，怎麼一個人哭哭啼啼的。真沒想到像你這樣一個阿美也會哭。」〔註188〕

在海上遇到大風浪的沙拉凡，此時僅能祈求馬啾馬啾可爲他想辦法脫身，「『馬啾馬啾，你能爲我想想辦法嗎？』……『笑話，我是海裡的王，背你就好像背上放一片海藻葉。』……馬啾馬啾要沙拉凡回去以後，送給他一大桶粟酒，一整隻豬，一大鍋粟飯，做爲謝禮。沙拉凡滿口答應了？於是沙拉凡就爬到鯨魚背上。『沙拉凡，小心坐好，抓牢我的背鰭啊。我沉下去以後，你如果喘不過氣了，就用力咬一口我的背鰭，我就會浮起來讓你呼吸的。』」〔註189〕馬啾馬啾開出條件，沙拉凡也僅能應允。因此，在馬啾馬啾地協助下，沙拉凡終於可回到故鄉去。但當沙拉凡回到部落時，「他回到部落奇密社，山和河谷都是老樣子，但是那些屋舍卻看起來那麼陌生，並且人們也沒有一個是他熟悉的。這又是怎麼一回事呢？難道我真作了一場夢，而這夢依然還在繼續著？」〔註190〕在故鄉的一切景象，彷彿景物依舊，卻人事已非，眾人均不認得沙拉凡。

> 一群人以敵意的眼光向他走過來。有十幾個吧，手裡都拿著武器，似乎準備要馘他的頭。他急起來了，還好他認出其中幾個年老的。……「我是沙拉凡啊！」「沙拉凡？」他們面面相覷，一臉不信

〔註188〕鍾肇政，《鍾肇政全集15・女人島》（2000 年），頁 334。
〔註189〕鍾肇政，《鍾肇政全集15・女人島》（2000 年），頁 335。
〔註190〕鍾肇政，《鍾肇政全集15・女人島》（2000 年），頁 337。

任的神色。沙拉凡也正在奇怪，記得帕奈和布添都和他一樣年輕的，他們曾是好友也是打獵抓魚的好伙伴，可是眼前的他們卻分明是個老頭！〔註191〕

當大家質疑沙拉凡的身分時，「『你是沙拉凡？』布添又開口：『別想騙我，你一定是敵人。是卑南或者魯凱吧。』『布添，你怎麼把我忘了。我還記得你，雖然你忽然變老了，我是沙拉凡啊，你仔細看看。』『沙拉凡死了好多好多年了！』『不，我沒死。我就是沙拉凡。』」〔註192〕沙拉凡也同時納悶著，當年的伙伴，如今均已成為老人家。不論沙拉凡再怎麼解釋，眾人即無法理解與信任沙拉凡的說法，因族人心中的沙拉凡已死亡多年。此時，沙拉凡終於以藏在屋簷下的磨刀石證明自己的身分。如此一來，眾人才相信沙拉凡的說法，而當年的未婚妻娜考，如今也成為老人家。由此可知，沙拉凡已離家有數十年之久。

> 沙拉凡想起出門時，曾把家裡的一塊上好的磨刀石藏在屋簷。他把它找來，他們這才相信了。沙拉凡也去找了以前愛人娜考，不用說娜考也早已是個老太婆，再也沒有昔日的豔麗了。原來，他以為離家只不過月圓一次，其實已過了幾十年的歲月。〔註193〕

在阿美族老頭目吉拜的想法中，認為沙拉凡所說的馬啾馬啾，即為所謂的「海神」，「老頭目吉拜認為那個鯨魚馬啾馬啾，其實就是海神，祂顯靈身為鯨魚來救沙拉凡？一定要依照祂的要求，用粟飯、粟酒、豬來祭祀祂。於是在吉拜的命令下，整個奇密社的人大家來準備獻祭的禮物，舉行了一個盛大的祭典。這以後，祭海神就成了他們社裡一年一度的例行祭典。」〔註194〕此後祭海神，即成為阿美族一年一度的重要例行祭典。沙拉凡在臨死時乃許下願望，「臨死時，他要族人們將他的肚子剖開，把他的膽子放進海裡，做為獻祭的禮物。據說：海水之所以鹹，顏色之所以藍，就是因為這個緣故。」〔註195〕族人照做後，阿美族人即認為，此即為海水又鹹又藍的由來。

（三）武達歐之山林懷鄉

鍾肇政在〈回山裡真好〉中，描述當武達歐在平地校園求學時，經常憶

〔註191〕鍾肇政，《鍾肇政全集15‧女人島》（2000年），頁337。
〔註192〕鍾肇政，《鍾肇政全集15‧女人島》（2000年），頁337～338。
〔註193〕鍾肇政，《鍾肇政全集15‧女人島》（2000年），頁337。
〔註194〕鍾肇政，《鍾肇政全集15‧女人島》（2000年），頁337。
〔註195〕鍾肇政，《鍾肇政全集15‧女人島》（2000年），頁337。

起故鄉的情景，「山上的空氣凝凍著，飽含著一根根針。往武達歐身上的每一方皮膚刺過來。好累了。可是跟衝刺完最後一段陡坡，武達歐身上滲著汗水，此刻腳步一停，那無數的針就往身上刺了過來。武達歐惶恐著。怎麼辦呢？……。」〔註196〕當武達歐暫時回到山上時，內心卻惶恐著該如何是好？欲回到山裡生活，卻又不得不地到平地去求學。當武達歐在山上時，最喜愛的活動，即在山上看星星、數星星，「他就喜歡這個樣子在屋前看星星，數星星。是亞亞（母親）教他數的。一顆、兩顆、三顆、四顆……那記憶甚至還可以上溯到在亞亞的懷裡的時候。」〔註197〕這個回憶令他印象深刻，甚至於可溯源至武達歐幼年還在繈褓之際，即擁有在山上看星星的美好記憶。但當武達歐暫時回到山上時，亞亞的聲音從夢中將他喚醒。欣悅的亞亞，開心著武達歐的回來，卻還是得把武達歐送回學校去求學，因學費都已繳交。所以，在不久後就準備將武達歐送回校園。

> 「是武達歐啊，喂，醒醒。」「聽到了。」亞爸（父親）也醒著。細
> 碎的腳步聲，然後門呀咿一聲打開了。「主呵，真的是你，武達歐。」
> 亞亞的嗓音裡分明透著一抹喜悅。亞爸把電燈扭亮了。白華華的日
> 光燈燈光，刺得武達歐連忙把面孔側開。〔註198〕

當武達歐回到山上，還是選擇買醉，以酒來麻醉在平地所受到的委屈，「那是懷裡的最後一筆錢。買下最後一瓶酒，就只剩下買兩個饅頭的錢。他啃下那兩個饅頭，酒呢，只喝下三口半。走到拉號，天就暗下來了，天氣這才開始轉涼。靠那大半瓶米酒，他在路口酣睡了一覺，直到太陽照得臉發熱才醒過來。」〔註199〕武達歐為了一解平地求學之愁，亦或許為了暫時放鬆心情。當武達歐醒來後，亞亞再給他一瓶酒，「亞亞急忙地踏著細碎的步子出來了，把一瓶酒交到武達歐手上。是一整瓶，好心的亞亞，是瓶塞都打開了，他仰起脖子灌了幾口。」〔註200〕武達歐喝了幾口後，就算內心深處多麼不願意，還是得準備要回到平地校園去。

> 「巴杜，」亞亞看了一眼亞爸說：「坐車要錢啦。武達歐，你沒有錢
> 了，是吧。」「……」武達歐搖搖頭，又一次舉起來酒瓶。已經喝掉

〔註196〕鍾肇政，《鍾肇政全集 15・回山裡真好》（2000 年），頁 234。
〔註197〕鍾肇政，《鍾肇政全集 15・回山裡真好》（2000 年），頁 234。
〔註198〕鍾肇政，《鍾肇政全集 15・回山裡真好》（2000 年），頁 235。
〔註199〕鍾肇政，《鍾肇政全集 15・回山裡真好》（2000 年），頁 236。
〔註200〕鍾肇政，《鍾肇政全集 15・回山裡真好》（2000 年），頁 236～237。

了差不多半瓶了。〔註201〕

　　鍾肇政以飲酒的情節鋪陳，一則展現原住民青年以酒來一解心中愁苦；另則也以飲酒意象，貫串著全文的情節發展，賦予原住民族好酒的性格。從前在祭典中才飲用的酒，如今卻成為原住民族一醉解千愁的方式，但「藉酒澆愁愁更愁」，也道盡原住民族在生活中的無限辛酸與無奈。

（四）戰火之馬黑坡懷鄉

　　鍾肇政在《戰火》中，描述縱然有諸多原住民族，在川中島的生活後期，逐漸地被皇民化運動的精神所影響，族群認同即轉而成為對日本帝國的皇國認同思想；但記憶中的部落故鄉回憶，「奇異地，竟常出現在夢魇裡的故鄉，卻是更早的那個家，那個在深山裡的，四周都有聳峙的山的，而且那些山全都要碰到鼻間似地那麼近，那麼實在，那麼偉岸，不像川中島的，都那麼遠，那麼披著一抹輕霧。」〔註202〕在午夜夢迴仍會迴盪於原住民遺族的內心深處，最深的記憶中。對於原住民遺族而言，馬黑坡方為真正的故鄉，那個擁有童年回憶，擁有父祖輩生長之地，擁有祖靈棲息之地，方為真正的原住民族故鄉。但在川中島的日子越久，馬黑坡的故鄉回憶就越來越遙遠。

> 馬黑坡！就像這個名字，有一大股一大股熱熱的泉水湧出呢。那才
> 是真正的故鄉，有才是真正的老家，有父親、母親在一起過日子的。
> 好遙遠好遙遠的故鄉和老家啊……〔註203〕

　　在川中島生活中，剝奪原住民族諸多從前在部落的傳統生活型態與技能，但令原住民難以忘懷的，即為從前的狩獵生活，「另一件為村民所津津樂道的是他在打獵方面所顯現出來才華。自從他們從內山搬到川中島以後，村後一帶山區，作為獵場來說，是近乎處女地。然而這裡畢竟屬於外山，幾年下來，儘管人們只能瞞著駐在所的耳目去偷獵，卻也得一些較大的走獸，例如也山羊、山豬、鹿等動物，迅速地減少。」〔註204〕縱然被日本殖民官方式所禁止，但原住民遺族還是忍不住偷偷地去從事狩獵活動。當原住民遺族遷徙川中島不久後，恪守著日本殖民官方的諸多規定，因此日本當局也逐漸鬆懈對川中島居民的監視。在日本殖民官方眼中，原住民遺族的「兇蕃」身分，

〔註201〕鍾肇政，《鍾肇政全集15・回山裡真好》（2000年），頁237。
〔註202〕鍾肇政，《鍾肇政全集9・高山組曲・戰火》（2000年），頁286。
〔註203〕鍾肇政，《鍾肇政全集9・高山組曲・戰火》（2000年），頁286。
〔註204〕鍾肇政，《鍾肇政全集9・高山組曲・戰火》（2000年），頁290～291。

在移徙後也逐漸成爲「良蕃」。

> 好在警察的監視也漸漸放鬆，對於村民偷偷出獵，除了當場查獲，
> 便採睜一眼閉一眼的態度。這也難怪，因爲官已認定這些「兇蕃」
> 在移徙後，的確已有明確的改進，可以認定爲「良蕃」了，何況這
> 些游獵民族，確實需要有馳騁密林地區的機會，而獵取的野味，也
> 是他們生活上所不可缺的食物。〔註205〕

原住民青年沙坡就在川中島中，「沙坡正是在這樣的當口，漸漸長大起來
的，就像祖先們之中的最好獵人那樣，除了一眼就能認出山勢，判定方向是
奇異能力之外，還有對野生動物的敏銳感應。他知道什麼時候，在那個地方
會有何種野獸，而一旦有野獸出現，依靠牠走過的路徑，他必定可以找到牠。
好像那些山豬也好，野山羊也好，只要來到拜巴拉山、阿冷山一帶，便逃不
出他設陷阱的範圍。」〔註206〕沙坡對於狩獵知識與技能，均可得心應手的勝
任。此項狩獵技能也使得他日後加入日本皇軍後，更加有機會彰顯在野外的
求生本能。沙坡在族中優秀獵人的調教下，已逐漸地獨當一面，成爲不折不
扣的山中獵人，狩獵活動彷彿又讓原住民族，重新找回部落的感覺。

> 開始時，沙坡還不敢走遠，可是羌子、野兔等小動物，在他們家幾
> 乎四時不斷，而才兩年光景，他已經可以參加大人們的遠獵的，成
> 爲一名不折不扣，且十分出色的獵人。憑他強壯的體格，一整隻
> 大山豬也可以老遠地從拜巴拉後山，走三四小時的山徑扛回來了。
> 〔註207〕

阿外、沙坡與諸多原住民青年，在川中島生活中均面臨同樣的命運，「如
果當時不曾發生那件大事件，阿外三兄弟當然還是馬黑坡的居民，那麼像沙
坡這樣的孩子，該是英雄出少年，不僅是自己社裡，甚至整個霧社部，他都
可能是一名最受頭目們嘉許、寵愛的少年勇士。」〔註208〕若在過去他們均有
機會成爲優秀的獵人。但如今成爲被殖民者的原住民青年，僅能偷偷摸摸的
狩獵，「然而，他生不逢時，出獵時必須偷偷摸摸之外，在教育所還被灌輸了
不是他傳統的觀念所容，卻非接受不可且信奉不渝的想法。」〔註209〕此外，

〔註205〕鍾肇政，《鍾肇政全集9·高山組曲·戰火》（2000年），頁291。
〔註206〕鍾肇政，《鍾肇政全集9·高山組曲·戰火》（2000年），頁291。
〔註207〕鍾肇政，《鍾肇政全集9·高山組曲·戰火》（2000年），頁291〜292。
〔註208〕鍾肇政，《鍾肇政全集9·高山組曲·戰火》（2000年），頁292。
〔註209〕鍾肇政，《鍾肇政全集9·高山組曲·戰火》（2000年），頁292。

被灌輸皇民化思想，即造成原住民青年於部落與皇民思想間相互矛盾。原住民青年們，在青年學校中甚至於被教育諸多與傳統部落觀念迥異的想法，諸如出草、馘首爲野蠻、違法的行爲，早日成爲「良蕃」方爲正確的目標，原住民族必定要早日學習皇國精神，進而爲天皇陛下效忠。

> 出草、馘首是野蠻行爲，而且法所不許，絕對不能再有這種行爲；
> 早日做一名「良蕃」，建設川中島爲全臺灣的模範蕃社；早日領略皇
> 國精神，成爲一名優秀的皇民；要爲天皇陛下盡忠誠。〔註210〕

在川中島中，沙坡與阿外同樣被教育著皇民化思想。一方面仍喜愛狩獵的傳統活動；另一方面，仍冀望成爲一名皇軍有機會上戰場去爲天皇陛下而死，諸多原住民均在此二種矛盾思想中不斷地拔河。

> 雖然他一點也不懷疑，但是他還是喜歡打獵，喜歡到深山裡去闖，
> 去撞。只有野獸才能使他的血沸騰。他確實有希冀，希望當一名皇
> 軍──或者，只因非內地人就不能當，所以他的這項希望是降了一
> 級的，就是不當皇軍也好，能夠去戰場上，爲天皇陛下而戰，而死。
> 當然啦，這只是憧憬而已，而他隨時都抱持的熱切冀望，則是到深
> 山裡去找山豬，找野山羊如果能遇到熊，那就是他的最熱切的期望
> 了。〔註211〕

目前在川中島，因日本殖民官方的強制禁止下，原住民族已沒有機會出草，縱然「塞達卡〔註212〕勇士是爲了戰爭，爲了出草而存在的。塞達卡的血，只有在戰爭時，出草時，或者出獵時才歡愉、沸騰。」〔註213〕原住民族只好無奈地將塞達卡的熱血，沸騰於爲皇國奮戰中，以成爲日本皇軍爲努力的主要目標。

> 爲了讓血歡愉跳躍，爲了成爲勇士、英雄，一個塞達卡不是只有去
> 喊「爲陛下而死」「像櫻花般地散落」這些口號，並進而付諸實施嗎？
> 這是否就是沙坡的心情呢？〔註214〕

沙坡乃努力地想成爲皇軍的目標卻遭人質疑，「成爲一名勇士、英雄，附帶而來的是美人的青睞？川中島也是出美人之地，因爲川中島的人承繼了馬

〔註210〕鍾肇政，《鍾肇政全集9・高山組曲・戰火》（2000年），頁292。
〔註211〕鍾肇政，《鍾肇政全集9・高山組曲・戰火》（2000年），頁293。
〔註212〕塞達卡・達耶，即爲山地人自稱，意爲高山上的人。
〔註213〕鍾肇政，《鍾肇政全集9・高山組曲・戰火》（2000年），頁301。
〔註214〕鍾肇政，《鍾肇政全集9・高山組曲・戰火》（2000年），頁301。

黑波、荷戈、他落旺部落的血統。很多女孩都長得美貌動人。沙坡是不是也想藉此以贏得某一個少女的愛呢？」〔註215〕不過沙坡與諸多川中島青年一樣，僅為了要得到自我實現，可順利成為皇軍的夢想，因日本皇軍即為榮耀的象徵。但在川中島的青年男女，連婚姻大事也無法自己決定，因一切均需按照日本殖民官方的指定；甚至於嚴禁私通，且川中島女孩竟以能嫁給年輕巡查為榮。

> 不錯，在川中島——別的部落也一樣，婚姻都是由官「指定」的，誰該娶誰，誰該嫁誰，只得官有權決定。不聽話嗎？誰敢「私通」，便有嚴屬的處罰，並且到頭來還是結不成婚。而有些女孩們也不再把族裡的男孩放在眼裡了。她們憧憬的，是警察，尤其是年輕的巡查。一句話，一個命令，那些警察便可以把她們中的任何一個叫去，而她們多半還以此為榮。〔註216〕

在畢荷的理解中，原住民族在經歷過霧社事件的摧殘下，「有個畢荷還記得清清楚楚的事實：昭和八年春間，官舉行了一次『國勢調查』（人口普查），川中島的人口是一百八十七人。這就是說，移徙兩年之後，人口減少了整整三分之一，這是個可怕的數字，那時候畢荷是一名警手，在駐在所裡勤務，所以記得還很清楚。當時，他甚至想到：川中島的人是不是會滅絕呢？」〔註217〕原住民族人口銳減的狀況，甚至於讓畢荷擔憂原住民族，是否會面臨滅絕的危機呢？所幸，根據畢荷這幾年的觀察，原住民族人口有逐漸成長的趨勢，誠如後殖民理論家薩伊德所論，「為社會空間奠基的是疆域、土地、地理區域、帝國實際在土地上之堪界奠基工作、以及文化競爭。思索遙遠的地方、殖民之使其人口繁衍或減緩其人口壓力。」〔註218〕在殖民情境中的原住民族，偶爾有傳染病的發生，再加上自殺人口的大幅增加，均造成人口減少、死亡率增高。自從畢荷擔任公醫後，卻又發現藥品不足的醫療問題。

> 還好，他們沒有滅絕，這三四年來的人口開始回升了。儘管這種傳染病不是全部的死亡原因——移徙後的半年多之間，自殺的人多的可怕，也成為死亡率高的因素，然而十餘年來，馬拉利亞總是經常地肆虐。畢荷就任公醫以後，為了對付這種病，花了不少心血，

〔註215〕鍾肇政，《鍾肇政全集9‧高山組曲‧戰火》（2000 年），頁 301。
〔註216〕鍾肇政，《鍾肇政全集9‧高山組曲‧戰火》（2000 年），頁 302。
〔註217〕鍾肇政，《鍾肇政全集9‧高山組曲‧戰火》（2000 年），頁 317。
〔註218〕薩伊德，〈敘事與社會空間〉，《文化與帝國主義》（2001 年），頁 156～157。

勤奮地跑，給病人充分的藥，並迫他們一定要服用，這也是他份內
的事。然而，近一年來他又遭逢另外一種困擾，就是藥品不夠！
〔註219〕

在川中島的藥品短缺問題，乃由於前方戰場的傳染病較為流行，藥品的
需求量大為增加，「幾年前，有一種新藥問世，叫做『阿他布林』，效果非常
好，也能夠充分供應。然而，自從大東亞戰爭打起來以後，戰場擴展到南洋，
正是此疾流行的地區，於是後方的藥品供應就受到嚴格限制了。」〔註220〕因
此，使原住民的醫療藥品，產生短缺的醫療危機。當畢荷在擔任公醫時，還
觀察到學生同樣要去服辛苦的勞役工作。畢荷思考著，若以當年的自己，受
到霧社事件的衝擊後，還要從事苦工的心情，將會是如此地無奈。

五十個同學，除開臥病的以外，這一刻都在那塊斜地上苦苦地工作
著，有的揮伐刀，有的舉山鋤，也有整地、打畦、除草的吧。就像
當年移徙過來時，畢荷他們所做的一樣。所不同的是坡地更陡了，
這些學生的年齡也更小。還有，當年他們是在創鉅痛深後的絕望心
情下，被命做那種苦工的，可不知這些第二代的少年們，心情又如
何？〔註221〕

畢荷時常與部落原住民同胞，交換對於時局的觀察，「到底『時局』怎樣
了呢？這是畢荷常常想的問題。但是，他總無法獲得一個自己滿意的答案。
跟人家聊聊，交換交換意見嗎？」〔註222〕但可惜同胞對此所知者並不多。若
要與日本人交換意見，卻又有點不恰當，「同事們清一色的『突奴』，根本不
可能；自己的同胞應該可以坦白些吧，可是他們對這個問題只是懵懵懂懂的，
實在說不出一個名堂來。」〔註223〕因此，畢荷總是感到十分無奈，且時常在
心中思考著記憶中的部落故鄉與塞達卡精神，「塞達卡‧達耶，不論是男是女，
總知道什麼時候必須死，選擇死！」〔註224〕不論是聽到與故鄉相似的名稱或
情境，均會激起原住民對於故鄉的懷念與遙想。

哈爾馬黑拉，怪怪的名字，卻似有一抹若有若無的親切感。說不定

〔註219〕鍾肇政，《鍾肇政全集9‧高山組曲‧戰火》（2000年），頁318。
〔註220〕鍾肇政，《鍾肇政全集9‧高山組曲‧戰火》（2000年），頁318。
〔註221〕鍾肇政，《鍾肇政全集9‧高山組曲‧戰火》（2000年），頁320。
〔註222〕鍾肇政，《鍾肇政全集9‧高山組曲‧戰火》（2000年），頁319～320。
〔註223〕鍾肇政，《鍾肇政全集9‧高山組曲‧戰火》（2000年），頁319～320。
〔註224〕鍾肇政，《鍾肇政全集9‧高山組曲‧戰火》（2000年），頁332。

在故鄉某一座高山的山麓，也會有相似的地名。但是，這裡可不是
故鄉的任何一個山地呢。荒謬，荒謬。當然不是啦，這裡離故鄉有
多遠啦。〔註225〕

原住民青年的出征，而有機會重新接受授刀儀式，在山刀的呼喚下，又
喚起原住民對部落的記憶，「高山族對山刀的一往情深，幾乎是人同此心、心
同此理。他們都是在『出征』時，由族長或家長，把傳家的寶刀授予的，因
此連在椰樹下的片刻假寐時，都要抱緊它，夜裡當然也片刻不離身。」〔註226〕
山刀對於原住民深具重要意義，乃代表著武士的靈魂。但原住民皇軍此種山
刀不離身的景象，看在其他族群眼中，卻認為相當可笑。例如日本八木原看
到巴羊抱著蕃刀睡覺，則開玩笑地戲謔笑稱，難道是想女人才抱著蕃刀。

「喂，怎麼，你想女人啦？沒有女人就抱蕃刀嗎？哇哈哈哈……」
八木原說著大笑了一陣。……「有的。這，這是，武士的靈魂，怎
麼，怎麼可以，比做女人。」巴羊憤然起來。……「哈，陸軍，二
等兵，佐藤，信夫！」巴羊站直身子拚命地嘶吼著回答。那樣子，
又笨又拙，但可以看出已經察覺到自己闖了禍，免不了一頓好打。
不過眼光裡倒有不屈的光。……通常的一個小風波，都是打的人打
的似發了狂，被打的鼻青臉腫才會平息的。這就是帝國軍人的鐵血
訓練。〔註227〕

此句「刀是武士的靈魂」說法，即由日本人口中所傳入，「內地人經常把
『刀是武士的靈魂』這種說法掛在嘴邊。據說還是武士時代就有的說法，如
今日本刀流行，這種說法也完全復活過來了。高砂族重視山刀，與內地人無
分軒輊，不過阿外倒也另有意會。是與古代的武士刀更相近的。」〔註228〕這
種說法自然而然地，在原住民族口中流傳著，因原住民族與日本人同樣認為
山刀與武士刀，乃深具重要意義。在原住民皇軍中，林兵長就曾與同袍談論
著，「林兵長說：『松村是排灣，我是布農，還有山下是泰耶魯，不同族，刀
也不一樣的。排灣是藝術家部族，什麼東西都要講究美觀。』」〔註229〕諸多原
住民族均以擁有山刀為榮，「高城也有一把山刀，不過形狀稍異，一看即知是

〔註225〕鍾肇政，《鍾肇政全集9・高山組曲・戰火》（2000年），頁335～336。
〔註226〕鍾肇政，《鍾肇政全集9・高山組曲・戰火》（2000年），頁346。
〔註227〕鍾肇政，《鍾肇政全集9・高山組曲・戰火》（2000年），頁346～347。
〔註228〕鍾肇政，《鍾肇政全集9・高山組曲・戰火》（2000年），頁361。
〔註229〕鍾肇政，《鍾肇政全集9・高山組曲・戰火》（2000年），頁362。

本地原住民的，此外一無長物。」〔註230〕山刀話題在皇軍中，乃經常被談論著。除了山刀之外，就連原住民族精神，均為大家所喜好談論的議題，諸如「『哈。好比泰耶魯，勇敢、慓悍，可以說是尚武的部族吧。』『尚武嗎？日本人也是哩。霧社事件，就是泰耶魯吧。』」〔註231〕在皇軍中的原住民青年，還是會共同回憶著，屬於原住民族的記憶，「林兵長適時地又開口了。『還有阿美族，是表現藝術的部族，唱歌跳舞是第一流的。』」〔註232〕原住民族還會進一步比較，不同原住民族間的異同之處。

> 林兵長略作思考說：「是這樣的，布農跟泰耶魯不一樣，比較乖巧、
> 溫和，而且還很有忍耐性，不過一旦生起氣來，那就會幹到底了。
> 泰耶魯很倔，也很強，可是有個大毛病，就是愛喝酒。我們比較不
> 會和人家爭，不喜歡爭鬥。好比霧社事件，在布農族就恐怕不一定
> 會發生吧。」〔註233〕

原住民族自從少了戰爭與馘首後，原住民族的尚武精神即受到壓抑，「自從故鄉沒有了戰爭和馘首以後，那種代代相傳的尚武精神，……在長久的壓抑之後，他們來到戰場，硝煙味、血腥味撼醒了潛存的本能，……在艱苦和恐怖裡，他們感受到被人家當人看待的滿足感、平等感，於是戰場對他們來說，成了青春的唯一寄託。」〔註234〕原住民族被當人看待的族群平等感，使原住民具有滿足感，故在加入皇軍的原住民青年即不在少數。但在鍾肇政筆下，林兵長是屬於較具有代表性的人物之一，彷彿同時為優秀皇軍與高砂族勇士的化身。

> 林兵長是最典型的了。乍看，他是忠誠、勇敢又有機智，是優秀皇
> 軍一員。可是骨子裡倒不無令人莫測高深的感覺。……這種人還保
> 有著高砂族的矜持與優越感，說不定對日本人也只是表面恭敬，骨
> 子裡卻有著若干輕蔑的成分呢！〔註235〕

在原住民心中，表面上成為皇軍是榮耀，但實際上他們仍以身為原住民族為榮。例如平岡上等兵即曾對林兵長說道，「我是阿美，是高砂族，我才不

〔註230〕鍾肇政，《鍾肇政全集9．高山組曲．戰火》（2000年），頁462。
〔註231〕鍾肇政，《鍾肇政全集9．高山組曲．戰火》（2000年），頁363。
〔註232〕鍾肇政，《鍾肇政全集9．高山組曲．戰火》（2000年），頁363。
〔註233〕鍾肇政，《鍾肇政全集9．高山組曲．戰火》（2000年），頁363。
〔註234〕鍾肇政，《鍾肇政全集9．高山組曲．戰火》（2000年），頁364。
〔註235〕鍾肇政，《鍾肇政全集9．高山組曲．戰火》（2000年），頁365。

稀罕什麼帝國軍人。你，哈耶西，你是兵長，你了不起，你是英雄。」〔註236〕
此外，「儘管這些高砂族兵士是那麼勇敢善戰。」〔註237〕原住民族縱然身在皇
軍可得到表面上的平等，「大家都能征慣戰，勇邁堅強，而且不分內地人、臺
灣人、高砂族？衣服破爛，也是大家一樣，餓肚子呢？也無分彼此。這一點
是他們最大的安慰。」〔註238〕但在原住民族心中，仍以身爲原住民族爲榮。
縱然原住民族的被殖民身分，仍飽受日本殖民者的族群輕蔑。

> 高砂族兵真可以傲視整個南洋戰場上的日軍。不僅執行作戰任務時
> 如此，就是非戰鬥時間，他們也表現出驚人的適應能力。他們來去
> 自如，行動快如閃電。他們巧妙地補捉山野裡的野獸及河裡的魚
> 族，所以極度的糧食缺乏所造成的飢餓也難不倒他們。〔註239〕

原住民族在皇軍中，方爲真正勇邁堅強的勇士。因在諸多危急存亡之際，
原住民族總可發揮求生技能，「有些人還更進一步，偷偷地；高砂族才是真正
強的。真的，他們只要一腳踏出營地，進入叢林，便可以找到東西吃。他們
知道哪裡會有一些小野獸；怎樣的植物，可以吃果實、嫩芽？當他們能把弄
到手的東西，分一些給長官和內地人同袍吃的時候，他們感到最高的榮耀。
他們總是那麼勤奮、慷慨，而且還謙虛呢。」〔註240〕此即爲原住民族的族群
優勢與特質；再加上原住民的矜持與誇耀，乃在內心不斷地燃燒著。

當原住民皇軍在談論成爲皇軍的因素時，比林對著阿外說，「我嗎？啊
哈，我只會說：我要爲天皇陛下而死，誰問，我都這麼說。是村子裡的巡查
教的。我就合格，合格，合格，就成了義勇隊啦。啊哈。」〔註241〕他僅爲重
複著日本巡查所教的口號，即已可合格成爲義勇隊。縱然已成爲原住民皇軍，
比林仍難以忘懷當年祖父的英勇，而對著阿外說，「必殺，必殺之劍，隊長說
的。祖父的劍呢。祖父馘過好多人頭，七顆，八顆，更多。我不輸祖父啦。
啊哈。」〔註242〕祖父馘取過諸多首級，他絕對不會輸給祖父。比林縱然還保
持著對祖父輩的英勇記憶，但還是以成爲義勇隊爲榮。因此對著阿外說道，「高

〔註236〕鍾肇政，《鍾肇政全集9・高山組曲・戰火》（2000年），頁417。
〔註237〕鍾肇政，《鍾肇政全集9・高山組曲・戰火》（2000年），頁422。
〔註238〕鍾肇政，《鍾肇政全集9・高山組曲・戰火》（2000年），頁438。
〔註239〕鍾肇政，《鍾肇政全集9・高山組曲・戰火》（2000年），頁424。
〔註240〕鍾肇政，《鍾肇政全集9・高山組曲・戰火》（2000年），頁438。
〔註241〕鍾肇政，《鍾肇政全集9・高山組曲・戰火》（2000年），頁439。
〔註242〕鍾肇政，《鍾肇政全集9・高山組曲・戰火》（2000年），頁439～440。

興，高興，當義勇隊，最高興，最名譽。村子里，義勇隊，七個，八個，好多好多，更多。我最強，比內地人強哩，啊哈。」〔註243〕在原住民心中，成爲皇軍不僅爲表現自己的英勇，甚至於可與日本人相較，而更勝一籌。若以林兵長爲例，或許骨子裡乃輕蔑日本人。

> 乍看，他是忠誠、勇敢又有機智，是優秀皇軍一員。可是骨子裏倒
> 不無令人莫測高深的感覺。阿外還不能舉出具體的例子，不過倒也
> 感覺出林兵長不是那麼單純的。至少他有他的一番見解與抱負是錯
> 不了的。並且，這種人還保有著高砂族的矜持與優越感，說不定對日
> 本人也只是表面恭敬，骨子裏卻有著若干輕蔑的成份呢！〔註244〕

林兵長爲了證明原住民族的英勇與尚武精神，「他不只是爲了自己，也是爲了全部的高砂族而努力奮鬥過來的。他力爭做一個日本人、皇軍的榮耀，乃是爲了提高同胞的地位。這麼說來，林兵長豈不是最純潔的高砂族嗎？」〔註245〕林兵長即爲一個不折不扣的原住民。原住民族乃視死如歸外，且深知如何選擇恰當的時機，坦然地面對人生的盡頭，「塞達卡・達耶，不論是男是女，總知道什麼時候必須死，選擇死。」〔註246〕縱然諸多原住民成爲皇軍，但仍展現數種不同類型的皇軍精神。鍾肇政藉著阿美族士兵頂撞布農族林兵長的過程，透過泰雅族原住民阿外眼光，使身處權力底層的原住民族衝突，再現皇軍士兵類型，此即鍾肇政小說藝術手法的高度展現。根據文本中所展現的原住民類型，首先即爲眞心欲成爲皇軍的原住民類型。

> 其一是完全的皇民化型。這種人是眞心想做一名皇軍，並且以此爲
> 榮的。他們志願當一名志願兵、義勇隊，是自發的。對日本人有著
> 深深的憧憬，來到戰地，聽到敵人逼近，或者看到敵機敵艦肆虐，
> 便燃起敵愾同仇之心，奉到出擊命令，也會踴躍上路。這種人恐怕
> 居大多數吧。……〔註247〕

部份原住民族，乃不得不離開家鄉，且被逼成爲志願兵，卻永遠無法忘懷日本殖民統治者，對於原住民被殖民者的族群壓迫，與非人道的殘酷欺侮；甚至於永遠記得在家鄉所受到的諸多欺凌迫虐，而對故鄉充滿著濃厚的

〔註243〕鍾肇政，《鍾肇政全集9・高山組曲・戰火》（2000年），頁440。
〔註244〕鍾肇政，《鍾肇政全集9・高山組曲・戰火》（2000年），頁365。
〔註245〕鍾肇政，《鍾肇政全集9・高山組曲・戰火》（2000年），頁471。
〔註246〕鍾肇政，《鍾肇政全集9・高山組曲・戰火》（2000年），頁332。
〔註247〕鍾肇政，《戰火》（1985年4月），頁161～162。

思鄉情懷。

> 另一種類型是仇恨型。這種人有不能離開家鄉的理由，卻是被逼了
> 才志願的。他們有所牽掛，思鄉之情特深。他們忘不了在故鄉的深
> 山裏所受到的諸多欺凌迫虐，那些山地警察，永遠使他們對日本人
> 懷有一份仇恨。這種人少言笑，有點落落寡合的樣子。〔註248〕

最典型的類型，即以林兵長為例，「還有一種，林兵長是最典型的了。乍
看，他是忠誠、勇敢又有機智，是優秀皇軍一員。可是骨子裏倒不無令人莫
測高深的感覺。……並且，這種人還保有著高砂族的矜持與優越感，說不定
對日本人也只是表面恭敬，骨子裏卻有著若干輕蔑的成份呢！」〔註249〕姑且
不論，鍾肇政不斷地由原住民青年類型的不同形象與際遇，闡明在川中島後
期，原住民族所產生的皇民化思想改變，與積極成為皇軍的堅定意志，均諷
刺當時日治時期，日本殖民統治如何奴化原住民被殖民者，所產生的集體族
群意識型態。

（五）部落文化情境

鍾肇政自述當年曾為撰寫原住民族文學創作，而深入山地部落去進行
田野調查，由此發覺更多原住民族正在經歷的族群議題，乃刻不容緩地尚待
改善。

> 我並非懵懂無知於當前所謂的山地問題，例如山地的貧窮問題、人
> 口流失問題，還有保留地、濫墾、酗酒等等，所以說有好幾籮筐那
> 麼多吧。而且都是到了燃眉之急的地步。幾年前，為了寫上述《高
> 山組曲》，屢次到霧社山村去流浪，親眼目睹了不少「問題」正在發
> 生，也正在繼續，而有關方面對此似乎也有著措手不及的無奈。
> 〔註250〕

鍾肇政在遠赴臺東考察卑南遺址之際，「這次赴東，主要是為了文化問題
──尤其卑南文化問題，因而所因所想也多以文化問題為中心。我深深覺
得，山地傳統文化的逐漸趨於消失，應該也是非常值得重視的一個問題吧。」
〔註251〕關於原住民族文化消逝的議題，乃為原住民族切身的重要族群議題

〔註248〕鍾肇政，《戰火》（1985年4月），頁161～162。
〔註249〕鍾肇政，《戰火》（1985年4月），頁161～162。
〔註250〕鍾肇政，〈日安・卑南〉，《願嫁山地郎》（1989年3月），頁170。
〔註251〕鍾肇政，〈日安・卑南〉，《願嫁山地郎》（1989年3月），頁170。

所在。

> 先談一個淺顯的事：在山胞而言，我以爲所謂的代溝（文化代溝），
> 恐怕來得比我們想像中更深刻，而且有更切身。例如語言問題，年
> 輕一代，自然是接受中文教育長大的，運用國語來表達，一般而言
> 是不成問題。但是未受中文教育的中年以上的人們，學習國語不免
> 相當困難，於是子女在外做事或求學，寫家信回家，做家長的還必
> 須央人代讀。家長給子女寫信，自然也須請人代筆。由於年輕一代
> 生活漸趨國語化，傳統語言運用起來已經感覺困難了。〔註252〕

關於原住民族文化流逝議題，原住民老人更有切身感受，「我也見了上了
年紀的一代人，言談之間可以清楚感覺出來，是這些老一輩的人對留下記錄，
比年輕一代更其熱切，也更其著急。此無他，因爲這一輩人由於見聞著更多
更深的傳統文化失落情形，因而有了更切深的傷痛。」〔註253〕鍾肇政還訪談
部落中的邱先生，見證日治時期至今的山地部落變遷過程。

> 邱老唸完六年再升兩年制的高等科，畢業後在鄉公所工作，臺灣光
> 復時還籌了接收人員之一，其後並曾榮膺首兩屆民選鄉長。他告訴
> 我，此地的日本移民種植咖啡，均告失敗，因而大多一貧如洗，常
> 常三餐不濟，與附近平地山地居民無異。他認爲他們並無優越感，
> 有時亦互通有無，尤其學童雖然分校而讀，偶爾有打群架的事態發
> 生，爲頑皮小孩應有的情形外，大體上相安無事。〔註254〕

邱先生回想起當年，「曾經有一位移民村出身的日本小姐，與縣府裡的山
胞青年談戀愛，成爲一椿大事件。由此可見那些日本農民是自以爲高高在上，
極端保守的。」〔註255〕由於日治時期的遺毒，導致山地部落的原日分治景象
乃顯而易見。

> 當時這裡還有毗鄰在一起的小學校與公學校各一所，前者供日人子
> 弟就讀，後者收容本地的平地、山地學童，日本農民住在馬路兩旁
> 的村舍，均爲木造、茅草頂蓋，平地、山地住民則散居附近四處。
> 〔註256〕

〔註252〕鍾肇政，〈日安·卑南〉，《願嫁山地郎》（1989 年 3 月），頁 170～171。
〔註253〕鍾肇政，〈日安·卑南〉，《願嫁山地郎》（1989 年 3 月），頁 171。
〔註254〕鍾肇政，〈日安·卑南〉，《願嫁山地郎》（1989 年 3 月），頁 175。
〔註255〕鍾肇政，〈日安·卑南〉，《願嫁山地郎》（1989 年 3 月），頁 174。
〔註256〕鍾肇政，〈日安·卑南〉，《願嫁山地郎》（1989 年 3 月），頁 175。

　　當年原住民族的馘首行動終止，即由於霧社事件的反動，「邱老也談起了山地的最後一件馘首事件，此地深山裡的一個布農部落，把駐在所的日人警官一家三口砍掉了頭。那還是霧社事件三、四年後的事。該是因爲霧社事件的犧牲太大，輿論指責太強烈吧。」〔註257〕此後，原住民族的出草行動至此乃告終。

> 這次事件日閥「理蕃」當局居然一改過去血腥鎮壓作風，採取和平
> 解決方式，免去了一場大屠殺，還舉行了一次煞有介事的「歸順式」，
> 從此全臺山地出草事件遂告絕跡。〔註258〕

　　關於日治時期的遺跡，如今乃不復見，「邱老——爲我指認隔鄰現今國小倖存的少數幾棟舊屋，當年並排在路兩旁的純粹日本農民是茅頂木屋，如今不再有痕跡。不用細想也知道，光復已四十年，那種房屋當然不可能存在了。」〔註259〕最後，鍾肇政介紹一位民間收藏家，「有一位民間的收藏家，收到不少山地古物，好像很值得一看。我當時食指大動，決定前往扣訪。……此人還年輕，常到山區去做一些小生意，就以交換的方式，或出一些代價購存，如今僅刀劍類就有一大堆，不知有多少把，堆在屋裡生鏽。這位年輕人曾表示：他的收藏品絕對不賣。」〔註260〕諸多原住民族，乃同樣努力保存著原住民族文化。

> 這位漢子就是——盤古屋主的主人。果然是個熱情洋溢的年輕人，
> 嗓音爽朗宏亮，説話也毫不保留。他説他不是收舊貨的，是打製一
> 些菜刀、柴刀一類金屬品出售的商人，蒐集只不過是利用去各地做
> 生意時順便做的。他那些收藏品有大有小，大的如山豬檻、木盤、
> 木椅——一把精緻雕刻，用整塊木頭雕的大頭目座椅，也有一些巨
> 獸骨骸化石，小的有山胞首飾。刀劍類已超過三萬把！他引導我們
> 去看了「武器庫」，也是一些歪歪斜斜的木板竹片屋，蛛網密布。眞
> 的，那些山刀、鐮刀之類堆成幾座山，正在生鏽！〔註261〕

　　當收藏家努力地珍藏著原住民族文化，「『要供要看，我都非常歡迎。要買，免談！』爽朗的盤古屋主人果然驕傲地宣布了。對我，這話有似一顆定

〔註257〕鍾肇政，〈日安‧卑南〉，《願嫁山地郎》（1989 年 3 月），頁 175～176。
〔註258〕鍾肇政，〈日安‧卑南〉，《願嫁山地郎》（1989 年 3 月），頁 176。
〔註259〕鍾肇政，〈日安‧卑南〉，《願嫁山地郎》（1989 年 3 月），頁 176。
〔註260〕鍾肇政，〈日安‧卑南〉，《願嫁山地郎》（1989 年 3 月），頁 176。
〔註261〕鍾肇政，〈日安‧卑南〉，《願嫁山地郎》（1989 年 3 月），頁 177。

心丸。『但願如此』，我內心裡有熱切地冀望。……卑南文化在盜墓階段裡，已有太多的出土文物被外人買走了。」〔註262〕此番言論著實地令鍾肇政安心，慶幸仍有人為保存原住民族文化而努力。

> 我們多麼需要一所卑南文化博物館。或者，有誰願意拿出一筆經費
> 來做這些工作呢？難道沒有一個機構會出來承擔嗎？我又想起了我
> 那位朋友在信中的一句話：「卑南遺址已經被徹底破壞了。」……我
> 只能在心裡偷偷地自語：讓我也來為卑南留下一點紀錄吧，如果我
> 辦得到的話。……讓我來說一聲：「日安，卑南！」〔註263〕

鍾肇政在此行臺東卑南遺址考察中，見證著卑南遺址文化的破壞，感嘆著原住民族文化保存不易；甚至於由不同原住民族身上，見證到原住民族文化保存的各種現象。

第三節　原住民族神話傳說的文本再現

一、山地傳說故事

（一）馬利科彎之山地傳說故事

鍾肇政在《馬利科彎英雄傳說》中，曾直言在他眼中的原住民族，「馬利科彎是高貴的部族，也是勇敢、正義的泰耶魯，雪恥報仇，懲戒暴虐。」〔註264〕鍾肇政在撰寫原住民族文本的開端，乃為山地原住民族題材創作之初，即以泰雅族為主要書寫對象。首先描述在馬利科彎部落的原住民族傳說故事，「馬利科彎社位於馬利科彎一帶的約略中心部分，由於馬利科彎的大頭目就住在這裡，因此這兒也可以說是整個馬利科彎的權力中心所在。」〔註265〕鍾肇政鉅細靡遺地闡述一個流傳極廣的民間故事，作為小說創作的書寫主軸——馬利科彎英雄傳。首先登場的二個人物——布達和蘇羊，乃為馬利科彎部落的二大重要人物，「在馬利科彎一帶的幾個部落裡，人們都說：『沒有布達，就沒有蘇羊』，但是，如果反過來說，『沒有蘇羊，也就沒有布達』，

〔註262〕鍾肇政，〈日安·卑南〉，《願嫁山地郎》（1989年3月），頁178。
〔註263〕鍾肇政，〈日安·卑南〉，《願嫁山地郎》（1989年3月），頁179。
〔註264〕鍾肇政，《鍾肇政全集7·馬利科彎英雄傳》（桃園：行政院文化建設委員會，桃園縣政府，2000年），頁536。
〔註265〕鍾肇政，《鍾肇政全集7·馬利科彎英雄傳》（2000年），頁441。

也何嘗不是極有道理的話。」〔註266〕布達與蘇羊彷彿即如魚幫水、水幫魚，
互為表裡般地關係密切，此關係的形成乃說來話長。

> 不錯，蘇羊的性命是靠布達的一場極富機智的行動，方才得以保全
> 的。不然的話，今天馬利科彎這地方，也就是沒有蘇羊・諾明這個
> 人了。而在往後的日子裡，布達之所以能夠南征北討，完成了顯赫
> 不可一世的功業，贏得了「馬利科彎之豹」這個雅號，威震遐邇，
> 除了布達自己足智多謀，驍勇善戰之外，一部份也是得力於蘇羊的
> 忠心耿耿與不顧生命的犧牲。〔註267〕

在布達與蘇羊的合作下，不僅促成布達的豐功偉業，也促使馬利科彎族
在所有泰雅族中，奠定重要的領導地位，「在長久的征戰歲月當中，布達・馬
烏伊曾經不只一次身陷絕境，卻都能夠靠蘇羊的忠誠化險為夷。同樣地，布
達也屢次解救了蘇羊的困阨。他們就這樣互助合作，使得馬利科彎族成為泰
耶魯中的泰耶魯。」〔註268〕馬利科彎英雄傳的民間傳說，即成為泰雅族中流
傳極廣的重要民間故事。整個故事的開頭，即要從數年前的一場瘟疫談起。
單純的風邪隨著染病人數增多、病情逐漸加重後，造成馬利科彎部落處處人
心惶惶，氣氛詭譎，人人自危地深恐下一個染病者即為自己。

> 事情得由發生在若干年前的一場疫病時說起：那是春末夏初的當
> 兒。這一年下雨好像比往年多了些，馬利科彎的溪水，遲遲不肯澄
> 清，縣亘的皮亞歪、排亞山、卡幾南、插天諸峰山頭的濃霧，也一
> 直不肯開霽，濕寒空氣苦苦地罩住了馬利科彎一帶。〔註269〕

在馬利科彎部落中，多人染上風寒初不以為意，但後來居然因此而喪命
者逐漸增多，「打從春天的時候，陸續地有人染上了風邪。這原本也沒有什麼
好稀奇，然而染患的人一多，在他們心目中便顯得事有蹊蹺了。而且可異的
是這麼樣流行起來的風邪，竟然次第地奪去幾條寶貴的性命，得病者縱然未
死，總也要拖上十幾二十天之久。」〔註270〕諸多傳言即繪聲繪影的傳開來；
往後甚至於因迷信而造成蘇羊一家人的犧牲。隨著疫情逐漸嚴重蔓延之際，
傳聞便四處流竄。族人深信此次並非神靈「奧托夫」的旨意，而是有心人士

〔註266〕鍾肇政，《鍾肇政全集7・馬利科彎英雄傳》（2000年），頁391。
〔註267〕鍾肇政，《鍾肇政全集7・馬利科彎英雄傳》（2000年），頁391。
〔註268〕鍾肇政，《鍾肇政全集7・馬利科彎英雄傳》（2000年），頁391。
〔註269〕鍾肇政，《鍾肇政全集7・馬利科彎英雄傳》（2000年），頁391～392。
〔註270〕鍾肇政，《鍾肇政全集7・馬利科彎英雄傳》（2000年），頁391～392。

的惡意放咒所致。

> 縣亘的皮亞歪、牌亞山、卡幾南、插天諸峰山頭……，陸續有人染
> 上風邪。可異的是這麼樣流行起來的風邪，竟然次第地奪去了幾條
> 寶貴的性命。……並不是神靈「奧托夫」的旨意，而是由於有人偷
> 偷地在溪水裡放了咒，以致沿溪一帶的馬利科灣眾部落的人們之中
> 才會引起了這一次災害。〔註271〕

此迷信傳聞的開端，乃始於單純的養鳥事件，「蘇羊把小鳥養了幾
天，……，於是諾明是個『馬哈哄伊』〔註272〕的傳言倏急忽間便傳開。」
〔註273〕傳聞事發的經過，即為數年前年幼的蘇羊堅持要養鳥，豈料，此舉乃
造成族人的誤解，導致蘇羊一家人因此而犧牲性命。

> 有一年——那是他的么兒子蘇羊九歲的時候。一天，蘇羊跟著諾明
> 去溪邊玩。小蘇羊在岸上的樹枝上看到一窩鳥巢，便把他整個地取
> 下來了。「蘇羊。」老諾明告訴兒子說：「那不能玩的，把它丟了吧。」
> 「為什麼呢。亞爸（註：父親。）」「你怎麼不知道呢？那是『馬哈
> 哄伊』（註：妖術師）才用的鳥啊。」「哎呀……」小蘇羊頓時就害
> 怕了，面孔發青，雙手的顫抖，讓鳥窩掉下去了。「亞爸，『馬哈哄
> 伊』用這來詛咒人嗎？」……「為什麼？牠們還沒長大，就是好心
> 的，不是壞心的，不是嗎？」〔註274〕

諾明答應蘇羊養鳥後數日，豈料蘇羊一家人即慘遭誤解，「可是這是卻被
鄰居知道了，於是諾明是個『馬哈哄伊』的流言倏忽間便傳開。諾明遭到眾
多人們的悸怖的眼光，沒法可施，頭目馬烏伊也勸他遷到村落盡頭的林子
裡另外搭建屋子居住。為了避免更撼動人們的恐懼心與猜疑，他只得聽從，
把一家老少——妻子、三個兒子、一個女兒、外加長媳與一個小孫子搬到頭
目所指定的地點。」〔註275〕諾明在無可奈何之下，為避免更多流言的猜疑與
族人的恐懼，只得聽從舉家搬遷的要求。縱然諾明一家人，已委屈求全地
舉家搬遷，仍避免不了族人多年來的躲避與誤解。族人自然而然將此次風

〔註271〕鍾肇政，《鍾肇政全集7・馬利科灣英雄傳》（2000年），頁392。
〔註272〕因其兒子蘇羊吵著要而養了數日，在幼年的某日看到代表用來咒人的「馬哈
　　　　哄伊」（註：妖術師）才用的不祥之鳥。
〔註273〕鍾肇政，《鍾肇政全集7・馬利科灣英雄傳》（2000年），頁394。
〔註274〕鍾肇政，《鍾肇政全集7・馬利科灣英雄傳》（2000年），頁393～394。
〔註275〕鍾肇政，《鍾肇政全集7・馬利科灣英雄傳》（2000年），頁394。

邪嫌疑附加於諾明身上，諸多部落均認爲諾明一家人，即爲風邪瘟疫的罪魁禍首。

> 這已經是四五年以前的事，可是人們對他的規避與白眼，依然如故。這次的風邪病，人們把猜疑的眼光集中到老諾明一家人頭上，說起來也是很自然的趨勢。不僅他們這個巴突突社如此，隔鄰的馬利帕社、皮亞歪社也鬧得風風雨雨，謠言滿天飛。〔註276〕

當諾明造成瘟疫的傳言，甚囂塵上之際，「事情終於不可避免地爆發了。皮亞歪社的一個中頭目耶波・畢泰和馬利科彎社的威南・索利，竟然在得病將死之前，像家人說了同樣的話：『我的並不是『奧托夫』的旨意，只因中了諾明的魔咒，所以終究免不了一死。如果我死了，希望大家爲我報仇。』」〔註277〕皮亞咒社的中頭目耶波・畢泰與馬利科彎社的威南・索利，均在將死之際，說明其乃受諾明詛咒。

> 皮亞咒社的一個中頭目耶波・畢泰和馬利科彎社的威南・索利，竟然在得病將死之前，像家人說了同樣的話：「我的並不是『奧托夫』的旨意，只因中了諾明的魔咒，所以終究免不了一死。」這一番話，成了神靈所降的綸旨，無異給諾明一家人宣布了死刑！人們都知道耶波也好，威南也好，與諾明無冤無仇，不可能隨便誣告諾明，何況他們不久眞的一命嗚呼了。〔註278〕

此番言論使諾明簡直跳到黃河也洗不清的被冤枉，「於是在人們之間漸漸地傳開了，認爲這次的風邪病流行，並不是神靈『奧托夫』的旨意，而是由於有人偷偷地在溪水裡放了咒，以致沿溪一帶的馬利科彎眾部落的人們之中才會引起了這一次災害。」〔註279〕諾明一家人分明爲無辜，卻在三人成虎的傳言下，使其平白無故地蒙受不白之冤；儘管諾明長期受到冤枉，但卻無法阻止不實傳聞如排山倒海般地襲來。

> 誰是可惡的「馬哈哄伊」（註：妖術師）呢？人們猜疑的眼光，集中到諾明一家人頭上。許久以來諾明就被目爲是一個巫師，而且是壞的；他能靠唸咒文畫符咒，使人得病，使人痛苦，甚至遭逢更嚴重的災禍。對諾明來說，這是一天大的冤枉，可是流言一經傳開，誰

〔註276〕鍾肇政，《鍾肇政全集 7・馬利科彎英雄傳》（2000 年），頁 394。
〔註277〕鍾肇政，《鍾肇政全集 7・馬利科彎英雄傳》（2000 年），頁 394。
〔註278〕鍾肇政，《鍾肇政全集 7・馬利科彎英雄傳》（2000 年），頁 394。
〔註279〕鍾肇政，《鍾肇政全集 7・馬利科彎英雄傳》（2000 年），頁 392。

也阻止不了。〔註280〕

　　年邁的老諾明，長期受到族人的冤枉和誤解，卻苦無辯解的機會，「諾明已經十分年老，他只知道他至少已經活過了五十個年頭，滿頭白髮，身子也瘦小衰弱，加上雙眼的視力減退了許多，行動有些不便了。他每有與社會接觸的機會，便為自己力辯，可是人們看見他，總是遠遠地躲避著，不肯聽他的話。彷彿一經與他接觸，就會被咒上，惹來一身災禍似的。」〔註281〕族人對諾明即避之唯恐不及地相應不理。諾明一家人即被隔離於部落外，孤單地過著日子，僅能自力更生地堅強生活著，縱然當年諾明也曾擁有諸項重要的傳統部落技能。

　　　　諾明曾經也有過相當輝煌的歲月。論武藝，他大概只能算是平平，
　　　　擴取過的人頭不算多，但至少也不太落於人後。而他卻另有一項絕
　　　　技，就是能夠在馬利科灣的激流裡潛水鉤鱸鰻，再深的，他都能浮
　　　　沈自如，把偌大的一條魚一尾一尾地抓住。〔註282〕

　　當年英勇的諾明，均已隨風而逝，而今留下的僅有無限的惆悵，「當然，這已是遙遠遙遠的往事了，唯一他所保存著的，是一份做一個泰耶魯的矜持。他相信他是真正的泰耶魯，這種認識，他自知至死不渝。」〔註283〕況且諾明自年輕時，儘管被族人誤解，仍堅持著泰耶魯至死不渝的矜持；但卻在老來之際，「然而這樣的一個人，卻在老來的時候惹來這一場莫須有的猜疑，因此他自知他內心的痛苦，實在不是任何人所能瞭解的。」〔註284〕諾明慘遭族人誣陷與猜忌，造成其無限的痛苦。族人均認為諾明乃為一名妖術師，甚至於使用不祥之鳥，而造成族人的瘟疫流行，蘇羊一家人也因此犧牲性命。

　　此不利諾明的傳言，傳到巴突突社頭目馬烏伊的耳朵後，即決定諾明一家人，必須為此場疫病犧牲的悲慘命運，「消息很快就傳到巴突突社頭目馬烏伊的耳朵裡。他不得不下決心了，非把諾明一家人除掉不可，否則極可能在同族的鄰舍之間造成縫隙。他們是馬利科灣大頭目瓦當・比來管轄下的各社部族，形同一家人。在這樣的一家人裡頭，當然容不得任何仇恨與嫌隙存

〔註280〕鍾肇政，《鍾肇政全集7・馬利科灣英雄傳》（2000年），頁392。
〔註281〕鍾肇政，《鍾肇政全集7・馬利科灣英雄傳》（2000年），頁392。
〔註282〕鍾肇政，《鍾肇政全集7・馬利科灣英雄傳》（2000年），頁392～393。
〔註283〕鍾肇政，《鍾肇政全集7・馬利科灣英雄傳》（2000年），頁393。
〔註284〕鍾肇政，《鍾肇政全集7・馬利科灣英雄傳》（2000年），頁393。

在。」〔註285〕諾明一家人的性命即將要被犧牲掉。布達對於父親馬烏伊，決定要出草諾明一家人，著實非常地震驚。因第一次聽到要出草的對象竟為自己族人，在原住民部落中乃極為少見。

> 當布達從父親馬烏伊聽到他已經決定了要「出草」，而出草的對象又是諾明一家人的時候，心中大吃一驚。布達已經出草過三次，每次都沒落空，馘人頭在他已不是新鮮事，可是要馘自己同族的人頭，卻如晴天霹靂，震動了他的頭腦。〔註286〕

出草對於原住民而言，可讓部落中的勇士，再一次建立戰功，以證明自己的勇武，進而建立自己的族中地位，「噢！出草，那是件了不起的大事，也是最快樂的事，只要一聽到要出草，布達的熱血就會奔騰起來的。然而，這一次卻是以自己同族同社的人為對象，這怎麼可以呢？」〔註287〕但出草的對象乃為自己族人，即令人心中感到五味雜陳。除了皮亞歪社的中頭目耶波‧畢泰，與馬利科彎社的威南‧索利，在將死之際的片面之詞外，毫無證據可證明諾明即為惡巫師的事實。單憑傳聞即要犧牲諾明一家人的性命，著實令人感到震驚與不解。

> 此外，沒有一件事可以證明諾明是個令人害怕的「馬哈哄伊」。當年諾明年輕時代的事跡，布達雖為親眼目睹，但從耳聞中布達知道諾明是個泰耶魯，不折不扣的。對這樣一個老者，以及他的家人，怎能忍心出此下策呢？〔註288〕

布達最不捨的即為諾明的孩子蘇羊，在布達眼中蘇羊有機會成為巴突突社，未來最有為與最能幹的戰士與獵人，更讓人不捨殺害，「特別是那個可愛的小蘇羊。布達好喜歡他，在眾人眼裡，他雖然只是個未到配刀年紀的小孩，可是天生的一付健康身架，已經若隱若現了，而且又是那麼聰明伶俐。好多人都認定他是未來巴突突社最有為最能幹的戰士與獵人，也不可成為布達手下最得力的助手。……把這樣的一個少年殺死，就好比把一頭幼鹿殺死一般，是最可惜的事啊！」〔註289〕倘若要殺害蘇羊，布達真的覺得非常可惜。布達在心中默許保全蘇羊的想法，以有助於未來泰耶魯的勇武勢力。

〔註285〕鍾肇政，《鍾肇政全集 7‧馬利科彎英雄傳》（2000 年），頁 395。
〔註286〕鍾肇政，《鍾肇政全集 7‧馬利科彎英雄傳》（2000 年），頁 395。
〔註287〕鍾肇政，《鍾肇政全集 7‧馬利科彎英雄傳》（2000 年），頁 395。
〔註288〕鍾肇政，《鍾肇政全集 7‧馬利科彎英雄傳》（2000 年），頁 395。
〔註289〕鍾肇政，《鍾肇政全集 7‧馬利科彎英雄傳》（2000 年），頁 395。

> 不過至少至少也要讓小蘇羊保住性命才好。他會是個好泰耶魯，而
> 且極可能是最好的。正如許多人所說，也許將來會成爲我的得力副
> 手。老畢干說過了，下一任馬利科彎大頭目，非我莫屬，我需要許
> 多好手下，越多越好。小蘇羊既然是好泰耶魯，那就非把他從這次
> 的劫難裡留下來不可。〔註290〕

此次出草活動有別於以往的出草活動，有著盛大的歡送儀式，與準備許
多吃的用的物品。由於出草的對象爲自己族人，故格外低調且氣氛詭譎，「襲
殺諾明一家人的事，由馬烏伊父子三人商量好了，時間就定在明天的破曉時
分。這也可以稱爲出草的，不過與普通得出草迥不相同。既沒有盛大的歡送
儀式，也不必準備吃的用的。」〔註291〕由於此次低調的出草地點，即在陰濕
又靜謐的竹林中，罕無人煙的寂寞分外淒涼；再加上諾明憤苦的面容，使布
達不禁不寒而慄。

> 布達急步來到村尾，諾明的家就在那兒的一所小山坳的竹林裡，看
> 來陰濕而寂寞。諾明一家人在這樣的地方已經住了五六個年頭了，
> 平時絕少有人願意來到這兒，他們的日子一定是淒涼而難過的。誰
> 叫老諾明要做個「馬哈哄伊」呢？想到老諾明那滿臉皺紋，滿頭蓬
> 亂的白髮，再加上那雙白濁濁的眼睛，四時都憤恨憂苦的面孔，勇
> 毅的布達禁不住也有些害怕起來。〔註292〕

布達在出草時儘管有些踟躕，但爲了要除去「馬哈哄伊」，即義無反顧地
向前衝，「他不得不一馬當先先殺進諾明家，手刃那猝不及防，手無寸鐵的人
們，甚至還不僅是男子而已，連婦孺也沒有能夠手下留情。爲了從社裡驅除
『馬哈哄伊』，這是不得已的事，他未感良心難安。倒是當一場殺戮告終之
後，他明白諾明一家八口，死在刀口下的僅有七個人的時候，一種滿意感還
著實使他內心偷偷地歡欣了一陣子。」〔註293〕儘管爲不得已的出草行動，但
在完成任務後，布達仍享有出草的快感。當馬烏伊父子三人成功完成出草
活動後，氣氛依舊低迷蕭瑟，「沒有出草成功後的歡呼雀躍——不，你簡直可
以說，那是一場令人傷心的葬禮呢。」〔註294〕在出草自己族人後，乃令人爲

〔註290〕鍾肇政，《鍾肇政全集7‧馬利科彎英雄傳》（2000年），頁396。
〔註291〕鍾肇政，《鍾肇政全集7‧馬利科彎英雄傳》（2000年），頁399。
〔註292〕鍾肇政，《鍾肇政全集7‧馬利科彎英雄傳》（2000年），頁400。
〔註293〕鍾肇政，《鍾肇政全集7‧馬利科彎英雄傳》（2000年），頁408。
〔註294〕鍾肇政，《鍾肇政全集7‧馬利科彎英雄傳》（2000年），頁407。

此次出草而傷心憐惜；甚至於還要斬草除根地將其屍骨燒盡，令惡靈也灰飛煙滅。

> 那是可憐的諾明一家人所居住的破房子。竹柱、竹片牆、茅草頂，早已給火燄舔光了，此刻僅剩下若干木頭還在燒，不用說，那大部分還是縱火者添的柴，爲的事要把諾明一家七個人屍首，連同他們附著的惡靈的靈魂一併火化淨盡。〔註 295〕

布達爲了要保全蘇羊的性命，極力地說服父親，並在爲蘇羊求饒時，對父親直言，蘇羊的潛力與重要性，「因爲『馬戞戞』（註：出草）已經完了。……亞爸，你也知道蘇羊是個好孩子，好泰耶魯，當然他不會是『馬哈哄伊』。絕對不是的。他還沒佩刀，也還沒有刺青，可是射箭已經不輸給佩上刀，刺了青的年輕人。蘇羊會成爲一個好泰耶魯的，這是人人都知道的事實。我們泰耶魯不能沒有他。」〔註 296〕布達冀望可留下蘇羊一命，留下一條生路給蘇羊，讓他將來可爲泰耶魯效力。在布達眼中，蘇羊儼然即爲泰耶魯的明日之星，「佩上了刀，他就可以出獵。我還可以把各種武藝教給他。那時，可愛的小蘇羊一定能夠稱爲一個出色的獵人與戰士了。」〔註 297〕布達還努力地教導諸多武藝技能給蘇羊，期望他將來可成爲優秀的泰耶魯勇士。

> 他將來會是最出色，最有爲的泰耶魯。……蘇羊這可愛的，還有著白額角白下巴（指尚未刺青），腰間也還沒有被准許佩刀的小東西，實在是夠幸運的。或許這也是中「奧托夫」爲他，爲布達，也爲整個馬利科彎族安排的吧。〔註 298〕

基於「奧托夫」的冥冥注定，與蘇羊的命運所致，留下一命的蘇羊，即成爲布達的最佳副手，諸如布達在與蘇羊談論膽量時說道，「『膽量大約有兩種，一種是面對敵人時，不畏縮不害怕。我想這種膽量，你已經有一些了吧。不是嗎？』……『另一種嗎？』布達故意停頓了一下，這才鄭重地說：「『是對看不見的鬼靈惡魔的膽量。』『鬼靈惡魔？』」〔註 299〕蘇羊果然成爲布達的最佳助手。此外，當布達將死之際，卻一點也不害怕，因其乃爲泰耶

〔註 295〕鍾肇政，《鍾肇政全集 7・馬利科彎英雄傳》（2000 年），頁 407。
〔註 296〕鍾肇政，《鍾肇政全集 7・馬利科彎英雄傳》（2000 年），頁 411～412。
〔註 297〕鍾肇政，《鍾肇政全集 7・馬利科彎英雄傳》（2000 年），頁 400。
〔註 298〕鍾肇政，《鍾肇政全集 7・馬利科彎英雄傳》（2000 年），頁 415。
〔註 299〕鍾肇政，《鍾肇政全集 7・馬利科彎英雄傳》（2000 年），頁 403。

魯勇士；此刻憶起童年聽過的傳說，乃爲每個泰耶魯自幼即聽說過的天國傳說。

> 一個泰耶魯，不把死當一回事，他們在「阿篤崗」（天國，神靈之地）
> 等著，那是個快樂平安的地方！可是在進「阿篤崗」以前，除非那
> 個守橋人認爲你是「泰耶魯・巴賴」，否則他會在你的雙手上塗藜汁，
> 讓你去洗手，洗不乾淨的人才是一個「泰耶魯・巴賴」，他才會讓你
> 過橋，洗淨了的就是壞人，他會把你從橋上推下去，餵給溪裡的一
> 大群惡蛇和巨魚吃。所以我們泰耶魯從小便教導怎樣做一個「泰耶
> 魯・巴賴」和「卡娜琳・巴賴」（眞正的女子）記得很久很久以前，
> 亞爸就和我談起這些。〔註300〕

布達在將死之際，憶起泰耶魯自幼即被教導如何成爲一個「泰耶魯・巴賴」與「卡娜琳・巴賴」，如何才可順利通過「阿篤崗」（天國，神靈之地）的傳說故事。鍾肇政由此再現馬利科彎重要的傳說故事，再現諸多族中傳統觀念與禁忌，由文化層面展現原住民族文化特色。

（二）女人島之傳說故事

鍾肇政在〈女人島〉中，描述阿美族的勇士沙拉凡的奇異冒險傳說。當沙拉凡正準備要搬運木材順流而下時，豈料不巧碰上溪水暴漲，「看！不知在什麼時候，溪水徒漲了。看那變得很深，流得也很快的溪水，他明白過來這是怎麼回事。不用說是上游地方的某一處深山下了一場大雨，山洪爆發了。不要多久，黃濁的水就會沖來，那時水勢將如萬馬奔騰，怒流滾滾，一發而不可收拾。……他無助使出全力氣來撐，但是木筏快如閃電，根本不是他所能爲力。更糟的是沒多久，根本就構不到溪底了。」〔註301〕沒多久沙拉凡即慘遭滅頂，經此意外後沙拉凡的奇遇故事也即將展開。當沙拉凡遇上洪水暴漲甦醒後，彷彿置身在另一個世界，被一堆裸身女人圍觀討論著，令沙拉凡感到十分詫異。

> 「會吃人嗎？好可怕啊。」「不會的，這不是吃人的東西。」「看啊，
> 那不是飯嗎？」「不錯，這東西要吃飯哩。」「那麼是豬嗎？」「看看
> 有沒有尾巴就知道。」確實是女人，沒有一個男人聲，他們七嘴八
> 舌地嚷個沒完。沙拉凡漸漸地能睜開眼睛了。他看見那些女人都裸

〔註300〕鍾肇政，《鍾肇政全集7・馬利科彎英雄傳》（2000年），頁573。
〔註301〕鍾肇政，《鍾肇政全集15・女人島》（2000年），頁317。

　　　露著上身，個個都有一雙高聳的乳峰，腰邊繫著纏腰布，下面露著
　　　兩隻形態美妙的小腿。〔註302〕

　　眾人七嘴八舌地激烈討論後，認爲沙拉凡乃爲豬，因沙拉凡有尾巴，「『有
啊，有尾巴哩！看！』『對，是尾巴。好短的尾巴啊。』『要吃飯，又有尾巴，
一定是豬吧。』『不錯，是豬，是豬。』『快抓回去，養胖了可以宰啊。』『對
對，抓呀……』。」〔註303〕眾人因此決定要將沙拉凡抓回去關起來，養胖後在
宰了來祭神。阿美族勇士居然成爲眾人口中的豬？當沙拉凡再度醒來後，豈
料已被當成野獸般關在籠子中，這一切乃令沙拉凡難以理解。

　　　第二次醒來時，他已經被關在一隻用竹子和藤條做的籠子裡——不
　　　錯，這正是關野獸的獸籠哩。我這不就成了野獸嗎？朦朧中聽見女
　　　人聲音在耳邊迴響起來。「有尾巴哩，又吃飯，一定是豬吧……」「快
　　　抓回去，養胖了可以宰……」難道我眞被當成了山豬嗎？〔註304〕

　　當沙拉凡得知被當成豬時，心中即十分納悶；這群女人僅憑著沙拉凡會
吃飯又擁有尾巴，即認爲沙拉凡爲豬。沙拉凡還無法理解自己身在何處？直
到他慢慢打探消息後，才逐漸地搞清楚狀況。

　　　「豬！」他猛地吞下了一大口飯說：「妳說我是豬？」「嗯」她點點
　　　頭。「怪事，怎麼認爲我是豬呢？喂，我問妳，妳看過豬沒有？」「當
　　　然有啊。你就是豬。」「我是說以前。你以前看過沒有？」「沒有。」
　　　「那妳怎麼知道我是豬？」「當然知道，你吃飯，又有尾巴。」「尾
　　　巴？我沒有啊。」〔註305〕

　　由於沙拉凡腰際的犢鼻褌掉了而露出生殖器；卻被女人島的女人們當成
山豬的尾巴般看待，「腰際的犢鼻褌不知在什麼時候掉了。天啊！他趕快空下
一隻手遮掩。『我們都看到了，掩也沒有用的。』她說。『眞是。你怎麼一點
也不害羞呢，這不是尾巴啊。』『別想瞞我，我們都知道，你是有尾巴的豬。』」
〔註306〕沙拉凡簡直無法相信，自己來到一個觀念迥異的世界。沙拉凡進而詢
問後，得知這群女人島的女人，冀望可將他養胖後抓去祭神，並納悶著女人
島的女人，跟一般人類乃有所差異。

〔註302〕鍾肇政，《鍾肇政全集 15・女人島》（2000 年），頁 320。
〔註303〕鍾肇政，《鍾肇政全集 15・女人島》（2000 年），頁 320～321。
〔註304〕鍾肇政，《鍾肇政全集 15・女人島》（2000 年），頁 321。
〔註305〕鍾肇政，《鍾肇政全集 15・女人島》（2000 年），頁 322。
〔註306〕鍾肇政，《鍾肇政全集 15・女人島》（2000 年），頁 323。

「好吧。我再問妳。妳們把我關著，這又為什麼呢？」「把你養胖，好宰啊。」「宰？！妳們要吃我？」「不，我們要祭神！我們當然不會吃你。」「天哪，為了祭神！那妳們以前用什麼祭呢？」「我們用魚，有時也用兔子。不過用豬來祭，天神會最高興的。」「妳們說我吃飯，所以是豬。妳們難道不吃飯嗎？」「當然不吃。我們只吃海藻和水果。」〔註307〕

　　女人島的頭目芙雷哈爾，命令妲哈爾飼養沙拉凡，「那個還叫妲哈爾，是受頭目的命令飼養他的。女頭目的名字叫芙雷哈爾。他們這個島叫做瓦來桑，她們也就是瓦來桑人。最奇異的是這個島上總共有二百多人，卻沒有一個是男的，她們連男女之別都不懂。」〔註308〕此時，又引起沙拉凡的納悶，這裡的女人若沒有男人將如何傳宗接代呢？「沒有男人，怎麼會有小孩呢？這又是個奇異的事。據妲哈爾說，這個島的中心有一座小山，山裡有一所湧泉，泉水是熱的。想要孩子的人只要去那個湧泉裡沐浴，浸浸下身，便可以懷孕、生產。生下來的當然也不會有一個是有『尾巴』的。」〔註309〕此乃形成一個確確實實的女人島，沙拉凡從妲哈爾口中得知，按照往例過去的山豬都被宰來祭神，「妲哈爾還告訴沙拉凡，以前島上也偶爾來過有尾巴的豬，他祖母、母親的時代都有過，都是從海上飄來的。那些豬都照例給養胖了，然後宰來祭神祭祖。」〔註310〕此時，沙拉凡為了要順利脫身，即儘量討好妲哈爾，想辦法用計協助自己脫身。

　　他開始儘量地表示溫馴和善，極力討好妲哈爾，也告訴她一些故鄉的生活情形。那兒的高山峻嶺、大河巨川，風光是如此地雄偉綺麗，還有那兒的部落、部落裡的男男女女。他說那兒也有像她一樣的女人，女人需要男人，同樣地，男人也需要女人。男女相悅，這就是愛情。女人需要男人，才能生小孩，代代相傳。他希望她明白，他不是豬而是和她一樣的人，所不同的，他是男人，而她是女人。〔註311〕

　　在沙拉凡有機會遊說妲哈爾的過程，即逐漸敞開妲哈爾的心房，「他所下

〔註307〕鍾肇政，《鍾肇政全集15‧女人島》（2000年），頁323。
〔註308〕鍾肇政，《鍾肇政全集15‧女人島》（2000年），頁324。
〔註309〕鍾肇政，《鍾肇政全集15‧女人島》（2000年），頁324。
〔註310〕鍾肇政，《鍾肇政全集15‧女人島》（2000年），頁324。
〔註311〕鍾肇政，《鍾肇政全集15‧女人島》（2000年），頁326。

的功夫好像有了些功效。漸漸地，她不再對他那麼警戒，也不再有害怕的樣子，不過她仍然不能領略男女之別，也不肯相信他沒有尾巴？不管他怎麼說那不是尾巴，她都搖頭。」〔註312〕姐哈爾逐漸明白沙拉凡所提及的部落之事。當沙拉凡逐漸鬆懈姐哈爾的戒心後，決定要將計就計地設計姐哈爾。豈料，這一個動作乃改變姐哈爾一生的命運。

> 一天，他突然想到一個計謀。傍晚時分，姐哈爾送晚飯來了，他就靜躺著，呼吸也儘量地放輕，裝出病得很嚴重的模樣。……他繼續扮演著。最後，她終於下定決心了，打開了檻門進到裡面來。她抱起了他的上身，為他撫摸肚子。〔註313〕

沙拉凡順勢讓姐哈爾理解何為男女之事，「他順勢抱住她。她掙扎，想逃開。可是以他那強而有力的雙臂制服她，是輕而易舉的而她的掙扎也沒有繼續多久，她落入奇異的陶醉裡頭，那是好深好深，好美好美的陶醉。他達到了目的，這才放開她。可是她還不知道發生了什麼事，更懵懂無知可能發生的危險。她只覺得渾身飄飄然，陶陶然。她迷失了。」〔註314〕當姐哈爾陷入陶醉的溫柔鄉後，還渾然不知發生何事？當沙拉凡順利地用計哄騙到姐哈爾後，兩人便濃情密意地約會著。當然，此刻的姐哈爾還無法理解到底怎麼一回事？同時也對於沙拉凡的話乃半信半疑著。

> 「姐哈爾……」兩人並排的躺著，月亮微笑地看守著他們。他用一隻手撫摸著她的臉、她的髮絲。「你是沙拉凡嗎？」她喃喃地說：「你把我怎樣了？」「沒怎麼樣。」「噢……我好像不再是我了。我是誰？」「妳是的。妳是姐哈爾。不過妳成了個真正的女人了。」「我成了個女人嗎？那麼你是……」「我是沙拉凡，一個男人。」「你不是豬。」「當然不是，你還不相信嗎？」〔註315〕

沙拉凡為解答姐哈爾的疑問，告知姐哈爾關於阿美族部落的一切，「『我們那兒，男人與女人都這樣。好美妙，是不是？』……『對啦，妳們不能宰我，我們都是人，你是瓦來桑人，我是阿美族人。我們阿美，不是只有女人，還有男人，那兒是男人與女人的世界。』……『如果妳願意，我會帶妳去的。』『可是……那是不可能的。』『為什麼不可能？我的族人會歡迎妳

〔註312〕鍾肇政，《鍾肇政全集15‧女人島》（2000年），頁326。
〔註313〕鍾肇政，《鍾肇政全集15‧女人島》（2000年），頁326～327。
〔註314〕鍾肇政，《鍾肇政全集15‧女人島》（2000年），頁327～328。
〔註315〕鍾肇政，《鍾肇政全集15‧女人島》（2000年），頁328。

啊。』」〔註316〕沙拉凡甚至於允諾要帶妲哈爾到阿美族部落去。當沙拉凡與妲哈爾兩人共商大計後，決定要準備共同地回到阿美族部落，並絕對守密地祕密進行著這個計畫。

> 他告訴她，渡過大海，需要木筏，還有槳，最好一人一把，兩人合力來划。還有吃的和喝的都要多準備，至少也要能維持七、八天。他也要她絕對守密，各種準備也絕對不能讓別人知道。這一切，她都答應了，最後他們約定再過幾天，等夜裡沒有月亮了，就可以實行。〔註317〕

當妲哈爾準備一切物品要與沙拉凡私奔後，沙拉凡乃驚訝於妲哈爾的效率與能幹，「一切所需的物品都準備好了。妲哈爾比想像中更能幹，也更熱心，使他放心不少。尤其吃的東西，有肉、海藻，也有曬乾的飯，兩人省吃儉用，大約可以支持十天之久的樣子。」〔註318〕沙拉凡最後也對妲哈爾動真情，決定要帶她回到阿美族部落；但在現實生活中，沙拉凡原本要結婚的未婚妻娜考，又該如何交代呢？

> 沙拉凡本來不是真的要帶她走，可是幾天來她每天晚上都偷偷地溜來陪他。兩人盡情地交談，也盡情地撫慰、溫存，沙拉凡對她有了深切的愛，而她也深深地愛上了他，使他覺得不論哪方面來想，都不能捨棄她。於是他下定決心，要把她帶回去。然而如果僥倖能平安回去，那時要如何向娜考交代呢？〔註319〕

當沙拉凡與妲哈爾兩人乘船，準備回到阿美族部落時，遇上一場意外，「不知過了多久，海上突然颳起了風，浪也變高了。木筏盪得好厲害，一不小心就可能被拋進海裡。妲哈爾已經沒辦法划下去了，爬在木筏上，怕得發抖。」〔註320〕這場意外乃使妲哈爾失去性命。

> 風好像也越來越大，沙拉凡知道喊也沒有用，也就不再喊了。他已明白過來，不僅妲哈爾性命難保，連他也只有葬身海底了。許多天來的事，在腦子裡一幕幕湧現。妲哈爾真是個可人兒，她的一切，真是再美妙沒有了。這樣的人，原本該快快樂樂地過下去才對。就

〔註316〕鍾肇政，《鍾肇政全集15・女人島》（2000年），頁329。
〔註317〕鍾肇政，《鍾肇政全集15・女人島》（2000年），頁330。
〔註318〕鍾肇政，《鍾肇政全集15・女人島》（2000年），頁330。
〔註319〕鍾肇政，《鍾肇政全集15・女人島》（2000年），頁330。
〔註320〕鍾肇政，《鍾肇政全集15・女人島》（2000年），頁331。

> 是終身沒有男人陪她，給她撫慰，她也可以過得快樂無憂。都是我
> 這個男人害了她，我真是罪大惡極啊……。〔註321〕

當妲哈爾死於海上意外時，沙拉凡內心乃充滿著愧疚。若非沙拉凡的諾言，妲哈爾應能平安快樂地度過一生，因此沙拉凡在內心吶喊道：「好慘哪……可憐的妲哈爾，妳死得好慘。都是我害了妳。原諒我，妲哈爾！請妳一定要原諒我。對啦，反正我也活不下去了。在另一個世界，我會向妳賠罪的。我會為妳做牛做馬，做妳要我做的一切。妲哈爾……可愛的妲哈爾……可憐的妲哈爾……。」〔註322〕當沙拉凡充滿愧疚地自責後，另一段奇蹟出現，沙拉凡乃遇上鯨魚馬啾馬啾，而順利地回到阿美族部落。此外，在阿美族老頭目吉拜的想法中，認為沙拉凡所說的馬啾馬啾，即為所謂的「海神」，「老頭目吉拜認為那個鯨魚馬啾馬啾，其實就是海神，祂顯靈身為鯨魚來救沙拉凡？一定要依照祂的要求，用粟飯、粟酒、豬來祭祀祂。於是在吉拜的命令下，整個奇密社的人大家來準備獻祭的禮物，舉行了一個盛大的祭典。這以後，祭海神就成了他們社裡一年一度的例行祭典。」〔註323〕此即為阿美族海神傳說故事的由來。此外，關於海水為藍色的由來，即由於沙拉凡在臨死時乃許下願望，「臨死時，他要族人們將他的肚子剖開，把他的膽子放進海裡，做為獻祭的禮物。據說：海水之所以鹹，顏色之所以藍，就是因為這個緣故。」〔註324〕阿美族人照做後即認為，此即為海水又鹹又藍的由來。鍾肇政藉此描述阿美族的女人島傳說、海神與海水傳說故事。

（三）矮人祭之傳說故事

鍾肇政在〈矮人之祭〉中，描述賽夏族和帕司他矮族間「矮靈祭」的傳說故事。當帕司他矮族的頭目他愛，面對族人的罹難時，心中不免懷疑是否為賽夏族動手腳，卻僅能認命地說道，「我認了，也許是天意吧。當然，我仍要懷疑你們之中有人動了手腳。這都算了。我想……」他愛突然面色凝重地說：「我和托愛要回『碼塞波』（註：即濁水溪）去了。再也不會來這兒為你們舉行隆重的帕斯他矮祭了。」〔註325〕此後，他愛即交代賽夏族要自行舉行帕司他矮祭典，此即為賽夏族矮靈祭的由來。

〔註321〕鍾肇政，《鍾肇政全集 15・女人島》（2000 年），頁 332。
〔註322〕鍾肇政，《鍾肇政全集 15・女人島》（2000 年），頁 333。
〔註323〕鍾肇政，《鍾肇政全集 15・女人島》（2000 年），頁 337。
〔註324〕鍾肇政，《鍾肇政全集 15・女人島》（2000 年），頁 337。
〔註325〕鍾肇政，《鍾肇政全集 7・矮人之祭》（2000 年），頁 608。

　　「放心吧，阿島。」他愛說：「反正祭典的方法，你已經熟悉了，沒
有我，你們自己也可以做。你們願意以後也做嗎？」「當然願意，可
是帕斯他矮神會不會聽我們的禱告呢？」「當然聽的。他是仁慈的
神，只要你們照我的方法去做，更不會有問題。不過要記住，以後
不必每年舉行，隔一年做一次就好，懂不懂？」〔註326〕

　　帕司他矮族頭目他愛，在離去前又特別交代注意事項，「你們以後將不會
看到我們，因為我們不再在你們這裡出現。但是，要切切記住，我雖然不再
現身，可是我仍然監視著你們的行動。你們如果有人做了不正當的事，必受
到懲罰。我會暗中抓住他，打他，讓他氣絕身死。不過放心，帕斯他矮神是
仁慈的。那不是真的死。只要泰泰隆家的人用茅草葉插在他身邊，他就可以
活過來。阿島，這是你的族人任務，可千萬別忘了。」〔註327〕當他愛教導賽
夏族如何進行帕司他矮祭典後，在準備要離去時，又詛咒賽夏族才毅然決然
地離開。此後，賽夏族即自行舉行矮靈祭祭典。

　　他愛往四下看看，他身邊有一棵棕櫚樹，圓圓的葉子，好大好大，
而且完整無缺。他愛伸手抓住一片棕櫚葉，把它撕成一片片。「看吧。
我撕開了這一片葉子，這就表示以後這兒的山豬會常常來吃你們的
作物。」……「這一葉，是表示以後山雀會來吃你們的粟子。又這
一葉，是害蟲來使你們作物受害的證據。還有這一葉，是百步蛇來
咬你們。這些東西都是害人的，你們會受它們的苦。以後，你們不
會再有特別豐收的年了，不過也不致於使你們餓死，只要每兩年舉
行一次帕斯他矮祭。不必每年，每兩年舉行也是一樣的。」……「好
啦。我想說的話，全說完了。『畢啦完』（再見）。」〔註328〕

　　鍾肇政藉由〈矮人之祭〉，鉅細靡遺地說明賽夏族矮靈祭由來的傳說故
事。不僅記載原住民族的部落歷史外，對於其文化傳說故事，均有深入淺出
地記載，使文本深具文學價值與文化意義。

（四）蛇郎君之傳說故事

　　鍾肇政在〈蛇之妻〉中，描述排灣族的蛇郎君傳說故事。文本女主角拉
麗姮，嫁給傳說中的蛇郎君，即為蛇王達魯馬斯。奴奴拉卻不甘心，即根

〔註326〕鍾肇政，《鍾肇政全集7・矮人之祭》（2000年），頁608。
〔註327〕鍾肇政，《鍾肇政全集7・矮人之祭》（2000年），頁608～609。
〔註328〕鍾肇政，《鍾肇政全集7・矮人之祭》（2000年），頁609。

據「卡馬」的說法，前往當初找到紅花之處，此即拉麗妲的棲身之所。縱
然深知其乃屬於族人的禁地「布納答西」，「『卡馬』說那紅花是在司魯多多
山脊下面找到了的，一定就是在那裡。她也明白那兒是『布納答西』，不可
以挨近的，但是也再也顧不到這許多了。」〔註329〕當奴奴拉到達族人的禁
地「布納答西」時，出現前所未見的石板住所，奴奴拉即猜想其爲拉麗妲的
住處。

> 那是一棟奴奴拉從來也沒有看過的房子。有尖尖的屋頂，牆上有窗，
> 屋頂和牆壁全是猩紅的色彩，這與她所熟悉的房子太不相同了，而
> 且又那麼大，她和她的族人們所住的，都是樹皮蓋的，可是這一棟
> 卻是一塊塊石板砌起來的。……她來到大門口。門邊豎著一塊巨大
> 的石板，上面有精緻的雕刻，有蛇——是百步蛇，有人面，也有人
> 像，好像要阻止外人進去似的。〔註330〕

當奴奴敲門後，見到美如天仙的拉麗妲，「首先是衣服和飾物，奴奴拉眞
不曉得誰能夠織出這麼美的布料，顏色是那樣的高貴而且鮮豔，還有那頸飾、
胸飾、手飾。全是閃閃發亮的珍珠和寶石，妹妹眞成了頭目『瓦勞』了，不，
恐怕還不只，簡直有如天上的女神呢。」〔註331〕兩人相邀到美麗的溪邊照溪
水，「那水看來是靜止的，不過細細一看，即知它緩緩地流著。那是達吉拉溪
裡的一個小灣，彷彿有爲這麼漂亮房子的漂亮主人而特地挖開的，以便她照
照她那皎美的面孔。」〔註332〕當奴奴拉不斷地誇讚拉麗妲，善良的妹妹決定
要將衣物送給姊姊。

> 「奴奴拉，我們還有『瓦恰外』（註：纏腰布）沒有換呢。你在纏上
> 我這一件，一定錯不了。」拉麗妲說著就開始解開那貼身的最後一
> 件衣著，交給奴奴拉。奴奴拉老實不客氣地接過來，也把自己的那
> 件早就褪了色的「瓦恰外」解下交給妹妹。〔註333〕

當奴奴拉見到穿上美麗衣物的自己時，竟心生歹念地認爲只要害死妹
妹，再假扮成妹妹模樣，回到家中去等待蛇王達魯馬斯回來，即可取代妹妹，
「傍晚時分，達魯馬斯回來了。他獵到好多野獸，有幾隻兔子，三隻羌子。

〔註329〕鍾肇政，《鍾肇政全集 7・蛇之妻》（2000 年），頁 636。
〔註330〕鍾肇政，《鍾肇政全集 7・蛇之妻》（2000 年），頁 637。
〔註331〕鍾肇政，《鍾肇政全集 7・蛇之妻》（2000 年），頁 638。
〔註332〕鍾肇政，《鍾肇政全集 7・蛇之妻》（2000 年），頁 641。
〔註333〕鍾肇政，《鍾肇政全集 7・蛇之妻》（2000 年），頁 642。

他把那些獵物背在背上，踏著沉穩的步子。」〔註334〕達魯馬斯起先懷疑妻子的模樣不同，但很快地被奴奴拉說服。豈料自從奴奴拉害死拉麗姮後，經常會聽見莫名其妙的怪聲，道出奴奴拉害死拉麗姮之事。

> 「咕咕咕，奴奴拉，咕咕咕……」……「你是拉麗姮？不可能，她
> 死了！」「咕咕咕，她死了嗎？沒有哩。沒有哩。咕咕咕。」奴奴拉
> 又怕又憤怒，彎下腰身，撿了一塊石頭用力地扔下去。石頭打中了
> 潭水上的人影的面孔中心，激起了一陣細細的浪花，可是影子裡的
> 面孔仍然在那兒。「咕咕咕……」聲音若斷還續。〔註335〕

當蛇王達魯馬斯回來後，奴奴拉即要求他不要再出門打獵，而留下來陪她，「晚上，達魯馬斯回來了，帶回了一隻大山豬。不用說，那是達魯馬斯獵到的。有這一隻，足可讓他們過一個豐富的冬天了，對，達魯馬斯可以不必出門了。他應該陪陪他的『瓦勞』才是。這許多日子以來，除了晚上兩人相擁而眠外，他幾時陪過她呢？奴奴拉太需要他的陪伴了。有了他在身旁，他相信可以不必再受到那鳥叫聲的欺侮。那可惡的叫聲，直到入晚以後還不曾放過她。不過達魯馬斯回來後，總算消失了。」〔註336〕當達魯馬斯再度出門打獵後，這個擾人的聲響，又在奴奴拉耳邊響起，「『咕咕咕，奴奴拉，你殺死了拉麗姮。咕咕咕。』……奴奴拉衝過去，從牆上取下了最大最亮的一把刀。那是達魯馬斯出草時用的戰刀。她握住它，往外邊狂奔而去。她筆直地向崖邊疾跑過去。」〔註337〕此時奴奴拉已失去理智而瘋狂地衝向崖邊。

> 「哼，我就要把你的頭砍下來！」奴奴拉瘋狂地來到崖上，往下一
> 看。不錯，就是她，她仍然在那兒。那是拉麗姮，她躲在那兒。我
> 要殺死她。「拉麗姮，我要妳死啦！」奴奴拉大叫一聲，往潭裡的那
> 個影子猛撲過去。〔註338〕

鍾肇政的〈蛇之妻〉故事，乃在奴奴拉地瘋狂撲入潭中即嘎然而止，留下一個令人不勝欷歔的結局。此排灣族蛇郎君的故事中，除了呈現「善有善報，惡有惡報」的教化意義外，也反映出排灣族的族規、禁忌與傳說故事。

〔註334〕鍾肇政，《鍾肇政全集7・蛇之妻》（2000年），頁645。
〔註335〕鍾肇政，《鍾肇政全集7・蛇之妻》（2000年），頁647。
〔註336〕鍾肇政，《鍾肇政全集7・蛇之妻》（2000年），頁648。
〔註337〕鍾肇政，《鍾肇政全集7・蛇之妻》（2000年），頁650。
〔註338〕鍾肇政，《鍾肇政全集7・蛇之妻》（2000年），頁650。

（五）卑南王之傳說故事

鍾肇政在《卑南平原》中，以大篇幅描述「卑南王」故事，「所謂卑南王，是林爽文之亂時，卑南頭目應當時臺灣道臺招撫，歸順了清朝，並派了一隊戰士參加了平定林爽文之亂的戰士，由於建了殊功，所以才受到滿清冊封的。」〔註 339〕此後，卑南王的後代與臺東的滿清官吏通婚，「大約一百年前，派到臺東的一個滿清官吏被卑南王招為駙馬。這是實有其事，因此卑南王後代是有漢族血統的。」〔註 340〕此乃使原住民族擁有漢族血統。鍾肇政即根據此史實記載，將卑南王故事加以闡揚。

第四節　原住民族祭典下的精神信仰

在鍾肇政的第一篇原住民小說中，即將原住民部落文化，豐富多元的呈現；爾後，鍾肇政一連串的原住民文學書寫，後出轉精而日趨多元。鍾肇政在〈馬利科彎英雄傳〉中，就出草行動而言，即有因瘟疫而出草族人；因埋石為盟遭背叛，為族人收屍的出草；君子報仇三年不晚，蟄伏五年為復仇敵人而出草的諸多出草任務再現。就天神「奧托夫」的信仰而言，即有奧托夫為族人舉才、為族人決定婚約、為出獵占卜、為祭典而祭告奧托夫，甚至於為奧托夫爭取榮耀……等諸多因素。此外，就「祭典」而言，即有「奇吉利」祭典與「突奴枯（首級）」祭典。就族中的「習俗」而言，即有鳥占、刺青文面；嘴琴示愛，取髮回應；部落婚禮、埋石為盟、「阿篤崗」（天國，神靈之地）的傳說……等諸多原住民族習俗。最後，若就「禁忌」而言，關於「馬哈哄伊」（妖術師）的養鳥禁忌、出獵禁忌、蛇入屋的不祥禁忌……等諸多禁忌，均於鍾肇政的原住民文學中再現。

一、原住民族祭典

（一）馬黑坡之人頭祭

鍾肇政在《馬黑坡風雲》中，所提及的祭典，諸如出草日本巡查坂本後，所舉行的「人頭祭」。平日壓迫與欺侮原住民族的日本殖民官員，如今蒼白土灰的首級，被陳列於祭典中，「沒錯兒！那正是他洛旺的人們藉以舉行人頭祭

〔註 339〕此根據古籍上記載，鍾肇政認為應確有其事。鍾肇政，《鍾肇政全集 10・卑南平原》（2000 年），頁 246。
〔註 340〕鍾肇政，《鍾肇政全集 10・卑南平原》（2000 年），頁 246。

的祭品！……噢！正是他呀，那個平常神氣活現，說話總是像吼叫的坂本巡查。只是那面孔，跟以前大不相同了。首先是顏色，那麼蒼白，而且泛著土灰色。還有那微閉的眼兒，半開的嘴巴，似乎在詛咒著什麼。」〔註341〕在原住民族的觀念裡，認為只要馘取來的首級，必定要好好地禮遇它，因其將成為族中守護神。但就常理而言，滿懷恨意的面孔乃不懷好意。

> 爸爸莫那很早就告訴過他達歐了。馘來的人頭，我們要好好地款待它，它就會成為守護我們的神，一直在社裡待下去。然而，看那滿含恨意的面孔，一點兒也不像是對任何人懷有好意的。〔註342〕

依照人頭祭的慣例，乃要餵首級的嘴喝酒、吃肉與西瑪瑙，「又有一個女人，捧著酒壺過來了，對著那人頭的嘴，把西瑪瑙珠到進去，還把一片燻肉塞進去。他達歐真為它感到可惜！因為西瑪珠從嘴邊漏出來，也從脖子下面流下來了。這真是可恨的人的頭！他達歐內心裡，湧滿了一種奇異的感動。禁不住地，又把眼光投向仍然端坐在那兒的沙坡·那烏伊。」〔註343〕當族人望著可恨的日本人首級時，心中乃五味雜陳地難以形容，即充滿著原住民族對於日本殖民統治者的滿腔怨氣，終於得以發洩。鍾肇政在《馬黑坡風雲》中，以描述霧社事件為主，對於原住民傳統祭典僅略加著墨。不過還是將諸多祭典的細節、規範與禁忌，再現於文本中。

（二）馬利科彎之奇吉利與突奴枯祭

1.「奇吉利」祭典

鍾肇政在《馬利科彎英雄傳》中，提及原住民族的重要祭典有，諸如「奇吉利」祭典與「突奴枯（首級）」祭典。在泰耶魯族中，若要成為泰耶魯勇士，即要能夠狩獵到「突奴枯（首級）」與「奇吉利」，即成為重要的勇士象徵。倘若族中勇士可狩獵到「突奴枯（首級）」，或者是「奇吉利」的話，族中必定要為其舉行重要的慶祝祭典，諸如所謂的「奇吉利」祭典，乃當族中有勇士狩獵到豹與「奇吉利」的話，即要舉行盛大的「奇吉利」祭典。將由頭目決定舉行的時間，屆時全族人將共同來參與同歡。因此，狩獵到「奇吉利」的勇士將出盡鋒頭，而部落勢必舉行盛大的「奇吉利祭」。

> 布達立時感到血潮開始奔騰，恨不得及時開始行動。「奇吉利」──

〔註341〕鍾肇政，《鍾肇政全集7·馬黑坡風雲》（2000年），頁185。
〔註342〕鍾肇政，《鍾肇政全集7·馬黑坡風雲》（2000年），頁185。
〔註343〕鍾肇政，《鍾肇政全集7·馬黑坡風雲》（2000年），頁185。

> 那是多麼吸引人的詞啊！在山裡，牠是百獸之王，牠橫行，所向披
> 靡。牠爬樹猶如猿猴，牠跑起來疾如閃電，牠兇狠，牠狡猾。他們
> 巴突突社已有四年沒有獵取到了。去年，卡拉拜社獵到了一隻，舉
> 行過一場盛大的「奇吉利祭」，全馬利科彎人們都到齊了。卡拉拜社
> 的青年們出足了風頭。〔註 344〕

當巴突突社獲取一隻豹的消息傳出，即使整個馬利科彎部落均與有榮焉，「巴突突社獲取了一隻豹子的消息，兩天前就以傳到這兒了。即使那是鄰舍的事，但是馬利科彎的每個部落，也都是與有榮焉的一件大事。」〔註 345〕因此，部落族人即準備舉行盛大的祭典，「依照慣例，巴突突社頭目會來向大頭目報告獵豹的經過，有功的人將會受到大頭目一句或兩句子嘉許。巴突突社頭目還必須請示，他所擇定舉行『奇吉利祭』的日子，是否適當，大頭目批准了以後，狂歡的日子算是決定了。於是九個社的人們都可以屈指數那個日子的來到。」〔註 346〕族人均共同等待「奇吉利祭」的狂歡日子來臨。當馬利科彎部落的「奇吉利祭」將要舉行之際，一切乃準備就緒，諸如祭壇架設、豹皮放置、骷髏排列……等事宜。當月亮照在神壇上時，祭典乃即將開始。

> 祭壇早已在村子中央的廣場上造好。正中是一張新獵取的豹皮，左
> 右是用木板架成的棚子，共有三段，擺滿著巴突突社歷年來馘取的
> 十幾顆人頭。這些人頭不用說早已成了骷髏，月亮初升，月光照在
> 一顆顆灰白的骷髏上，陰森而可怖。當月亮照在這神壇上的時候，
> 也正式祭典開始的當兒。〔註 347〕

當「奇吉利祭」舉行之際，首要之務即先由馬利科彎大頭目瓦當・比來為代表，以祭告天神「奧托夫」，「『奧托夫呵，你在天的神靈啊。我，馬利科彎大頭目，率領眾頭目，向你致祭，奧托夫呵，感謝你賦予我們的奇吉利』……『奧托夫啊，無所不在的神靈奇吉利呵，請賜給我們更多的奇吉利，更多的首級，讓我們向你致最大的敬意。』」〔註 348〕除了感謝「奧托夫」的庇佑外，還要祈求「奧托夫」賜予族人更多「奇吉利」。當馬利科彎大頭目瓦當・比來

〔註 344〕鍾肇政，《鍾肇政全集 7・馬利科彎英雄傳》（2000 年），頁 420。
〔註 345〕鍾肇政，《鍾肇政全集 7・馬利科彎英雄傳》（2000 年），頁 441～442。
〔註 346〕鍾肇政，《鍾肇政全集 7・馬利科彎英雄傳》（2000 年），頁 442。
〔註 347〕鍾肇政，《鍾肇政全集 7・馬利科彎英雄傳》（2000 年），頁 450。
〔註 348〕鍾肇政，《鍾肇政全集 7・馬利科彎英雄傳》（2000 年），頁 451～452。

唸完咒語，祭告完天神「奧托夫」後，緊接著老頭目即將登場繼續進行祭典儀式。

> 老頭目唸畢，轉回了身子，右手一揮，噪聲又齊鳴，同時用手捧盤子的女人們出現，她們排成兩列，以細碎的步子前進，來到祭壇前，從盤子裡拿起盤裡的祭品，塞進那骷髏的嘴巴裡，有粟餅、鹿肉等，也有盛在酒壺裡的酒，往骷髏的嘴巴裡倒。〔註349〕

當頭目退下後，孩童即進行搶食祭品，「頭目們退下，鼓聲立即加緊加大，從廣場周圍有不少小們紛紛跑出來，爭先恐後地衝向祭壇，從那些骷髏的嘴巴裡搶去粟餅和鹿肉，搶到最往嘴巴裡塞，也有拿著酒杯接從骷髏裡往下淌著的酒，接到了幾滴，馬上就喝下去，這些小孩們都是受人們影響，他們相信吃了那些粟餅，鹿肉，酒之後，他們會長得更快更強壯，成為一個好泰耶魯。」〔註350〕因族人相信只要吃下祭品，將可成為神靈眷顧的孩子，成為一個好泰耶魯。接著，祭典的狂歡時刻即刻開始。布達的好歌喉乃驚豔全場，英勇的布達狩獵到「奇吉利」，儼然即成為族中最受到矚目的勇士，與諸多族中少女最理想的結婚對象。

> 布達的歌喉好嘹亮，好雄壯，聽：「馬利科彎的月圓之夜　神靈降臨，神靈降臨　奧托夫呵，呀咿呀咿呀呀呀咿　馬利科彎奇吉利來啦　馬利科彎奇吉利來啦」「巴拉拉山脊的勇猛的奇吉利昂首一吼，河山震動　奧托夫呵，呀咿呀咿呀呀呀咿　那是巴拉拉山的奇吉利啊　那是巴拉拉山的奇吉利啊」「巴突突的弟子們　勇猛進攻，勇猛進攻　奧托夫呵，呀咿呀咿呀呀呀咿　一劍射死了巴拉拉山的奇吉利　一劍射死了巴拉拉山的奇吉利」「那是什麼人啊　我，布達　馬利科彎奇吉利　奧托夫呵，呀咿呀咿呀呀呀咿　馬利科彎奇吉利來啦」〔註351〕

布達在祭歌中，一邊高聲歌頌著「奧托夫」，一邊歌頌著巴突突的英勇弟子；此刻布達乃被稱許為「馬利科彎奇吉利」，「你看他那躍起的姿勢，那寬廣的胸板，那強勁的肩胛，筋肉在他上每個地方跳動！還有哩，他胸前多了一條橫槓，那是勇者的象徵。此刻，不知有多少位馬利科彎少女，凝視的

〔註349〕鍾肇政，《鍾肇政全集7‧馬利科彎英雄傳》（2000年），頁452。
〔註350〕鍾肇政，《鍾肇政全集7‧馬利科彎英雄傳》（2000年），頁452。
〔註351〕鍾肇政，《鍾肇政全集7‧馬利科彎英雄傳》（2000年），頁453～454。

在松把的紅紅的火光下，發著古銅色澤，跳著躍著，成了一快躍動的肌肉的他——馬利科彎奇吉利。」〔註352〕此即象徵著馬利科彎偉大的勇士，與布達所獲得的莫大榮耀。在馬利科彎部落各社少女眼中，布達胸前的一條橫槓，即為勇者的象徵。布達在屢建戰功的過程中，即奠定在馬利科彎部落的勇士地位。

2.「突奴枯（首級）」祭典

在「奇吉利祭」中，布達與阿咪娜乃互許終身；此時瓦郎也看上阿咪娜，「瓦郎・諾干，你向阿咪娜求婚了，是不是？⋯⋯布達・馬烏伊，你也向阿咪娜求婚了，是不是？⋯⋯你們都依照泰耶魯的辦法，拔得阿咪娜的毛髮，是不是？」〔註353〕因此，此即要根據族中規則比武決定，「好，以馬利科彎亞爸馬力荷之名，我准許你們向阿咪娜求婚，阿咪娜不能決定選哪一個，我也是，我們只好交給『奧托夫』（天神）了，你們懂得怎麼做？」〔註354〕讓天神「奧托夫」來決定阿咪娜要許配給誰？因此，頭目要布達和瓦郎發誓，在泰耶魯之名下，堂堂正正地公平競爭。

> 「好，你們要發誓，以一個泰耶魯之名，堂堂正正地競爭，勝敗都
> 不存怨恨，舉起你們的右手吧，跟我唸：我要在泰耶魯的名下！」
> 「我要在泰耶魯的名下！」兩人齊聲說。〔註355〕

在馬利科彎，布達與瓦郎同為最典型的泰耶魯，「在人們的眼光裡，那是兩個最典型的泰耶魯，也是泰耶魯中的泰耶魯。他們為這兩個漢子感到無限的驕傲，也感到無盡的羨慕，難怪他們要那樣地歡呼高叫了。」〔註356〕布達與瓦郎兩個即準備進行一場君子之爭，以決定誰可迎娶阿咪娜回家。在連日的祭典狂歡中，族中族人均徹夜狂歡，「不久，天亮了。人們也醉了，累了，就地躺下來，呼呼入睡。廣場上橫七豎八地躺著人，廣場周圍的草地上、樹上，也都差不多了，幾乎已經沒有空地了。有男的，有女的，有老的，也有小孩，雜然並陳，每張臉都那麼充足，安樂。」〔註357〕族人乃一律放下平日的工作與牽絆，共同享受著部落的歡樂時光，百工盡廢而酣醉於祭典中。

〔註352〕鍾肇政，《鍾肇政全集 7・馬利科彎英雄傳》（2000 年），頁 455。
〔註353〕鍾肇政，《鍾肇政全集 7・馬利科彎英雄傳》（2000 年），頁 468～469。
〔註354〕鍾肇政，《鍾肇政全集 7・馬利科彎英雄傳》（2000 年），頁 468～469。
〔註355〕鍾肇政，《鍾肇政全集 7・馬利科彎英雄傳》（2000 年），頁 469。
〔註356〕鍾肇政，《鍾肇政全集 7・馬利科彎英雄傳》（2000 年），頁 482。
〔註357〕鍾肇政，《鍾肇政全集 7・馬利科彎英雄傳》（2000 年），頁 470。

　　　　日子對這一大群酣眠的人們來說，已無關重要。男人們平日以狩獵
　　　　爲業，可是在醉鄉裡，或者在夢境裡，追逐滿山跑的野獸，似乎來
　　　　得更有趣。女人們的農事、家事，還有不可一時或斷的織布工作，
　　　　當然也都被擱下來了。這是一夜狂歡，未曾闔眼的代價。而他們更
　　　　需要儲存更足夠的精力，以充第二個狂歡夜之需。〔註358〕

　　隨著狂歡的日子，日復一日地徹夜狂歡，「月又圓了些，但是距月圓，不
多不少還有三個晚上哩。跳舞喲！唱歌喲！跳累了，酒可以爲你提神，喝渴
了。酒可以滋潤你的喉嚨。邊跳邊躍，吼著奇異的曲調，唱完一段就猛地縱
躍。」〔註359〕大家共同沈浸在歡樂氣氛中，諸如「姆沙利波」舞、「飛諾克」
舞……等舞步一刻也不停歇。

　　　　這是「姆沙利波」舞。婦女們也上來了，嘴琴嗍嗍地響。她們扭著
　　　　腰肢。用一隻腳跳躍，忽前忽後，忽而又停止跳，卻讓臀部在那兒
　　　　旋轉起來。這是「他洛波」舞。男子們的原始慾望被挑逗起來了。
　　　　她們夾在女人堆當中，雙手抓住自己的兩隻耳朵，邊跳邊打旋，過
　　　　了一陣子，他們也扭起腰肢來了。與女人的腰肢一反一正地扭，一
　　　　來一去地扭。這是「飛諾克」舞。〔註360〕

　　終於在第四夜時，眾人歡樂地迎接瓦郎的到來，「第四夜，舞會開始不久，
瓦郎回來，在一陣怒濤般的人們的歡呼聲中，高舉著他馘得首級，睥睨著左
右，從廣場中心大家讓出來的路通過。」〔註361〕瓦郎乃接受著眾人的歡呼，「『突
奴枯』（首級）！……瓦郎！瓦郎回來了！……『突奴枯』！瓦郎帶回了『突
奴枯』！」〔註362〕當族人歡愉地慶祝之際，「連頭目們也站開了，騰出了一個
缺口，讓瓦郎走向祭壇。瓦郎來到祭壇前，把剛馘來的人頭安置在豹皮前面
的架子上。」〔註363〕族人乃紛紛衝向祭壇，陷入瘋狂地歡樂氣氛中，瓦郎則
榮獲頭目的賜酒。

　　　　瓦郎從神壇上下來了，立即有不少人紛紛地衝向神壇，有的敬酒，
　　　　有的奉粟餅、鹿肉，也有拿起杯子接漏下來的酒的。原就已經半瘋

〔註358〕鍾肇政，《鍾肇政全集7·馬利科彎英雄傳》（2000年），頁470。
〔註359〕鍾肇政，《鍾肇政全集7·馬利科彎英雄傳》（2000年），頁471。
〔註360〕鍾肇政，《鍾肇政全集7·馬利科彎英雄傳》（2000年），頁471。
〔註361〕鍾肇政，《鍾肇政全集7·馬利科彎英雄傳》（2000年），頁472。
〔註362〕鍾肇政，《鍾肇政全集7·馬利科彎英雄傳》（2000年），頁472。
〔註363〕鍾肇政，《鍾肇政全集7·馬利科彎英雄傳》（2000年），頁472。

狂的人們，經這麼一激，更瘋狂了。鼓聲更響，舞也跳得更起勁了。

瓦郎被幾個頭目們簇擁著，瓦當賜給他一大杯酒，祝他凱旋歸來。

瓦郎一口氣喝下。〔註364〕

頭目確認瓦郎馘取到「突奴枯」的地點後，確認為斯卡哈馬勇的首級，贏得瓦當的讚許，「瓦郎，你幹的好哇。」瓦當說：「你在那裡馘『突奴枯』？」「卡來山。」「那是『斯卡哈馬勇』囉。」「不錯，是『斯卡哈馬勇』。」〔註365〕此時，瓦郎乃擁有無比的驕傲，族人即為其戰功而狂歡著。受到頭目讚許與族人矚目的瓦郎，在廣場上領舞同歡著，「在廣場上，領頭跳舞的是瓦郎‧諾干。他胸前已有兩條楯，黑黑的，在黝黑的皮膚上雖然不怎麼起眼，但也夠他炫耀了。何況他是剛剛完成了『馬戛戛』（出草）帶回了『突奴枯』（首級）的風頭人物。」〔註366〕爾後，布達雖較晚回來，但帶回三個「突奴枯」（首級）。老頭目同樣協助布達將「突奴枯」放置到神壇上，並賜酒給布達。

布達在眾人為他讓出的一條通道上步履穩重地前進。衣服都脫光，只剩腰間的犢鼻褲，腰上的大彎刀閃閃發亮，背上的網袋裡赫然有三顆人頭。那天人頭的頭髮都濕著，布達自己的頭髮也濕漉漉的。不錯，溪水驟漲，沒有能難住布達。他回來了！……老頭目把布達拖向神壇，幫他解下了網袋，把首級擺上去，並遞給他一個酒杯。滿滿的酒，布達一飲而盡。〔註367〕

一連五天奇吉利祭的盛況後，布達與瓦郎在出草比賽上，幾乎勢均力敵，「在一連五天的盛況奇吉利祭之後，……布達和瓦郎兩人，在出草的比賽上，一方是較早回來，另一方雖然遲了些，但卻馘取了三顆人頭，且全是年輕力壯的宿敵『斯卡哈馬勇』。不過這些都無關宏旨。他們的目的都是馘取人頭，重要的是兩人都達到了這個目的，並且在期限內完成，因此兩人完全打成平手。……改用比武的方式，……就是比賽射箭和擲矛。」〔註368〕兩位馬

〔註364〕鍾肇政，《鍾肇政全集7‧馬利科彎英雄傳》（2000 年），頁 473。

〔註365〕鍾肇政，《鍾肇政全集7‧馬利科彎英雄傳》（2000 年），頁 473。

〔註366〕鍾肇政，《鍾肇政全集7‧馬利科彎英雄傳》（2000 年），頁 475。

〔註367〕鍾肇政，《鍾肇政全集7‧馬利科彎英雄傳》（2000 年），頁 479。

〔註368〕遠古遠古的從前，……唯一的方法是由爭執的雙方來決鬥，打個你生我死，或一方投降為止，以決定那個「卡納琳」（姑娘）該屬於誰。鍾肇政，《鍾肇政全集7‧馬利科彎英雄傳》（2000 年），頁 481～482。

利科彎勇士只好接受新的挑戰與競賽。此種比武決定婚配對象的方式，在馬利科彎乃已行之有年；但比武方式確有略微調整爲各項競賽。

> 一些老人還記得，遠古遠古的以前，他們碰到這個情形時，唯一的方法是由爭執的雙方來決鬥，打個你生我死，或一方投降爲止，以決定那個「卡納琳」（姑娘）該屬於誰。後來他們發現到，這雖然是個好辦法，可是那樣一來必定造成傷亡，這是無謂的損失，實在太可惜了。〔註369〕

在馬利科彎部落中，最常見的重要祭典，即爲獵豹與馘首後，所舉行的「奇吉利祭」、「突奴枯祭」祭典，此即爲族人同歡的重要時刻，共同慶祝族內勇士建立戰功的重要祭典。鍾肇政藉由祭典的再現，闡揚原住民族傳統文化活動與部落精神象徵，展現原住民族傳統部落的文化特色。

（三）賽夏族之矮靈祭

鍾肇政在〈矮人之祭〉中，描述賽夏族著名的「矮靈祭」，即所謂的「帕斯他矮祭典」舉行過程。賽夏族在帕司他矮族的指導下，準備進行「帕斯他矮祭典」。在祭典開始前，還有諸多準備工作，讓整個賽夏族忙得不可開交。兩社勇士乃爲了祭典而努力，「西巴吉和大隘兩社的人們，爲了應付這個祭典，好多好多天以來都努力出獵。兩社的頭目特地下令，各社必須湊足三十隻野獸（羌仔只能三隻算一隻），做爲祭典之需。三十隻野獸，那是了不起的數目，可是有什麼辦法呢？」〔註370〕兩社族人必須拼命地打獵，湊足帕司他矮族所要的獵物數量。

> 這是一連五天的「帕斯他矮祭」的頭一天。爲了這一次大祭，西巴吉社與大隘社兩個部落的人們已忙亂了好多天了。男人們爲了這個祭典需要大量的山豬、鹿、羌等獸肉，拼命地四處打獵。〔註371〕

在帕司他矮祭典開始之初，獵物數量已不少，且在帕司他矮族的要求下，竟逐年增加，「過去，每年都是三十五隻，去年也是，可是去年祭典舉行到第五天，獸肉竟然不夠了——吃的部分還夠，但那些帕斯矮他要走的時候，沒有多餘的獸肉可以供他們帶回去了！」〔註372〕賽夏族爲討好帕司他矮族，則

〔註369〕鍾肇政，《鍾肇政全集7・馬利科彎英雄傳》（2000年），頁481。
〔註370〕鍾肇政，《鍾肇政全集7・矮人之祭》（2000年），頁577～578。
〔註371〕鍾肇政，《鍾肇政全集7・矮人之祭》（2000年），頁577。
〔註372〕鍾肇政，《鍾肇政全集7・矮人之祭》（2000年），頁578。

努力地達到他愛的要求。

> 「但願帕斯他矮神不會發怒才好。」他愛的面孔往下一沉說。「他
> 愛，」阿島焦急起來了。「求求你，幫我們向祂說說好話。我們不是
> 故意的。明年，明年……」……阿島看了一下他洛，他洛點了一下
> 頭：「明天，我們會多準備一些，六十隻，六十隻一定不會不夠的，
> 你說可以嗎？」〔註373〕

賽夏族男人為了帕司他矮祭典，拼命地打獵外，「不光是男人忙於出獵，
女人們也不得不如臨大敵，因為那些矮個子的帕斯他矮喝起粟酒來，才叫痛
快。一大杯一大杯的酒，一覺醒來，好像醉意神奇地消失了，立即又拿起杯
子來。一罈一罈的粟酒就這樣被喝光了。而這些粟酒都是兩社的婦女們釀的。
他們已經為了這，打從上個月圓那天起就忙得團團轉了。」〔註374〕賽夏族勇
士與婦女們為了帕司他矮祭典，總算完成任務。當祭典開始時，賽夏族人卻
僅能在一旁乾瞪眼，望著帕司他矮族在歌舞與美食饗宴中狂歡，賽夏族人卻
無法同樂。

> 兩社的戰士們費了千辛萬苦，總算完成使命，湊足了一共六十隻的
> 野獸，牠們都已宰好，也用柴火來烤熟，整個谷地都瀰漫著香味，
> 使人饞涎欲滴。酒罈子也一個個地排在林邊，只等人們打開封蓋，
> 杓取痛飲。然而，這些卻不是讓兩社的人們享受的。牠們甚至在矮
> 人大吃大喝之際，也只能被允許圍在廣場邊乾吞口水。〔註375〕

縱然辛苦的賽夏族，僅能在一旁守候地看著帕司他矮族，盡情地享受美
食與歌舞，「不過這些善良的人們早已習慣了。這是為了換得往後一年間的豐
衣足食，他們又怎能不勒緊褲帶忍受這五天。」〔註376〕，賽夏族即每年舉行
帕司他矮祭典。第一年的「帕斯他矮祭典」，依照慣例隨著帕司他矮族的指示
下進行著，由他愛的奇異曲調揭開序幕。

> 在他愛的指揮下，那些矮人們引吭高歌起來了，是那奇異曲調，奇
> 異唱詞的歌，阿島和他洛雖然一句也聽不懂，但是聽著聽著，卻有
> 一種怪怪的心情湧在心頭，彷彿真有什麼神靈出現了，四下忽然變
> 得冷森森的，令人害怕。兩個頭目又交換了一個眼光，無言地告訴

〔註373〕鍾肇政，《鍾肇政全集 7・矮人之祭》（2000 年），頁 578～579。
〔註374〕鍾肇政，《鍾肇政全集 7・矮人之祭》（2000 年），頁 579。
〔註375〕鍾肇政，《鍾肇政全集 7・矮人之祭》（2000 年），頁 585。
〔註376〕鍾肇政，《鍾肇政全集 7・矮人之祭》（2000 年），頁 585。

對方眞想拔腳逃開，卻不知怎麼地，竟然舉不起腿，腳板好像在那
裡給黏住了。〔註377〕

他洛和阿島也學唱祭典歌曲，「他愛要他洛和阿島也學唱，兩人中了魔咒
似地再也不能自己了，只好聽從。花了好一刻的功夫，阿島倒是學會了，可
是他洛怎麼也學不會。他愛於是宣布，以後由西巴吉社的泰泰隆家——也就
是阿島那一族人當司祭，阿島當然就成了主祭。大隘社的桃塔瓦財家——即
他洛的族人當護衛，在祭典期間來保衛神靈以及所有的帕斯他矮人。」〔註378〕
此即爲賽夏族人第一次舉行「帕斯他矮祭典」的過程，此後賽夏族人就每年
舉行所謂的「帕斯他矮祭典」。

這就是賽夏的西巴吉與大隘兩社第一次舉行帕斯他矮祭的過程。說
也奇怪，自從第一次祭典舉行過以後不久，兩社的人又開始能獵到
許多的野獸了，粟仔的歉收也從此竟告解除。〔註379〕

帕司他矮族的巫術乃極爲厲害，因此賽夏族人絲毫不敢得罪帕司他矮
族，以免受到帕司他矮族的責罰，「別看他們那些矮人——不，你可不能隨便
這麼說他們，否則帕斯他矮神會責罰你，或者讓你們得病，一個一個地死去，
或者使你們園裡刈不到一粒粟子哩。記著，他們是『帕斯他矮』哦。他們人
雖矮小，吃起來可真不得了，年年都準備那麼多的獸肉與粟酒，五天下來總
會給吃個精光。」〔註380〕當帕司他矮族在祭典的祈禱下，威脅加利誘地要賽
夏族多準備糧食與獵物，「那是帕斯他矮的頭目他愛說的：『你們希望你們的
粟米豐收吧，希望你們不會受到疫癘的侵襲吧。那就多準備些吃的、喝的。
咱們好好地祭一番，包管你們豐收、平安……』」〔註381〕當祭典開始時，賽夏
族還要畢恭畢敬地歡迎帕司他矮族的到來。

迎接矮人們的隊伍已經整裝好。多年以來這個由大隘社的全部戰士
們組成的隊伍，都是由他洛頭目引率的。可是這一次因他洛年紀已
大。而且他的兒子伊邦已長大成人，還有老練的長老尤毛輔佐，所
以他洛就把這件任務交給兒子去執行。〔註382〕

〔註377〕鍾肇政，《鍾肇政全集7・矮人之祭》（2000年），頁583。
〔註378〕鍾肇政，《鍾肇政全集7・矮人之祭》（2000年），頁583。
〔註379〕鍾肇政，《鍾肇政全集7・矮人之祭》（2000年），頁585。
〔註380〕鍾肇政，《鍾肇政全集7・矮人之祭》（2000年），頁577。
〔註381〕鍾肇政，《鍾肇政全集7・矮人之祭》（2000年），頁577。
〔註382〕鍾肇政，《鍾肇政全集7・矮人之祭》（2000年），頁585。

在賽夏族的帕司他矮祭典舉行多年後，在某年的祭典中，事情乃產生變化。隨著原住民青年已長大成人，頭目他洛的兒子伊邦，吸引著眾人目光，「伊邦真長成了一個強壯的戰士了，頭上插著翎毛，身上披著大紅斗蓬，腰邊有一把發著寒光的彎刀，手執弓箭。噢，伊邦看起來不僅威風凜凜，而且還是個美少年哩，站在祭壇上的主祭老阿島身邊的瓦碧娜深情款款地看著伊邦，眼裡透露著一股迷濛的光。那是愛情的光，也是少女的憧憬眼光。」〔註383〕尤其是主祭老阿島身邊的瓦碧娜，更憧憬著這位英挺的勇士。即在這年的帕司他矮祭典中，伊邦與瓦碧娜的雙方家長，決定要宣布兩人喜訊，因他倆乃為族中十分匹配的一對才子佳人。但也造成當年帕司他矮祭典發生意外的插曲。

> 她是阿島的掌珠，從小就伶俐過人，而且容貌出眾，是兩社年輕人心目中的偶像。……兩社裡那麼多的年輕男孩沒有一個配得上她的，因為她委實太美太高貴了，不過大家也都承認，只有一個人是例外，不用說那是他洛頭目的兒子伊邦，他和她，簡直是天造地設的一對。〔註384〕

隨著帕司他矮祭典開始，他愛率領眾人唱起祭歌，「緊接著，那一隊矮人們就從密林裡出來了，為首的還是他愛與托愛夫婦倆。」〔註385〕此乃為每年帕司他矮祭典的必經過程。但他愛奇妙的奇調異曲，「帕斯他亞呵　帕斯他亞呵　奇帕財喲奇帕財　塔塔耶米　塔波耶沙　帕斯他矮咿嘿呵　帕斯他矮咿嘿呵　帕斯他亞呵……。」〔註386〕此也讓賽夏族人感到奇怪與不解。當帕司他矮族被引領到廣場中央後，祭典乃即將開始。首先，「始祭式」即可開始，「這一隊矮人被伊邦手下的戰士們前呼後擁地引到兩村中間的那所被充為祭典場上的廣場上。於是始祭式就開始了，在簡單的祭拜與祝禱之後，矮人們在廣場中心圍成一圈，外圍則是兩社的社眾。除了值崗擔任守衛的戰士以外，兩社都是傾社而出，密密層層地圍成幾個圈，又唱又跳起來。」〔註387〕在祭典當中，瓦碧娜乃陪在老父阿島身邊，隨後與族人一起跳舞去。至於伊邦乃第一次獨挑大樑，當然無法與族人共舞。

〔註383〕鍾肇政，《鍾肇政全集7・矮人之祭》（2000年），頁585。
〔註384〕鍾肇政，《鍾肇政全集7・矮人之祭》（2000年），頁585～586。
〔註385〕鍾肇政，《鍾肇政全集7・矮人之祭》（2000年），頁586。
〔註386〕鍾肇政，《鍾肇政全集7・矮人之祭》（2000年），頁586。
〔註387〕鍾肇政，《鍾肇政全集7・矮人之祭》（2000年），頁587。

> 瓦碧娜一直在祭壇上陪著老父阿島，幫著取取東西遞遞物件，她戴
> 著頭飾，頭上掛著幾串項鍊，一重重地垂掛在胸前，美得像個女神。
> 跳舞開始後不久，老阿島便示意她可以下去，她就夾在人群中又唱
> 又跳起來。……她也知道，代理爸爸他洛的職位，重任在身，當然
> 是不能雜在眾人之中狂歡。〔註388〕

　　當瓦碧娜在人群中與族人共舞時，矮人頭目帕斯他矮王的兒子卡馬黑洛
司，乃緊盯著瓦碧娜，「是個矮人哩，看來身高還沒到瓦碧娜那雙隆起的乳
房那麼高。噢，她認出來了，那是矮人頭目他愛的兒子卡馬黑洛司。看，
那一雙小眼睛不客氣地盯在她美麗的面孔上，顯得又貪婪又熱切，討厭透
了！可是妳卻不能得罪他。因為他是帕斯他矮，而且又是帕斯他矮王的兒
子！」〔註389〕卡馬黑洛司有時還刻意地接近瓦碧娜，想吃她豆腐，「看那矮
傢伙的手吧。手指短短的，手掌又粗糙有如砂皮，那細細的眼兒常常盯在
她的乳房上。這還好過，有時不知是故意的還是不小心，每次有人撞了他，
他就往她這邊挨過來，有不少是還把額角碰在她胸前，使她在心裡恨得什
麼似的。」〔註390〕第二天為「招待之祭」，卡馬黑洛司乃直接邀請瓦碧娜一
起共舞。

> 第二天是「招待之祭」，要唱「招待之舞」，為的是向帕斯他矮神表
> 示恭迎與招待的誠意。瓦碧娜沒有下去跳舞，可是不久卡馬黑洛
> 司就來找她了。……「那怎麼行呢？我們是為了向帕斯他矮神表示
> 我們的誠心啊，如果有人不唱歌跳舞，帕斯他矮神會不高興的。」
> 〔註391〕

　　卡馬黑洛司更語帶威脅地跟瓦碧娜說道，「我會向我父親說，我父親會向
妳父親正式求婚。他們都會高興的。帕斯他矮神也會高興的。瓦碧娜，妳當
然不會願意教帕斯他矮神不高興吧。不然的話，祂發怒起來可不得了啊。」
〔註392〕此乃使瓦碧娜感到非常地為難與困擾。

> 月已近圓。再過兩個晚上就是月圓之夜，也是「送別」之夜，月亮
> 把清亮的光輝遍灑下來，將四下照映的一清二楚，幾朵雲靜靜地在

〔註388〕鍾肇政，《鍾肇政全集7・矮人之祭》（2000年），頁587。
〔註389〕鍾肇政，《鍾肇政全集7・矮人之祭》（2000年），頁588。
〔註390〕鍾肇政，《鍾肇政全集7・矮人之祭》（2000年），頁588～589。
〔註391〕鍾肇政，《鍾肇政全集7・矮人之祭》（2000年），頁591。
〔註392〕鍾肇政，《鍾肇政全集7・矮人之祭》（2000年），頁593。

> 漂浮，好白好白，遠近的一座座峰巒，輪廓清晰，近處的林子，連
> 一簇簇的樹梢都可以辨清。〔註393〕

　　當卡馬黑洛司向瓦碧娜告白求婚的情況下，族人均要設法解決此事，卻又怕會得罪到帕司他矮族，「伊邦也想不出什麼好計策，不過尤毛長老不愧是老謀深算的智多星，很快地就有了對策了。他告訴伊邦，馬上回家稟告父親老他洛。宣布婚約本來是決定在祭典的最後一天『送別』的時候，不過現在不能等到那個時候了，最好明天就當眾宣布，讓矮人們知道瓦碧娜已名花有主，別人休想做非份之想。」〔註394〕縱然如此，賽夏族卻又擔憂萬一得罪帕司他矮族，將會帶來一場大災難，因族中長老們均深知帕司他矮族的威力。

> 如果不能遂了他愛他們的心，後果真不堪設想。……當年帕斯他矮
> 第一次出現的時候，他們都快餓死了，是帕斯他愛神使他們脫離那場
> 劫難的。如果帕斯他愛神捨棄了他們兩村，那一場悲慘的災難，豈
> 不是隨時可能重現嗎？伊邦和瓦碧娜那時年紀還小，當然不可能記
> 憶了，所以他們才會這樣天不怕地不怕想抵抗帕斯他矮。〔註395〕

　　直至帕司他矮祭典的第三天，即為「正祭」的舉行。老他愛以一身奇裝異服現身，「他愛倒是鎮定自若，而且很有自命不凡的模樣兒，他大模大樣地來到祭壇上去拜，叨念了半天沒人能聽懂的禱詞，祭拜儀式才算告一段落。」〔註396〕老他愛吟誦族人均無法理解的祝禱詞。

> 這是祭典的第三天，也是「正祭」的一天。太陽升到正中時，祭禮
> 開始了。老他愛以一身奇異的服飾出現，頭上戴著一頂插滿羽毛的
> 冠，身上滿是垂掛的飾物與項鍊，有寶石串的，也有獸牙、獸骨的，
> 更多的是沒有人能叫出名堂的東西，外加一件獸皮斗蓬，腰際也滿
> 是奇異飾物，只因人太矮小，飾物又太多，身子被淹沒在其中，看
> 去怪異極了。〔註397〕

　　最後，即為帕司他矮族的狂歡之夜，「接下來就是吃喝與唱歌跳舞，獸肉一大塊一大塊地遞上去，偌大的竹杯，個個被盛滿了酒，一杯才喝完，又被

〔註393〕鍾肇政，《鍾肇政全集7‧矮人之祭》（2000年），頁593。
〔註394〕鍾肇政，《鍾肇政全集7‧矮人之祭》（2000年），頁594。
〔註395〕鍾肇政，《鍾肇政全集7‧矮人之祭》（2000年），頁595。
〔註396〕鍾肇政，《鍾肇政全集7‧矮人之祭》（2000年），頁597。
〔註397〕鍾肇政，《鍾肇政全集7‧矮人之祭》（2000年），頁597。

斟上了。那些矮人們顯得興高采烈，手舞足蹈大吃大喝，圍觀的兩社民眾只有站著或蹲著，楞楞地瞧著他們乾吞口水的份。」〔註398〕原本賽夏族將於此日宣布伊邦與瓦碧娜的婚事，現在半路卻殺出一個程咬金——卡馬黑洛司來爭奪瓦碧娜。

> 伊邦表示瓦碧娜與他早相愛，本來預定在這一天的大祭典結束的時候宣布婚約的。現在，他愛的兒子卡馬黑洛司也愛上了瓦碧娜，那就應該照他們的賽夏族的規定，由兩人來一場公平的競賽，勝者可獲瓦碧娜為妻。競賽的方式由馬卡黑洛司任選，要比武、比獵或摔角，悉聽尊便，希望他愛能允許他向卡馬黑洛司挑戰。〔註399〕

在賽夏族若有兩男欲爭取一女時，決鬥即為最好的解決之道，但「向卡馬黑洛司挑戰，如果對方也是個賽夏人，這是光明正大的。有了什麼爭執，尤其爭一個女人，兩男之間的決鬥更為常見。然而對方卻是帕斯他矮，可不可以挑戰呢？能不能挑戰呢？」〔註400〕在高傲的帕司他矮族威嚇下，認為賽夏族怎能挑戰帕司他矮族呢？

> 「因為你們是賽夏。賽夏怎麼可以可以向帕斯他矮挑戰呢？」……
> 他愛又說：「家長的命令家長的命令，等於就是帕斯他矮神的命令。如果有不服從的人，祂是會發怒的。你們知道帕斯他矮神發怒了會怎樣。阿島，你不會願意你的族人沒有粟子沒有獸肉吃吧。也不會願意讓他們的頭被泰耶魯馘去吧。」〔註401〕

帕司他矮族乃堅決地說明，在祭典結束後將帶走瓦碧娜，「後天祭典就完畢了，我們要走了。那時瓦碧娜就是卡馬黑洛司的新娘，可以跟我們一起走，我會讓帕斯他矮神保佑你們，使你們年年豐收，安樂地過日子。」〔註402〕但伊邦怎可讓自己的新娘被帶走呢？伊邦想出唯一的辦法，即為殺掉帕司他矮族，即可解決問題。但伊邦卻心有餘而力不足，因礙於賽夏族族規乃不可隨意殺人，又擔憂殺害帕司他矮族會引起災禍。

> 伊邦是有辦法的，那就是殺！他相信，以他手下的兵力，要把二十幾個矮人殺個精光，簡直不費吹灰之力，他甚至相信，只要他帶領

〔註398〕鍾肇政，《鍾肇政全集7‧矮人之祭》（2000年），頁597。
〔註399〕鍾肇政，《鍾肇政全集7‧矮人之祭》（2000年），頁597～598。
〔註400〕鍾肇政，《鍾肇政全集7‧矮人之祭》（2000年），頁596。
〔註401〕鍾肇政，《鍾肇政全集7‧矮人之祭》（2000年），頁598～599。
〔註402〕鍾肇政，《鍾肇政全集7‧矮人之祭》（2000年），頁599。

> 手下四五個親信，便可達成這個任務。然而他沒敢這麼做，原因有
> 二，其一是他們賽夏人是不可以殺人的，除非有人要殺你，爲了自
> 衛，始可起而戰鬥。再有，就是他也擔心如果把帕斯他矮們殺光，
> 以後帕斯他矮神祭便不能舉行了。那時兩社人恐怕不免常鬧飢荒、
> 疫病，乃至被泰耶魯馘頭。〔註403〕

在伊邦所想到的唯今之計，「他已經想到，如今只有一個途徑，那就是把
矮人們除去，但最好不要讓他們全部死亡，同時又教他們餘下的人不敢懷恨
賽夏，以後仍然舉行帕斯他矮祭典，問題是有什麼辦法才能做到這一點呢？」
〔註404〕當伊邦在百般觀察後，即不斷地想著辦法，「幾天來，伊邦都在巡哨途
中看到那些矮人們聚在橋上，三三兩兩地互相抓頭蝨。不錯，天天早上如此，
他們每晚大吃大喝到夜深，然後一個個東倒西歪地醉倒了。第二天，天大亮
以後，他們就會走到那座吊橋上去。」〔註405〕伊邦想到只要在樹幹上動點手
腳，即可解決掉全部的帕司他矮族人。此時伊邦又心生畏懼，深怕引起賽夏
族災禍；但爲了瓦碧娜，伊邦只好出此下策。

> 這不就是機會嗎？只要在那山枇杷樹的樹枝上動點手腳，豈不是不
> 費吹灰之力，可以把他們一股腦兒送進谷底嗎？……他找了一所隱
> 蔽的地點躲藏起來，這時，他倒是有些怕起來了。你在幹什麼事啊？
> 你知道那是多麼可怕的事嗎？說不定你會一下子讓二十幾個人死掉
> 啊……可是我有什麼辦法呢？他向自己答：我是不得已的。爲了可
> 愛的瓦碧娜，我只好這樣，誰叫人家不接受挑戰呢？〔註406〕

正當伊邦還在遲疑不決時，「一陣山石的瀉落聲傳來，伊邦轉頭一看，連
著吊橋的一叢山枇杷樹正從山壁上被拉落，向谷底墜下，山枇杷樹根在空中
顫動，向一群呼救的樣子。……橋的一端畫著緩緩的弧，往下掉落，橋上的
矮人像一塊塊石頭，被擲進溪谷裡。」〔註407〕此時看到此情景的伊邦也跟著
傻眼，無法置信眼前所發生的這一幕。伊邦納悶地想著，他還沒動手，橋即
在冥冥之中斷了，「伊邦看到這兒，過了好一陣子才醒悟過來，還沒動手腳，
橋卻斷了，似乎是冥冥之神在幫助他。但也警惕了他，他希望立即離開這是

〔註403〕鍾肇政，《鍾肇政全集 7・矮人之祭》（2000 年），頁 600。
〔註404〕鍾肇政，《鍾肇政全集 7・矮人之祭》（2000 年），頁 600。
〔註405〕鍾肇政，《鍾肇政全集 7・矮人之祭》（2000 年），頁 601。
〔註406〕鍾肇政，《鍾肇政全集 7・矮人之祭》（2000 年），頁 602。
〔註407〕鍾肇政，《鍾肇政全集 7・矮人之祭》（2000 年），頁 603。

非之地；但是，他得繞好長一段路才能回到社裡哩。」〔註408〕伊邦決定要儘
速地離開此是非之地，以免引起眾人的懷疑。此後賽夏族即要舉行矮靈祭來
祭拜矮人族他愛，此即為鍾肇政所描述，關於賽夏族矮靈祭的由來。

（四）卑南平原之馬魯烏、悼亡祭、入倉祭、農神嘗新祭與刺猴祭

鍾肇政在《卑南平原》中，描述諸多在卑南平原中，普優馬部落的重要
祭典，諸如帕卡塞拉拉，即為所謂的「獻祭」；「馬魯烏」、「悼亡祭」、「入倉
祭」、「農神嘗新祭」、「刺猴祭」……等重要的祭典活動。首先，帕卡塞拉拉，
即為所謂的「獻祭」，舉行時部落中的男女老少，將在祭司的命令下，將「帕
卡塞拉拉」獻給諸神之王「吉拉」（日神）與「福拉」（月神）。

> 帕卡塞拉拉就是獻祭〔註409〕，或者說是牲醴吧，……大夥圍成幾個
> 大圈圈又唱又跳。……然後圈圈中心的一隻野豬，長長的一對獠
> 牙，在月光下隱隱有光——對，那就是，是要獻給諸神的，尤
> 其。……司祭是一男一女，……歌舞在男祭司瓦利一聲令下停止。
> 這時一直在神屋前念咒的羅娃莎曜，莊嚴地移著步，進神屋裡去。
> 不一會兒便把一隻菜刀捧在雙手裡出來，朝「帕卡塞拉拉」站定。
> 又一段冗長的咒文。〔註410〕

在祭典上，除了獻祭山豬外，另外即為獻祭被馘首的屍身，「看，祭屋前
躺著二個人，一身是血。而且兩個都沒有了頭部。從那屍身可以看出是部落
裡的戰士。」〔註411〕這時，馘取的首級均成了部落勇士的戰利品，「隊伍殿後
的幾個戰士，把他們的戰利品擺在大木樁上，是一隻馘下的頭顱，總共有十
一顆，……這一場戰事他們大獲全勝。」〔註412〕此即為部落中族人盡情狂歡
的慶功祭典。此外，另一項重要的部落祭典，即為所謂的「馬魯烏」，此即為
普優馬部落的特殊祭典。

> 「馬魯烏」的地點就設在祭屋前的廣場上。一根根碗粗的木頭，豎
> 成一個徑約丈餘的圓圈，高約六尺，上面鋪著尺餘寬的木板，內
> 側有高約五尺的木頭架，可供參加此會的站立。約丈長的一頭削尖

〔註408〕鍾肇政，《鍾肇政全集7‧矮人之祭》（2000年），頁604。
〔註409〕在八月即收穫後的第一個月圓之日舉行，獻祭中將現場宰殺獻祭品，以獻給
　　　　諸神之王「吉拉」（日神）與「福拉」（月神），感謝賜給他們豐收的慶典。
〔註410〕鍾肇政，《鍾肇政全集10‧卑南平原》（2000年），頁59～60。
〔註411〕鍾肇政，《鍾肇政全集10‧卑南平原》（2000年），頁118。
〔註412〕鍾肇政，《鍾肇政全集10‧卑南平原》（2000年），頁125。

> 的竹矛已準備好，可以人手一枝，主持競技的人，把往上空拋去，
> 「邦沙蘭」們即用各自手上的竹矛來刺它。刺中的便是優勝者了。
> 〔註413〕

近年來所幸在羅姍曜的強烈主張下，出草馘首習俗乃逐漸革除，「近幾年來，由於羅姍曜的強烈主張，改用樹皮及藤皮團成的圓球形的東西來代替人頭。既然不再出草，便沒有人頭了，而且祭祖靈也無需再用人頭，因此羅姍曜的主張獲得了長老會議的同意，改用樹皮球也有一個好處，就是不必擔心人頭不夠，在他們來說，比以前用眞人頭時方便多了。」〔註414〕當「馬魯烏」的木架架設好後，九個新「邦沙蘭」參賽者，均使出渾身解數奮力地往空中猛刺，由此訓練族中勇士，擁有諸多不同的傳統技能。

> 這天入晚前，「馬魯烏」的木架就已架設好，九個新「邦沙蘭」都聚
> 攏過來瞧瞧。一根根直豎的粗木頭，根部深深地埋進大地裡頭，形
> 成那樣一個圓圈，給人偉岸的感覺。他們爬上去了，個個握起長
> 長的竹矛，往空中猛刺過去。因爲竹子有三丈長，所以尾部自然地
> 有一種彈力，在上空裡繞著晃著，可以感覺出想要刺中從高空中
> 掉下來的東西，恐怕不是容易的事，至於樹皮球，有一條約兩尺長
> 的尾巴——是用來比做頭髮的吧——握住尾巴，便可以往空中甩上
> 去。〔註415〕

除了「帕卡塞拉拉」的「獻祭」與「馬魯烏」祭典外，令瑪雅洛汪印象最深刻的，即爲去年所舉行的「悼亡祭」，「最明白的一次，是去年哥哥被可恨的『馬諾旺』（布農族）砍去了頭，在部落裡舉行悼亡祭的時候。她好傷心，好悲戚，哭起來就幾乎站不穩了。」〔註416〕在「悼亡祭」祭典結束後，依照往例的傳統喪禮過程，「悼亡祭告終，用布層層裹起來的遺體放進墓穴後，先由阿篤擱下腰刀，次由瑪雅洛汪放下衣服，然後依大王、王后、阿篤、瑪雅洛汪及幾個近親的順序，各撒泥土一把，最後覆土蓋穴，至此全部葬禮便告完成。」〔註417〕此即原住民族傳統部落喪禮的進行儀式。

在卑南平原中的普優馬部落，另一項重要祭典即爲期數日的「大祭」，「大

〔註413〕鍾肇政，《鍾肇政全集 10・卑南平原》（2000 年），頁 275。
〔註414〕鍾肇政，《鍾肇政全集 10・卑南平原》（2000 年），頁 275〜276。
〔註415〕鍾肇政，《鍾肇政全集 10・卑南平原》（2000 年），頁 276。
〔註416〕鍾肇政，《鍾肇政全集 10・卑南平原》（2000 年），頁 278。
〔註417〕鍾肇政，《鍾肇政全集 10・卑南平原》（2000 年），頁 280。

祭終於開始了。首日入倉祭，是把收穫的新穀納入穀倉的祭典。這主要是祭司和女巫師的工作，他們唸咒、作法，忙得不亦樂乎。陪祭的是大王、王后，以及長老們，其他社眾呢？不用說的，無休無止的舞，如火如荼地展開。」〔註418〕次日即爲由「塔科邦」所參與的「農神嘗新祭」。

> 第二日，農神的嘗新祭。「塔科邦」（少年級）裡的第二級以上各級
> 青少年全部參加，每人各握一把自己家裡的新米，在祭司率領下到
> 各處去擲、去撒，由農神開始，然後到社郊附近去撒給田神、山
> 神。「塔科邦」最低級的「瑪拉那砍」少年們以芭蕉纏身，臉面塗
> 黑，扮成惡鬼到各家去騷擾，然後被趕出來，也就是一種驅鬼的祭
> 儀。晚上，少年級還要經過一個驗身儀式，解下腰布，檢查下體，
> 還要依他們平常的表現，在裸露的屁股上挨輕重多寡不一的板子。
> 〔註419〕

第三日即進入祭典中的高潮，「託高會」，「第三日託高會，祭典從此進入高潮。這次大祭裡的焦點人物、九個新『邦沙蘭』（成年級）以明星姿態上場了。阿篤和巴里瓦基兩個固然是明星中的明星，最受矚目，但是其餘七個新『邦沙蘭』，也幾乎可以說沒有一個是等閒之輩。」〔註420〕阿篤和巴里瓦基，更成爲祭典中的重要焦點人物。在盛會中族人均盡情地狂歡，在「出陣歌」下舞動著部落勇士的魅力與勇氣。

> 那是出陣歌，充滿力的躍動的舞蹈，盛裝的勇士們邊舞邊唱：「普優
> 馬勇士，起來；普優馬勇士，起來；拿起你的大刀，普優馬勇士，
> 起來；拿起你的長矛，普優馬勇士，起來；消滅那敵人，普優馬勇
> 士，消滅那敵人，普優馬勇士，普優馬勇士，起來；普優馬勇士，
> 起來。」〔註421〕

在祭典的第四日，即進入所謂的「刺猴祭」，「托高會次日是刺猴祭。一夜迷迷糊糊的，也不知有沒有入睡，或者睡了多少，不過精神倒和平常一樣，飽滿之極。在猴祭場，整社的社眾環視與歡呼下，阿篤和巴里瓦基都順利射中了猴子的喉嚨。」〔註422〕在族人的歡呼與環視下，部落的少年英雄阿篤與

〔註418〕鍾肇政，《鍾肇政全集10‧卑南平原》（2000年），頁283。
〔註419〕鍾肇政，《鍾肇政全集10‧卑南平原》（2000年），頁283。
〔註420〕鍾肇政，《鍾肇政全集10‧卑南平原》（2000年），頁283。
〔註421〕鍾肇政，《鍾肇政全集10‧卑南平原》（2000年），頁291～292。
〔註422〕鍾肇政，《鍾肇政全集10‧卑南平原》（2000年），頁296。

巴里瓦基，均徹底地成爲部落勇士。在祭典中族人總是盡情地享受著祭典的歡愉氣氛，「廣場上，全社的男女老幼早就到齊了。永無止盡的舞，依然在進行，歌聲也仍舊嘹亮。」〔註 423〕在卑南平原的普優馬部落中，乃流傳著諸多重要的原住民族祭典。

二、祖靈與天神傳說

（一）馬黑坡之奧托夫

鍾肇政在《馬黑坡風雲》中，描述關於祖靈與天神的觀念。在泰耶魯眼中，天神奧托夫在泰耶魯的地位，乃不可取代且舉足輕重，「馬黑坡溪，那是天神奧托歐夫的溪河，牠在溪水裡放了藥，所以可以洗淨一切。初生的嬰孩，要用他來洗濯，無數的魚兒、蝦兒、蟹兒，也全都在奧托歐夫放的藥，才能生存，甚至溪邊的花兒，也開得特別大，特別美麗，這都是靠它呵……。」〔註 424〕對於原住民族極爲重要的檜木，「就是伐採深山的那些檜，是與他們的信仰相抵觸的。他們相信那些檜木原始林，是他們的神奧托夫及祖先神靈們的居所，採伐檜木，等於侵犯神靈的領域。」〔註 425〕天神奧托夫彷彿即爲原住民族極爲依賴的精神信仰。

在鍾肇政所呈現的日本皇民精神中，其中一種重要的意識即爲「死」。此種純潔無畏的死，表現在原住民身上，從《馬黑坡風雲》與《高山組曲》中，均有所再現。在原住民族眼中，「奧托歐夫會保佑我們的，死了，馬上就再生，不是嗎？一晃眼工夫，又是個泰耶魯了。」〔註 426〕原住民族死亡後，天神將會協助族人重生，故死乃不足畏懼之事。原住民族在《馬黑坡風雲》與《高山組曲》中，均表現出視死如歸、勇敢、不畏死的精神。因有著天神奧托夫的旨意，原住民族在任何時刻均可慷慨赴義地壯烈犧牲。

（二）馬利科彎之奧托夫

1. 為族人舉才的奧托夫

在鍾肇政《馬利科彎英雄傳》中，不時地呈現著原住民族的祖靈與天神信仰。例如當初蘇羊可留下來，在布達眼中乃認爲此方爲天神「奧托夫」冥

〔註 423〕鍾肇政，《鍾肇政全集 10・卑南平原》（2000 年），頁 311。
〔註 424〕鍾肇政，《鍾肇政全集 7・馬黑坡風雲》（2000 年），頁 169。
〔註 425〕鍾肇政，《鍾肇政全集 7・馬黑坡風雲》（2000 年），頁 224。
〔註 426〕鍾肇政，《馬黑坡風雲》（臺北：臺灣商務印書館，1973 年 9 月初版），頁 94。

冥中的安排，「他將來會是最出色，最有為的泰耶魯。……蘇羊這可愛的，還有著白額角白下巴（指尚未刺青），腰間也還沒有被准許佩刀的小東西，實在是夠幸運的。或許這也是冥冥中「奧托夫」為他，為布達，也為整個馬利科彎族安排的吧。」〔註427〕當原住民族面臨諸多需做出抉擇的時刻中，均會解讀成天神「奧托夫」的旨意；甚至於信仰天神方可長治久安，獲得天神祖靈的庇祐，此即成為原住民族重要的精神依託。

2. 為族人決定婚約的奧托夫

在鍾肇政《馬利科彎英雄傳》中，所描述的「奇吉利祭」中，布達與阿咪娜乃互許終身；但此時瓦當也看上阿咪娜。兩人並同時跟阿咪娜求婚，並取得其秀髮。因此，即要根據族中規則加以決定，阿咪娜將要許配給誰？族人將一切交由天神奧托夫的旨意，以決定阿咪娜的婚配對象。

> 「瓦郎・諾干，你向阿咪娜求婚了，是不是？」……「布達・馬烏伊，你也向阿咪娜求婚了，是不是？」……「你們都依照泰耶魯的辦法，拔得阿咪娜的毛髮，是不是？」……「好，以馬利科彎亞爸馬力荷之名，我准許你們向阿咪娜求婚，阿咪娜不能決定選哪一個，我也是，我們只好交給『奧托夫』（天神）了，你們懂得怎麼做？」〔註428〕

在族中頭目的協調下，決定將由天神「奧托夫」的旨意，來決定婚約的結果。在原住民族眼中，一切吉凶禍福，均為天神「奧托夫」的旨意，此乃成為原住民部落中極為重要的精神依託。

3. 為出獵占卜的奧托夫

在鍾肇政《馬利科彎英雄傳》中，描述原住民族在出獵時，必定要舉行鳥占與夢占。因鳥占與夢占乃代表著「奧托夫」的旨意而必定要聽從，「他們必須等待——等待小鳥們醒來，開始啼囀、活動，以便頭目與眾長老舉行第一次鳥卜。」〔註429〕在出獵時亞爸已宣布過夢卜的結果為上上吉，故族人相信此為天神所給予的吉兆，故此次出獵乃勢在必行。

> 亞爸（即父親之意）已經宣布過了，昨晚的夢卜是上上吉。他說他夢見「斯卡哈馬勇」的大頭目阿畢魯・比拉克披上了一件大披風，

〔註427〕鍾肇政，《鍾肇政全集7・馬利科彎英雄傳》（2000年），頁415。
〔註428〕鍾肇政，《鍾肇政全集7・馬利科彎英雄傳》（2000年），頁468～469。
〔註429〕鍾肇政，《鍾肇政全集7・馬利科彎英雄傳》（2000年），頁425～426。

一陣風也似的來到馬利科彎，宣稱要「埋石爲盟」，永遠要和平相處，……有了這次夢卜，獵豹已勢在必行。〔註430〕

原住民族出獵與否均要遵循天神「奧托夫」的旨意，而不可違逆，「萬一不吉利，那就得等到明天再卜，以決定行止。這眞是令人不耐煩的等待，可是你有什麼辦法呢？因爲那是『奧托夫』的旨意。否則出獵將一無所獲。甚至還可能惹來『奧托夫』的震怒，降臨災禍！」〔註431〕此即原住民族深信不已的想法。原住民族乃認爲出獵結果與成績，均爲天神「奧托夫」的旨意。若要有好的出獵成果，只能請求「奧托夫」將其所眷養的「奇吉利」賜給族人，乃有助於原住民勇士累積戰功以證明實力。

「奧托夫」呵，求你發發慈悲，將你所愛的那隻「奇吉利」賜給我們。我們都知道，那隻出現在巴巴拉山脊的「奇吉利」是你所眷養的，也是你所愛的。牠勇武兇猛，一如泰耶魯，牠聰明狡猾，無愧於萬獸之王。「奧托夫」呵，求求你，把牠賜給我們，讓我們表現出大無畏的泰耶魯魂……布達不住地在內心祈禱著，藉以平息心腔裡奔騰的血。

在原住民心中，乃認爲出獵的吉凶戰果，將取決於能否獲得「奧托夫」的支持與協助，一切均爲天神「奧托夫」的旨意。因此，出獵前祈求「奧托夫」的庇佑，乃爲勢在必行。由此可知，原住民族的食衣住行，均不離天神「奧托夫」的旨意。

4. 為祭典而祭告奧托夫

當馬利科彎的泰耶魯有幸在天神「奧托夫」的庇祐下，獵取到「奇吉利」時，必定要舉行盛大的「奇吉利祭」，以祭告天神「奧托夫」，「奧托夫呵，你在天的神靈啊。我瓦當・比來，馬利科彎大頭目，率領眾頭目，向你致祭，奧托夫呵，感謝你賦予我們的奇吉利……奧托夫啊，無所不在的神靈奇吉利呵，請賜給我們更多的奇吉利，更多的首級，讓我們向你致最大的敬意。」〔註432〕原住民族由衷地表達對天神的感謝之意。當巴突突社相隔四年後，有勇士再獵取到「奇吉利」時，即大費周章地舉行「奇吉利祭」，以祭告天神「奧托夫」。

〔註430〕鍾肇政，《鍾肇政全集 7・馬利科彎英雄傳》（2000 年），頁 425～426。

〔註431〕鍾肇政，《鍾肇政全集 7・馬利科彎英雄傳》（2000 年），頁 426。

〔註432〕鍾肇政，《鍾肇政全集 7・馬利科彎英雄傳》（2000 年），頁 451～452。

5.為奧托夫爭取榮耀

鍾肇政《馬利科彎英雄傳》中，描述在布達年幼時，父親即不斷地教授他關於諸多成為泰耶魯勇士的技能，「布達，你還年輕，要學的是多著呢。這次的圍獵也是。我們是為了爭取這個榮耀。我們泰耶魯，除了榮耀以外，還有什麼呢？」〔註433〕原住民族出獵，即為了爭取榮耀以成為勇士，與為了榮耀「奧托夫」而努力，「再說，這也是『奧托夫』的旨意，我們只有盡力而為。『奧托夫』叫我們失望過嗎？沒有。布達，你要記住，一切為了我們的榮耀，為了『奧托夫』，你懂不懂？」〔註434〕在泰耶魯心中，族人均為「奧托夫」的子孫。因此，在「本是同根生，相煎何太急。」此信念下，泰耶魯取消決鬥的規則並嚴格禁止。而文本所描述的出草行動，乃由於當年卑鄙的斯卡馬哈勇，突襲並馘首馬利科彎，才造成原住民族的出草行動。

> 而且更重要的是他們都是「奧托夫」的子孫，同是泰耶魯。自己人
> 鬥自己人，實在是不應該的。基於同族人永遠是親人的信念，他們
> 廢除了決鬥，即使任何原因任何方法的決鬥，也都在嚴禁之列。
> 〔註435〕

當原住民不斷地透過各種方式，取得豐功偉業的戰功之際，即完全為了「奧托夫」而爭取榮耀。在鍾肇政的原住民文學中，乃經常談論到天神「奧托夫」，對於原住民的重要意義與核心精神信仰，闡述天神與祖靈，在原住民生活中，乃為不可或缺的重要精神指標。

（三）布納答西之茲馬斯

鍾肇政〈蛇之妻〉中，描述若進入族中禁地，將會觸怒天神而降下災禍的禁忌。當布康為了狩獵不得不接近族中禁地時，乃不免心生恐懼，「發自本能的恐懼緊緊地裹住了他的整個身子。這怎麼成呢？司魯多多山脊是『布納答西』（註：不吉之地）啊，那兒是不能種粟，不能伐木，連打獵都不可以的禁地，你怎能跑到那兒呢？」〔註436〕當年布康即聽聞過關於族中禁地的傳聞。

> 那時，老布康還好年輕好年輕，身子已經長得夠大了，跑起來像

〔註433〕鍾肇政，《鍾肇政全集7・馬利科彎英雄傳》（2000年），頁429～430。
〔註434〕鍾肇政，《鍾肇政全集7・馬利科彎英雄傳》（2000年），頁430。
〔註435〕鍾肇政，《鍾肇政全集7・馬利科彎英雄傳》（2000年），頁481。
〔註436〕鍾肇政，《鍾肇政全集7・蛇之妻》（2000年），頁613。

> 羌，跳起來有如鹿，箭術也嫻熟了，樹梢上的一隻百舌鳥可以一箭
> 射下來。人人都說，他可以成爲一個最好的勇士，最好的獵人。所
> 差的是還沒有機會出陣，未曾馘過人頭，也還沒獵取過山豬而已。
> 〔註 437〕

　　當年年輕力壯的布康，與父親一同打獵時，父親即曾告誡過他，「有一天，父親帶他去出獵，路過司魯多多山脊。父親鄭重其事地告誡他，那個山脊深處，是『布納答西』。事情發生是在祖父的父親的時候，後來在祖父那一代，這個血海深仇已索回了，不過該地一直仍然列爲禁地。人們都相信，只要有人踏進了該地，就會觸怒『茲馬斯』（註：天神），立即會有災禍降臨。」〔註 438〕縱然布康祖父已老邁，但「那次出獵回來後，布康就問祖父事情發生的情形。祖父已非常年老了，兩眼都瞎，人也乾瘦衰弱得像一條百步蛇脫下的皮，彷彿一陣風就可以把他吹得飛飄起來。」〔註 439〕當布康追問祖父時，「祖父還說了些往事，有個人進去了，結果被巨熊撕裂慘死。還有某某，雖然是因爲追一頭山豬不小心踏進去，過了三天竟被鄰族馘去了頭。」〔註 440〕原住民族人們，均十分恪守族中禁忌。

　　若觸怒天神的話，後果將不堪設想，「萬一在天上的『茲馬斯』發怒起來，那眞是不得了的事，輕時，一個人遭殃，重的時候，很可能整個社裡的人都會受到神罰的。」〔註 441〕此即使布康憶起當年瑪麗肯的病情，「你忘了瑪麗肯是怎麼死的嗎？愛妻瑪麗肯的影像又一次在他眼前出現。才病了三天，已經奄奄一息了，整個身子都軟軟的，恰似身子裡的骨頭全沒有了。布康去外面山下砍了好多的芭蕉葉來排在她身下，可是她身子那麼熱，不一刻功夫，芭蕉葉就褪色變軟。第四天，她終於去了。」〔註 442〕在那次瘟疫中，不僅布康妻子被病魔帶走，諸多族人均被奪走性命，族人即認爲這一切必定爲觸怒天神「茲馬斯」所致。

> 那一天，社裡死了十九個人，全社也不過五十幾個人的，不幾天工
> 夫就去了三分之一，比魯凱人還兇惡、可怕。人人都說，那是天神

〔註 437〕鍾肇政，《鍾肇政全集 7・蛇之妻》（2000 年），頁 613。
〔註 438〕鍾肇政，《鍾肇政全集 7・蛇之妻》（2000 年），頁 613。
〔註 439〕鍾肇政，《鍾肇政全集 7・蛇之妻》（2000 年），頁 613。
〔註 440〕鍾肇政，《鍾肇政全集 7・蛇之妻》（2000 年），頁 614。
〔註 441〕鍾肇政，《鍾肇政全集 7・蛇之妻》（2000 年），頁 614。
〔註 442〕鍾肇政，《鍾肇政全集 7・蛇之妻》（2000 年），頁 614。

「茲馬斯」發怒了，而「茲馬斯」發怒的原因，則是因為有人進了
「布納答西」。〔註443〕

縱然布康相信天神已息怒，「他知道『茲馬斯』早已息怒，疫病不會再
來，可是他心有餘悸，深怕最愛的瑪麗肯為她留下的二個女兒也受到傷害。」
〔註444〕所以，每當布康在狩獵時，總會直覺性地避開司魯多多山脊，「他終於
有了個決定，就是依此前進，不過絕不踏上司魯多多山脊。只要不進去『布
納答西』，神罰就不會降臨。說不定在那兒我會發現一隻山豬——不，山豬是
不行了。老布康，你制服不了牠的。最好是羌仔，就是兔仔也不壞，能讓
奴奴拉和拉麗姮好好地吃一頓，老布康就心滿意足了。」〔註445〕因原住民族
人相信，絕對不可進入族中禁地，否則觸怒天神「茲馬斯」的後果，乃不堪
設想。

（四）卑南平原之奧托夫

1. 為出獵占卜的奧托夫

鍾肇政在《卑南平原》中，曾描述卑南平原的普優馬，在出獵時能否獵
取到獵物，均要依靠祖靈的庇佑與賞賜，「一隻隻好好的獵物都讓他們逃逸
了，萬一到了末尾，山豬沒有出現怎麼辦呢？哎呀，還是要靠祖靈的。任你
有多大本事，如果祖靈不肯賞賜，一切都是枉然。」〔註446〕因此，原住民族
為了狩獵結果的吉凶，必定要敬重祖靈。但在多日出獵未果的情況下，阿篤
決定前往普優馬與世仇「馬諾汪」的界河去狩獵。

2. 為祭典而祭告奧托夫

鍾肇政在《卑南平原》中，描述帕卡塞拉拉，即為所謂的「獻祭」舉行
時，部落中的男女老少，均遵守著祭典的儀式，「帕卡塞拉拉就是獻祭〔註447〕，
或者說是牲醴吧，……大夥圍成幾個大圈圈又唱又跳。……然後圈圈中心的
一隻野豬，長長的一對獠牙，在月光下隱隱有光——對，那就是，是要獻給
諸神的，尤其。……司祭是一男一女，……歌舞在男祭司瓦利一聲令下停止。

〔註443〕鍾肇政，《鍾肇政全集 7·蛇之妻》（2000 年），頁 614～615。
〔註444〕鍾肇政，《鍾肇政全集 7·蛇之妻》（2000 年），頁 615。
〔註445〕鍾肇政，《鍾肇政全集 7·蛇之妻》（2000 年），頁 615。
〔註446〕鍾肇政，《鍾肇政全集 10·卑南平原》（2000 年），頁 298。
〔註447〕在八月即收穫後的第一個月圓之日舉行，獻祭中將現場宰殺獻祭品，以獻給
　　　　諸神之王「吉拉」（日神）與「福拉」（月神），感謝賜給他們豐收的慶典。

這時一直在神屋前念咒的羅娃莎曜，莊嚴地移著步，進神屋裡去。不一會兒
便把一隻茉刀捧在雙手裡出來，朝『帕卡塞拉拉』站定。又一段冗長的咒文。」
〔註 448〕原住民族除了祖靈信仰外，對於天神信仰，乃同樣極為虔誠，尤其是
諸神之王「吉拉」（日神）與「福拉」（月神），均為普優馬在祭典中獻祭的重
要天神。

3. 孿生子將觸怒奧托夫

鍾肇政在《卑南平原》中，描述在卑南平原的普優馬部落中，存在著諸
多特殊的部落文化習俗，諸如「照他們的習俗，孿生子是不祥的，必須去其
一，否則會觸怒祖靈——也是天神，帶來嚴重的災厄。」〔註 449〕此習俗若就
現在醫學角度而言，實乃為無稽之談；故在漢族羅姍曜的堅持下，努力地革
除此項部落陋習。

> 她曾經為了留下女嬰而許下諾言：祖靈降災時，她願以己身為犧牲
> 來祭神，在重大變故發生之後，只要長老們之中有人提起，她便必
> 須獻身祭壇以息神怒。……王后之死，便是這種變故當中的第一
> 樁。〔註 450〕

在傳統的原住民部落中，諸多禁忌與不合常理的規範，原住民族乃歸諸
於祖靈或天神的旨意；有時甚至於還要犧牲性命，以平息祖靈或天神的旨意。
此即由於迷信而犧牲性命，乃為矯枉過正的部落陋習，而尚待革除。

第五節　原住民族勇士精神與出草意義

一、原住民族出草

（一）馬黑坡之抗日出草

鍾肇政在《馬黑坡風雲》中，描述當年象徵勇士的傳統技能——出草，
彷彿即將走入歷史般的逐漸消失。在日本殖民官方的禁止下，出草事件已鮮
少可見；除了零星的出草事件外，部落中已平靜許久。但此次原住民族出草
日本警官的首級，將成為族中不可等閒視之的大事。

> 出草！多麼令人遐思的詞兒。由於日人的禁止，好久以來已很少聽

〔註 448〕鍾肇政，《鍾肇政全集 10・卑南平原》（2000 年），頁 59～60。
〔註 449〕鍾肇政，《鍾肇政全集 10・卑南平原》（2000 年），頁 261。
〔註 450〕鍾肇政，《鍾肇政全集 10・卑南平原》（2000 年），頁 269～270。

到有人出草了。記得去年就只有兩起，波阿隆社馘了萬大社一顆頭，
接著，萬大社砍去了波阿隆社的兩顆人頭，而他們馬黑坡，這幾年
來就一直平靜，沒聽說有過這樣的事。現在，鄰社他洛旺出了這樣
的事了，而且還馘了日本警官的頭。小小年紀的他達歐，禁不住地
熱血沸騰起來了。〔註451〕

　　當他洛旺社馘取日本警官的首級後，還大肆舉行人頭祭加以慶祝，「由於
日人的禁止，好久以來已經很少聽到有人出草了。……現在，鄰社他洛旺社
出了這樣了事，而且還馘了日本警官的頭。……那正是他洛旺的人們藉以舉
行人頭祭的祭品。」〔註452〕在族人眼中此即爲相當值得驕傲之事，方爲族人
一吐怨氣。但在日本統治者眼中，當然無法接受與容許出草事件的發生。因
此，當他達歐的好友畢荷‧沙坡的爸爸，馘取日本巡查坂本的首級後，即賠
上全家人的性命而被舉家犧牲；幸虧當時畢荷不在家，方才逃過一劫。

　　　他洛旺社的沙坡‧那烏伊，就是他達歐的好友畢荷‧沙坡的爸爸，
　　這人曾不顧日警的嚴屬禁令，出草了，而且馘來的人頭，竟是日本
　　巡查坂本的。日警把他逮捕了，不但他一個人，連他的妻子、兒女
　　全逮了去，都處死，六條命賠了一條。日警抓人時，畢荷剛好出去
　　玩，沒在家，僥倖漏了網。〔註453〕

　　日本人連坐法的處罰方式，讓畢荷全家均被迫處死，「日本警察把沙波‧
那烏伊全家抓去了。又過了二天，消息傳來，沙波全家人都被處死了。只
有畢荷‧沙波——沙波的兒子僥倖地逃過了劫難。」〔註454〕日本殖民官方即
藉此殺雞儆猴，使原住民族更加畏懼日本統治者的強硬統治與鎮壓；甚至於
經常挑撥原住民各社間相互出草，出草者卻又遭到日本殖民官方處死。日
本殖民者「以蕃制蕃」的反間計乃如此地狡詐，令原住民族咬牙切齒地忿忿
不平。

　　　這以後，他們有不少次向干卓蕃出草，馘取首級，以爲報復。但是，
　　每次每次，出草者都遭日警逮捕，被處死。他們知道，在干卓蕃背
　　後操控的，就是日本人，簡直到了令人切齒的地步。〔註455〕

〔註451〕鍾肇政，《鍾肇政全集7‧馬黑坡風雲》（2000年），頁184。
〔註452〕鍾肇政，《鍾肇政全集7‧馬黑坡風雲》（2000年），頁184～185。
〔註453〕鍾肇政，《鍾肇政全集7‧馬黑坡風雲》（2000年），頁186。
〔註454〕鍾肇政，《鍾肇政全集7‧馬黑坡風雲》（2000年），頁187。
〔註455〕鍾肇政，《鍾肇政全集7‧馬黑坡風雲》（2000年），頁198。

在原住民族傳統的觀點中，只要出草的首級越多，越能證明自己為令人景仰與敬畏的部落勇士，「好啦好啦，不必說這些沒有意義的話，阿烏伊也是泰耶魯，他以出草馘三顆人頭，殺過的日本軍也不少，是個百分之百的勇士，不能無禮啊！」〔註456〕但當出草行動被日本統治者禁止後，出草事件即成為干犯法紀而要坐牢之事。因此，原住民族僅能以打獵來證明勇士身分與技能。

> 在恬娃絲心目中，瓦當並不算是十分出色的男子。首先，他就沒有馘取過人頭。當然這不能怪他，他成年以後，出草就被禁止了，雖然也有過幾個像瓦當年紀的人馘過人頭，但那是干犯法紀的，要坐牢，聽說埔里的地牢，白天也點燈的，而且一關就是一年兩年。還有，就說打獵吧。瓦當也還沒獵到過山豬，只有幾次，打到了羗而已，此外就是一些鹿。不，山豬也獵過一隻，只是那一次碰見了日人巡查，結果呢……嗨！恬娃絲歎了一口氣。〔註457〕

泰耶魯長期以來的習俗——出草，被日本殖民者禁止後，出獵行動也因外族入侵，而使獵物逐漸減少，「本來，這也是泰耶魯好久來的習俗。由於外地人的入侵，獵物越來越少了，也越來越不易撞到了。因此，只要人家追獵物當中看到獵物，也就可以分到一份。這也是同組打獵的人的應享權利。這一方面是為了鼓勵射箭技術較差的人也出獵，同時也為了防止單獨出獵，容易被他族出草的人馘去人頭而鼓勵大家結伴行動的習俗。這些習俗常常被貪婪的日人援用，只要碰上這種場合，他們就不客氣地伸出手指頭來，不勞而獲取他們的不法利益。」〔註458〕在日本殖民者的強勢統治下，原住民族不但飽受欺壓外，也心存滿腹的怨氣。因此，諸多大小零星的原日衝突事變，即為長期以來官逼民反所引起的族群衝突事件。

（二）馬利科彎之原住民出草

1.因瘟疫而出草族人

鍾肇政在《馬利科彎英雄傳》中，描述三次的出草行動：（1）因瘟疫而出草族人；（2）因埋石為盟遭背叛，為收屍而出草；（3）君子報仇三年不晚，蟄伏五年為復仇而出草。可見當時在原住民部落，出草行動乃時有所聞。首

〔註456〕鍾肇政，《鍾肇政全集7·馬黑坡風雲》（2000年），頁254。
〔註457〕鍾肇政，《鍾肇政全集7·馬黑坡風雲》（2000年），頁283。
〔註458〕鍾肇政，《鍾肇政全集7·馬黑坡風雲》（2000年），頁284。

先，當原住民部落出現瘟疫時，布達父親馬烏伊決定要出草諾明一家人，布達第一次聽到要出草的對象，竟爲自己族人乃鮮少可見。

> 當布達從父親馬烏伊聽到他已經決定了要「出草」，而出草的對象又是諾明一家人的時候，心中大吃一驚。布達已經出草過三次，每次都沒落空，馘人頭在他已不是新鮮事，可是要馘自己同族的人頭，卻如晴天霹靂，震動了他的頭腦。〔註459〕

對於原住民而言，出草即爲一件了不起事件，可讓部落勇士再次建立戰功以證明自己的勇武與族中地位，「噢！出草，那是件了不起的大事，也是最快樂的事，只要一聽到要出草，布達的熱血就會奔騰起來的。然而，這一次卻是以自己同族同社的人爲對象，這怎麼可以呢？」〔註460〕但若出草的對象爲自己族人，可就令人心中感到五味雜陳；甚至於令布達不寒而慄。

> 布達急步來到村尾，諾明的家就在那兒的一所小山坳的竹林裡，看來陰濕而寂寞。諾明一家人在這樣的地方已經住了五六個年頭了，平時絕少有人願意來到這兒，他們的日子一定是淒涼而難過的。誰叫老諾明要做個「馬哈哄伊」呢？想到老諾明那滿臉皺紋，滿頭蓬亂的白髮，再加上那雙白濁濁的眼睛，四時都憤恨憂苦的面孔，勇毅的布達禁不住也有些害怕起來。〔註461〕

儘管布達在出草行動時有些踟躕，但想起此行即爲族人除去「馬哈哄伊」時，即義無反顧地向前衝，「他不得不一馬當先先殺進諾明家，手刃那猝不及防，手無寸鐵的人們，甚至還不僅是男子而已，連婦孺也沒有能夠手下留情。爲了從社裡驅除『馬哈哄伊』，這是不得已的事，他未感良心難安。倒是當一場殺戮告終之後，他明白諾明一家八口，死在刀口下的僅有七個人的時候，一種滿意感還著實使他內心偷偷地歡欣了一陣子。」〔註462〕但在完成任務後，布達仍享有出草的快感。但在馬烏伊父子三人成功完成出草活動後，氣氛依舊低迷蕭瑟，「沒有出草成功後的歡呼雀躍——不，你簡直可以說，那是一場令人傷心的葬禮呢。」〔註463〕在出草自己族人，乃爲令人傷心與憐惜。

〔註459〕鍾肇政，《鍾肇政全集7・馬利科彎英雄傳》（2000年），頁395。
〔註460〕鍾肇政，《鍾肇政全集7・馬利科彎英雄傳》（2000年），頁395。
〔註461〕鍾肇政，《鍾肇政全集7・馬利科彎英雄傳》（2000年），頁400。
〔註462〕鍾肇政，《鍾肇政全集7・馬利科彎英雄傳》（2000年），頁408。
〔註463〕鍾肇政，《鍾肇政全集7・馬利科彎英雄傳》（2000年），頁407。

2. 因埋石為盟遭背叛，為收屍而出草

鍾肇政在《馬利科彎英雄傳》中，所提及的第二次出草，即可由埋石為盟的儀式談起。某日斯卡馬哈勇部落乃主動提及，要與馬利科彎部落埋石為盟，以尋求兩族間的和平共處，兩族即不可互馘人頭，更不可用人齒做項鍊。豈料，此即為一場騙局與圈套，而使馬利科彎部落的勇士損失慘重。

> 「是這樣的。我想，以後我們要用人的牙齒來做項鍊，恐怕不容易了。」……「因為我們不久也許會和『斯卡馬哈勇』埋石為盟，如果真那樣的話，我們要馘人頭就很困難了。」「我們要跟『斯卡馬哈勇』談和了？」阿咪娜也驚奇了。〔註464〕

此次埋石為盟的起因，乃基於斯卡馬哈勇的大頭目阿畢魯·比拉克的想法，「布達告訴阿咪娜說，『斯卡馬哈勇』的大頭目阿畢魯·比拉克，由於他們的族人最近接連被馬利科彎族人馘去了頭，尤其不久前，一個頗有勢力。而且又是一員勇將的頭目沙比被布達馘去了頭，所以大起恐慌，認為長久與馬利科彎族對敵，對他們大大不利，說不定有那麼一天，連大頭目也被布達馘去頭，那就不得了啦。所以他們決定投誠，永遠不再與馬利科彎為敵，便央求布卡南的頭目那拜當和事佬，居間調停。」〔註465〕布達在向阿咪娜說明埋石為盟時，認為埋石為盟也好；畢竟當年馬利科彎與斯卡哈馬勇本來即為族人。

> 「我想，大家和解也好。我們這兒，過去也有不少被他們馘去了頭。能避免這樣的事情再發生，總是好事啊。何況『斯卡哈馬勇』，本來是我們的族人。」……「是啊，阿咪娜，妳怎麼會不懂呢？許多許多年前，『斯卡哈馬勇』和我們泰耶魯是一起住的，大家都是同一祖先傳下來的子孫，可是他們狡猾，不講道義，首先馘了我們泰耶魯的頭，所以後來就常常你馘我的，我也馘你的了。」〔註466〕

阿咪娜乃納悶著埋石為盟後，是否將無人頭可馘？但布達一點兒也不擔憂，「那我們以後不就沒有頭好馘了嗎？」「有啊。我們可以馘『普魯姆康』（漢人）的，還有『他姑比郎』，『里那荷伊』也可以，就是遠了些罷了。」〔註467〕畢竟還有諸多部族的首級可馘，因此出草行動並不會因此消失。在馬利科彎

〔註464〕鍾肇政，《鍾肇政全集7·馬利科彎英雄傳》（2000年），頁500～501。
〔註465〕鍾肇政，《鍾肇政全集7·馬利科彎英雄傳》（2000年），頁501～502。
〔註466〕鍾肇政，《鍾肇政全集7·馬利科彎英雄傳》（2000年），頁502。
〔註467〕鍾肇政，《鍾肇政全集7·馬利科彎英雄傳》（2000年），頁502～503。

眼中，原本以為斯卡哈馬勇，乃眞心地要埋石爲盟，豈料此即一場騙局與圈套。斯卡哈馬勇竟趁此機會，對馬利科彎發動攻擊，使其損傷慘重，多數前去參與埋石爲盟的馬利科彎族人，均因此而罹難。

> 前往馬西多巴安高地的人馬，連大頭目在內是九十五人，到目前生
> 還的，只有三十八人，也許還會有人回來，可是也不能寄予多大的
> 期望，因此犧牲的超過一半，已經是無可否認的事。〔註468〕

此次九社的傷亡乃極爲慘重，「九社的頭目之中，去的有八個，回來的只有卡姆喬社的波南、堪賓社的馬科歪，和皮亞歪社的卡馬三個人而已。他們失去了六個頭目，其中一個是大頭目，這眞是慘不忍睹的重大損失了。」〔註469〕如此空前的慘重損失，使各社緊急地召開會議，商討將如何善後。群龍不可無首，故各社將如何在短期內推舉出新的頭目，布達想當然爾地最有機會成爲整個馬利科彎部的最佳領導人。

> 他洛還告訴布達，他已經安排好了，明天請各頭目來聚聚商量善
> 後，失去頭目的各社也好由各社長老設法，擁舉新頭目，以便領導
> 各社。「布達。」他洛說：「我相信你已經是巴突突社的馬拉荷了，
> 每個馬拉荷都有資格成爲亞爸馬拉荷，說不定你就是下一個領導整
> 個馬利科彎部的人，你可要好好地幹啊。」〔註470〕

各社首要之務，即爲此次埋石爲盟遭襲擊的族人收屍。因此精選出各社的菁英分子穿戴整齊，以第一次領軍出門的新大頭目布達・馬烏伊爲首，總共一百零五人一同出發，「這是從各社選出來的菁英，總共一百零五人，爲首的是第一次領軍出門的新大頭目布達・馬烏伊。他那頑強高大的身子，今天可是穿戴整齊，頭上插著羽毛，胸前掛著項鍊。」〔註471〕第一次領軍出門的新大頭目布達・馬烏伊穿戴尤其講究，均穿戴其戰利品。

> 那也是他親手製成，送給阿咪娜的。可是阿咪娜要他戴著出門，是
> 由豹、人牙串成，全都是從他的戰利品當中取得的，腕鐶與腳鐶則
> 是大頭目的遺物！由大頭目的太太送給他的。是銅製的鐶，綴著些

〔註468〕斯卡哈馬勇假借與馬利科彎在馬西多巴安高地「埋石爲盟」，遭到突擊而傷亡
　　　　慘重。鍾肇政，《鍾肇政全集7・馬利科彎英雄傳》（2000年），頁532。
〔註469〕斯卡哈馬勇假借與馬利科彎在馬西多巴安高地「埋石爲盟」，遭到突擊而傷亡
　　　　慘重。鍾肇政，《鍾肇政全集7・馬利科彎英雄傳》（2000年），頁532。
〔註470〕鍾肇政，《鍾肇政全集7・馬利科彎英雄傳》（2000年），頁533。
〔註471〕鍾肇政，《鍾肇政全集7・馬利科彎英雄傳》（2000年），頁535。

小鈴鐺。另外，不用說這也是從他馘取的人頭剪下的。〔註472〕

布達‧馬烏伊的豐富飾品，「倒不是為了誇示他的勇武過人，功勳蓋世，只因那是一個大頭目正式領兵出門時的飾物。有了這些，布達就更威風，也更有威嚴了。」〔註473〕但此次出草的目的，乃令人傷痛，「此行非出草，也不是出戰，更不是打獵，目的只為了收埋馬西多巴安高地的死者。這次的慘案，生還的人數大約已確定，一共是四十一人，那麼死者就是五十四人。這五十四人沒有回來的人之中，在附近被發現的有三個，都是負了重傷回來，在未到自己的部落前斷氣的。逃開現場然後才死或被馘去了頭的，可能還有一些，不過大部分必定都還在現場，只是沒有頭而已。」〔註474〕布達‧馬烏伊在會商各社後，決定先前行去馬西多巴安高地處理屍首。因斯卡哈馬勇馘去首級後，必定造成悲慘的景象，「斯卡哈馬勇馘去了人頭後，不可能掩埋那些屍首，所以曝屍在那個高地任由鳥獸啃食，自然是在意料中，僅餘的三個頭目和新選出的頭目會商後，決定先處理那些屍首。」〔註475〕在布達‧馬烏伊一行人，抵達馬西多巴安高地時，眼前景象果然怵目驚心地慘不忍睹。

> 布達的人馬順利抵達馬西多巴安高地。展現在那兒的，是一幅慘不
> 忍睹的景象。那麼多那麼多失去了頭的屍首，橫七豎八地躺在那兒。
> 大部分已開始腐爛，惡臭籠罩在整個高地，而且多半已遭一些鳥類
> 的啄食，尤其有些屍體上面爬滿黑壓壓的一大堆螞蟻，令人不忍卒
> 睹。〔註476〕

在馬西多巴安高地上，埋石為盟乃象徵和平的巨石，「那塊做為和平象徵而埋下的巨石，也被挖走了，只剩下一個土坑。想來是斯卡馬哈勇所幹的。那是人們，為了怕懲罰，不得不親手弄走那塊神聖的石頭。」〔註477〕布達仍要冷靜地指揮族人，處理馬西多巴安高地的慘況，「布達下令一部份人挖墓穴，另一部份人去附近林子裡找屍體。共得四十五具。應該有五十三具的，這不足的八個人必定逃離了現場，可是過了這許多天，這八個人命運也兇多吉少。於是他們把四十五具屍首共葬一穴，順利達成了他們此行的使命。」

〔註472〕鍾肇政，《鍾肇政全集 7‧馬利科彎英雄傳》（2000 年），頁 535。
〔註473〕鍾肇政，《鍾肇政全集 7‧馬利科彎英雄傳》（2000 年），頁 535。
〔註474〕鍾肇政，《鍾肇政全集 7‧馬利科彎英雄傳》（2000 年），頁 535。
〔註475〕鍾肇政，《鍾肇政全集 7‧馬利科彎英雄傳》（2000 年），頁 536。
〔註476〕鍾肇政，《鍾肇政全集 7‧馬利科彎英雄傳》（2000 年），頁 537～538。
〔註477〕鍾肇政，《鍾肇政全集 7‧馬利科彎英雄傳》（2000 年），頁 538。

〔註478〕在此肅穆與哀戚的氣氛下，馬利科彎族人即在布達的領導下，完成此次為族人收屍的出草行動。此後，布達仍需收拾起傷痛，努力地為族人的未來做規劃與安排。

3. 蟄伏五年為復仇而出草

鍾肇政在《馬利科彎英雄傳》中，當布達為因埋石為盟而犧牲的族人收屍後，馬利科彎出現主戰派與冷靜派兩派說法。在布達冷靜地思考前因後果後，認為目前若前去報仇，斯卡哈馬勇必然嚴加戒備，故此時報仇無非是自投羅網。因此，選擇「君子報仇，三年不晚」的想法，決定蟄伏後再一舉復仇。

> 馘得了那麼多人頭。且又是使用卑鄙的詐騙手段，所以他們一定會
> 想到受報復，是必然的。在這樣的時候去攻打，無異自投羅網，不
> 可能有好戰果，而己方可能受到的損失也一定很大。〔註479〕

在蟄伏等待復仇期間，哀戚氣氛始終壟罩著馬利科彎。在馬利科彎乃日復一日，年復一年，一如往常地舉行祭典，日子也如常度過，「在馬利科彎，山花謝了又開，白雲去了又來，溪水濁了又清，一次又一次的播種祭，摘穗祭以及『奧托夫祭』（祖靈祭）也舉行過了。還有『突奴枯祭』（人頭祭）也是不可或缺的，當然也舉行過幾次。」〔註480〕族人始終難以忘記當年的血海深仇未報；忍耐只為等待下次的復仇機會。因「馬西多巴安高地」的恥辱，乃如此地刻骨銘心，故縱然在祭典的歡樂日子，族人總無法肆意地歡樂，而永遠銘記著斯卡哈馬勇所帶來的悲憤與苦痛。

> 然而，縱然是這樣的狂歡的日子，人們心目中還是哀戚多於悅樂，
> 不為什麼，只因「馬西多巴安高地」的恥辱那麼鮮明而深刻，那種
> 鏤心刻骨的悲慟，彷彿成了一塊塊的巨石，壓在人們的心頭，永遠
> 永遠也不會化解。是的，那是苦難的歲月，也是屈辱的歲月。人們
> 讓悲憤偷偷地在胸臆裡燃成一團怒火。……他們把箭靶、標的，甚
> 至在山野裡馳騁的大小動物，都當成「斯卡哈馬勇」，務必做到不虛
> 發一箭，不白砍一刀。〔註481〕

〔註478〕鍾肇政，《鍾肇政全集 7．馬利科彎英雄傳》（2000 年），頁 538。
〔註479〕鍾肇政，《鍾肇政全集 7．馬利科彎英雄傳》（2000 年），頁 536。
〔註480〕鍾肇政，《鍾肇政全集 7．馬利科彎英雄傳》（2000 年），頁 541。
〔註481〕鍾肇政，《鍾肇政全集 7．馬利科彎英雄傳》（2000 年），頁 541。

其實布達一直沒有忘記，當年斯卡哈馬勇所帶給族人的傷痛與苦難；甚至於連他兩個兒子的命名，均以此爲鑑，「我們也許該首先舉出，他的妻子阿咪娜以爲他生下了兩個小子，大的四歲了，布達讓這小傢伙承襲了祖父的名字，叫馬烏伊，小的剛學會走路，命名瓦當，想必是爲紀念他所尊敬的已故大頭目瓦當·比來而取的吧。」〔註482〕布達在未來必定要一償爲族人復仇的宿願。因此，在蟄伏多年後，由「馬利科彎奇吉利」布達·馬烏伊所領導的泰耶魯勇士部隊，「養兵千日，用在一時」地將多年來的怒氣與仇恨，在此次復仇之役中一吐爲快。

> 領導這一切的，就是「馬利科彎奇吉利」。他是馬利科彎部九個社近兩千人口的大頭目。……如今他們不僅恢復了原有的兵力，而且更精銳了。布達也是這一支驍勇善戰，充滿正義感的泰耶魯勇士們的統帥。〔註483〕

在馬利科彎的蟄伏期間，斯卡哈馬勇仍不時地到馬利科彎部族的地盤上馘取人頭。連族人都苦勸布達該展開復仇行動，「眞是的！布達，人家跑到我們的土地上來了，而且馘去了我們族人的頭，他們在向我們挑戰啊！」〔註484〕深具遠見的布達，將視戰力而決定出征復仇行動將何時展開？馬利科彎戰士，即將在布達的領導下勇往直前。

> 這是一支定居馬利科彎部一帶以來不知有多少年頭當中，從未組織過最強大最精銳的部隊。整個馬利科彎部不到二千的人口當中，可用的兵丁有三百八十幾個人，其中還可以遠征近討，堪稱菁英的，也不過二百五六十個人罷了，而這之一百五十個人的部隊則是由這菁英之中在挑選出來的最精銳的戰士，個個驍勇善戰。〔註485〕

布達秉持著「工欲善其事，必先利其器」的信念，必定等到馬利科彎部族完全準備好時，等待「有備無患」的最佳時機，才準備全力以赴。因「不成功，便成仁。」族人們帶著破釜沉舟的自信，在布達的領導下，贏得最漂亮的一役。

> 每人都有揹著一大捆箭，外加一隻挑干或網袋，塞滿著足供他們吃十天以上的乾粟飯和粟餅乾、鹿肉乾等。量雖不算多，不過他們懂

〔註482〕鍾肇政，《鍾肇政全集 7·馬利科彎英雄傳》（2000 年），頁 542。
〔註483〕鍾肇政，《鍾肇政全集 7·馬利科彎英雄傳》（2000 年），頁 541～542。
〔註484〕鍾肇政，《鍾肇政全集 7·馬利科彎英雄傳》（2000 年），頁 547。
〔註485〕鍾肇政，《鍾肇政全集 7·馬利科彎英雄傳》（2000 年），頁 549。

得怎樣地在山野裡活下去，所以二三十天甚至更久的征伐，他們都
可以應付裕如。〔註486〕

　　在馬利科彎族蟄伏的五年間，忍辱負重，僅爲了一雪前恥。等待許久的
復仇之征即將展開，馬利科彎族各個摩拳擦掌、臨陣磨槍的準備上陣復仇。
由「馬利科彎奇吉利」布達・馬烏伊所領導的最精銳戰士們即將一展身手。

　　馬利科彎族蟄伏已五年。這期間他們盡力避免與斯卡馬哈勇構釁，
　　忍辱負重，培養戰力，以爲雪恥復仇的張本。而這等候多時的一天
　　終於來到了。眾頭目沒有一個表示異議，通過了布達的提議，這才
　　有了由布達率兵長征，並由馬利科彎社老頭目他洛負責留守的壯
　　舉。〔註487〕

　　馬利科彎族勇士的復仇之役，即爲族人的仇恨與正義而戰；甚至於爲了
要懲罰卑鄙無恥，以卑劣手段賺取馬利科彎族的數十顆首級而戰，也爲天神
「奧托夫」的正義之神而戰。

　　不錯，斯卡馬哈勇大頭目阿畢魯夥同布卡南大頭目那拜，以最卑鄙
　　的手段，騙走了他們馬利科彎部的五十一顆首級，包含大頭目瓦當
　　及其他五顆頭目的頭在內，泰耶魯是以正義自許的，怎能容許這種
　　卑劣的人存在嗎？〔註488〕

　　布達不僅以精銳戰力取勝，再加上機智的戰略方針，準備出奇制勝地殺
個斯卡馬哈勇措手不及，「斯卡馬哈勇不知道那是詭計，呼嘯著追過來，不料
在快抵山下時，忽然遇上了埋伏，不是兵丁的埋伏，而是布達撒在那兒的竹
釘。只有倒在山坡上呼天搶地。後到的也就不敢再前進了。」〔註489〕布達除
了先發制人，先行設陷阱讓斯卡馬哈勇無法前行外，也讓其挫挫銳氣，利用
斯卡馬哈勇受到竹釘設計的慘叫聲，讓對方的勇氣盡失外，也使其見識到馬
利科彎族精銳勇士的智勇雙全。

　　只有僥倖沒有走在灑竹釘的地方的人才一路衝下去。這些人原本就
　　因爲那些慘叫聲而膽怯，勇氣已失了泰半。衝到山下後馬上遇到等
　　在那兒的布達的手下，嚇得四散逃命。〔註490〕

〔註486〕鍾肇政，《鍾肇政全集7・馬利科彎英雄傳》（2000年），頁549。
〔註487〕鍾肇政，《鍾肇政全集7・馬利科彎英雄傳》（2000年），頁549。
〔註488〕鍾肇政，《鍾肇政全集7・馬利科彎英雄傳》（2000年），頁550。
〔註489〕鍾肇政，《鍾肇政全集7・馬利科彎英雄傳》（2000年），頁551。
〔註490〕鍾肇政，《鍾肇政全集7・馬利科彎英雄傳》（2000年），頁551。

　　馬利科彎族遠征隊伍的首戰之役，輕而易舉的大獲全勝。無非士氣大振
地鼓舞人心，「遠征的第一回合，不到兩個時辰便告終，布達輕易地得到了全
勝。而且部下兵丁除了三五個輕傷之外，一點也沒有損失。獲得的首級有二
十五顆，戰果輝煌。」〔註491〕遠征隊伍在傍晚後，趨近於斯卡馬哈勇的最大
村落「遙胖社」，「太陽斜了以後，他們從一座伸到西邊的山上看到又來到一
個平地，老屋伊告訴布達這就是『金・遙胖』平地，有個斯卡馬哈勇最大的
村落『遙胖社』。」〔註492〕此時布達乃面臨難題，如何使中計的斯卡馬哈勇再
落入陷阱中，將考驗著布達的智慧。

> 布達一面眺望那個谷地，一面又在想他的戰術，他覺得斯卡馬哈勇
> 吃過了一次苦頭，再設陷阱誘使他們入彀，恐怕不容易。眼前這塊
> 平地，又寬闊又平坦，除了兩面山以及溪水對面的斷崖以外，一無
> 遮攔，也一無屏障，對方人數佔絕對優勢。要怎樣才能破除此強敵
> 呢？布達遇到難題了。〔註493〕

　　當布達在苦思之際，馬利巴部的頭目他拉諾表示，「據來者說明，他們的
頭目他拉諾表示，願意祝布達一臂之力，往討斯卡馬哈勇，打得太好太好。
同時他們多年來的死敵布卡南部的大頭目那拜派兵增援斯卡馬哈勇，斯卡馬
哈勇多年來又仗著人多勢眾，欺壓他們馬利巴部。」〔註494〕馬利巴部即想與
馬利科彎結盟。布達多年前曾有幾面之緣的可恨仇人——那拜，即為設計馬
利科彎族的關鍵人物。因此，馬西多巴安高地的血仇，那拜即不可豁免其咎
地成為馬利科彎部不共戴天的仇人。

> 提起那拜，布達的眼底立即泛起了多年前曾有幾面之緣的那個可恨
> 的仇人，一時但覺全身血液都在往上頭沖過來了，那不算高大的身
> 子，那雙縮在深深的眼窩裡的一雙小眼，還有那雙眼睛所放射出來
> 的冷冷的光，馬西多巴安高地的血仇雖然是斯卡馬哈勇的大頭目阿
> 畢魯・比拉克所造成的，而居中撮合的正是這個那拜，說不定是他
> 們兩人串通了弄出來的。算起來，這個那拜也是他們馬利科彎部不
> 共戴天的仇人之一哩！〔註495〕

〔註491〕鍾肇政，《鍾肇政全集 7・馬利科彎英雄傳》（2000 年），頁 552。
〔註492〕鍾肇政，《鍾肇政全集 7・馬利科彎英雄傳》（2000 年），頁 552。
〔註493〕鍾肇政，《鍾肇政全集 7・馬利科彎英雄傳》（2000 年），頁 552。
〔註494〕鍾肇政，《鍾肇政全集 7・馬利科彎英雄傳》（2000 年），頁 555。
〔註495〕鍾肇政，《鍾肇政全集 7・馬利科彎英雄傳》（2000 年），頁 556。

　　當布達終於遇見馬利科彎部不共戴天的仇人——那拜時，心中的怒火再也按耐不住了，「那拜比往日年老了許多，記得當年是約四十歲年紀的，如今已沒有了昔日的一臉精悍，頭髮也斑白了。布達看了一眼蘇羊，把那拜指給他，做了一個『殺』的手勢，蘇羊立即飛奔過去。蘇羊簡直像隻發狂的山豬，直往前衝，一刀，兩刀，都被划開，然後是第三刀閃電一般砍下，那拜雖然舉刀欲擋，但蘇羊力氣太大，根本沒法擋住，間上挨了一刀。第四刀，他再也無力抵擋了，結結實實地挨上，噴出了一陣鮮血倒下去死了。」〔註496〕布達終於報馬西多巴安高地，長年以來的血海深仇。當布達在一陣亂陣殺敵之際，乃努力尋找著復仇目標——阿畢魯。

> 在亂軍中，布達聽到有人喊：「阿畢魯！阿畢魯！」布達突地感到渾身一震，血又奔流起來了。他擦掉了刀柄上的血，循聲找過去，剛好與迎面而來的大漢碰著正著，那一臉兇相，胸前的好幾條橫槓，確實是個大頭目模樣的人，可是面相與記憶中的阿畢魯有些不同。也似乎更老些。〔註497〕

　　布達對著阿畢魯一陣猛烈攻擊後，阿畢魯明知大勢已去；卻在此時作困獸之鬥，奮力取下一把大彎刀，往布達猛力一砍，幸好布達俐落閃過此擊。再給阿畢魯奮力一砍，布達終於為族人報多年來的血海深仇。

> 突然，布達一個猛砍，被阿畢魯擋住，卻使阿畢魯的刀斷了。阿畢魯做出了一個大勢已去的樣子。可是布達並沒有立即砍過去，卻放下手退了一步，做了一個手勢。阿畢魯立即轉身，從一個兵丁手上取過了一把大彎刀，而將殺過來了。布達身子一沈，閃過了這致命的一擊，並趁敵人大刀落空之際，一下子砍過去。這一刀，成了致命的一擊。把阿畢魯砍倒了。他的左肩靠近頸子的部分被剖開，鮮血噴湧，爬在地上四肢掙扎了幾下，終於不再動彈了。〔註498〕

　　在布達為族人復仇的地點激戰後，終究一雪前恥。此紀念性的一刻，布達稱為「他利康」——激戰之地，方為雪恥之地，「這裡，我們以後就叫『他利康』吧。」「『他利康』！」很多人齊聲喊了一聲。直到好多好多年後的今天，這個名稱被沿用著。它的意思就是『激戰之地』。」〔註499〕此刻即重新為

〔註496〕鍾肇政，《鍾肇政全集7・馬利科彎英雄傳》（2000年），頁557。

〔註497〕鍾肇政，《鍾肇政全集7・馬利科彎英雄傳》（2000年），頁557～558。

〔註498〕鍾肇政，《鍾肇政全集7・馬利科彎英雄傳》（2000年），頁558～559。

〔註499〕鍾肇政，《鍾肇政全集7・馬利科彎英雄傳》（2000年），頁560。

馬利科彎奪回榮耀的一刻。在兩兵相接的激戰之際，布達智勇雙全地爲馬利科彎族取得優勢，「正當布達與蘇羊、瓦郎等幾個得力部下商議如何進攻時，忽然有人來報敵人請了『他姑比浪』部的大頭目阿到來議和，布達喜出望外，不過表面上仍裝得很嚴重的樣子，接見了阿到大頭目。」〔註500〕此即證明布達爲族人取得勝利。因此，當「他姑比浪」部的大頭目阿到前來議和時；甚至於把布達推崇爲最偉大的英雄，阿到已耳聞布達的英勇事蹟，故此長征布達已建立功績。

> 阿到是個半老的壯漢，頭髮斑白，不過人還很結實，他對布達推崇備至，表示他是泰耶魯自古以來最偉大的英雄。原來這老頭目早已風聞到從莫哼平地、金‧遙胖平地、到里那荷伊溪一帶各地戰役的情形，甚至布達所命名的布南、吉耶羊等谷地的名稱，他也知道。
> 布達不禁想到，這次長征，確實已有了代價。〔註501〕

阿到雖決定加盟阿畢魯，方不與布達爲敵，「據阿到的說法，約略如下：他們『他姑比浪』部認爲這次兩族間的大戰，責任在阿畢魯，他不該在馬西多巴安高地用詐騙手段，馘去了馬利科彎大頭目以下那麼多的人頭，所以阿到已決定加盟阿畢魯，當然也不以布達爲敵。這是第一點。其次，阿畢魯願與布達媾和，埋石爲盟，永不侵擾馬利科彎部，至於要阿畢魯拿出多少東西來，他願意聽聽布達的意見。」〔註502〕布達唯一的條件，僅要奪取阿畢魯的人頭，阿到不斷地居中協調，如實地將布達的條件告知阿畢魯，雙方不斷地溝通協調中。

> 「我只要一件東西，就是阿畢魯的『突奴枯』（人頭）。」……「不會有什麼不好辦的，阿畢魯幹了卑劣的事。使得那麼多的人死了。他應該獻出自己的頭來贖罪才是，難道這也算過份的要求嗎？」〔註503〕

阿畢魯乃不可能答應此條件，「當天，阿到再來了一次，帶來了阿畢魯的意見。他反對自己沒打敗就交出頭來。」〔註504〕阿畢魯僅要以一百大彎刀，一百枝矛，作爲埋石爲盟的獻禮。

> 次日，阿到到來，告訴布達，阿畢魯的意思是頭可以給，不過必須

〔註500〕鍾肇政，《鍾肇政全集 7‧馬利科彎英雄傳》（2000 年），頁 563。
〔註501〕鍾肇政，《鍾肇政全集 7‧馬利科彎英雄傳》（2000 年），頁 563。
〔註502〕鍾肇政，《鍾肇政全集 7‧馬利科彎英雄傳》（2000 年），頁 563。
〔註503〕鍾肇政，《鍾肇政全集 7‧馬利科彎英雄傳》（2000 年），頁 564。
〔註504〕鍾肇政，《鍾肇政全集 7‧馬利科彎英雄傳》（2000 年），頁 565。

　　布達親自去取！這是一項挑戰，如何取呢？阿到說，阿畢魯願意與
　　布達比武，一對一，大家來比個高低，不過埋石爲盟照樣舉行，一
　　百把刀與一百枝矛也照樣獻給布達，無關兩人間比武的輸贏。如果
　　布達不敢比武，那就得接受這獻禮，舉行埋石儀式。〔註505〕

　　阿到帶回阿畢魯的條件，埋石爲盟的獻禮依舊，但要取阿畢魯的人頭即
要布達和阿畢魯來一場比武，「布達看到阿畢魯了。這是自馬西多巴安高地以
來兩人第一次見面。雖然已過了這許多年，不過布達覺得歲月沒有爲阿畢魯
增加了些什麼，也沒減去了什麼，他依然是那一副身架與面目，結實高大，
顴骨高聳，寬嘴後唇，胸脯刺滿橫槓。」〔註506〕在比武當天，布達與阿畢魯
再度見面。布達燃起熊熊怒火，布達發個最鄭重的誓言，勢必要爲泰耶魯族
人復仇。

　　布達內心立即升起了一股憤怒。這人就是殺父殺兄的仇人，也是殺
　　死大頭目瓦當的仇人。多少人爲他哭過傷心過。好啦，現在你終於
　　無所遁形了。我布達・馬烏伊，在泰耶魯名下，誓必殺死這可恨的
　　仇人！〔註507〕

　　布達確實感覺到阿畢魯乃爲巨人，「看，那穩重有如巨熊的腳步，那傲岸
如岩石的背影，那凝重有如身潭的神色，布達確實感覺到他是個巨人，是泰
耶魯中的泰耶魯。能與他一對一決鬥，那是一個泰耶魯的光榮，勝敗生死，
都可以不論啦！」〔註508〕有機會可與阿畢魯決鬥，讓布達感到光榮，在決鬥
之際，激起布達的無限鬥志與滿腔熱血，爲族人爭一口氣的氣魄乃油然而
生。布達在與阿畢魯決鬥之際，激動地欲立刻解決阿畢魯，以換取兩部族間
的和平。

　　可是，阿畢魯，我仍不能同情你，我要一箭把你射死，雖然我也可
　　能死在你的箭下，但那又有什麼關係呢？兩部族之間從此可以和平
　　相處了，再也不會有誰馘誰的「突奴枯」了。這不就夠了嗎？但
　　是，我還是要殺死你！阿畢魯，我要讓你死得像個勇者，像個泰耶
　　魯……布達激動地想著。〔註509〕

〔註505〕鍾肇政，《鍾肇政全集7・馬利科彎英雄傳》（2000年），頁565。
〔註506〕鍾肇政，《鍾肇政全集7・馬利科彎英雄傳》（2000年），頁566。
〔註507〕鍾肇政，《鍾肇政全集7・馬利科彎英雄傳》（2000年），頁566。
〔註508〕鍾肇政，《鍾肇政全集7・馬利科彎英雄傳》（2000年），頁567。
〔註509〕鍾肇政，《鍾肇政全集7・馬利科彎英雄傳》（2000年），頁568。

布達終於馘下阿畢魯的首級，為馬利科彎復仇，「布達拔出腰間的彎刀，馘下了阿畢魯的頭，抓住頭髮往上空一舉，立即從四周爆發了怒濤般的歡呼聲。『馬利科彎奇吉利！！』『馬利科彎奇吉利！！』」〔註510〕布達嘗到勝利的滋味，「班師回馬利科彎，在這五十個勇士來說，原本是一件值得歡欣鼓舞的天大喜事，卻罩上了一抹凝重的淒苦。不為什麼，只因布達傷重，已到了無法舉步跋涉崇山峻嶺的地步。布達支持到埋石為盟的儀式以後。」〔註511〕傷重的布達為完成埋石圍盟的儀式，強忍著嚴重傷勢，布達永遠記取馬西多巴安高地的教訓，必定要努力地撐回馬利科彎部落。

> 他仍隱藏著自己手下單薄的實力，他不願意在斯卡哈馬勇面前暴露出來。馬西多巴安高地的教訓，他永遠也不能忘卻，萬一他們又萌生悔意，手下五十人將一個也不能生還，而在若干年之後，他們馬利科彎部還得再組織遠征軍來征戰，說不定馬利科彎就此永遠也不能再抬頭了！費了這麼多的勁，花了這麼多的心血，犧牲了這麼多的寶貴生命，豈不都要成為白費了嗎？〔註512〕

傷重的布達強忍傷勢，努力地回到部落，此時蘇羊在他身邊悉心的照料著，「頭一天，布達都在昏迷當中，粟飯乾和粟餅乾都一口也吃不下。下午，蘇羊主張暫停前進，他要去打獵，他希望能打到鹿，用鹿血來餵布達。蘇羊獵到了一隻羌。羌也好，只是血有限，布達總算吞下了幾口。」〔註513〕布達一點也不害怕，因其乃為泰耶魯勇士；在布達將死之際，憶起自幼即被教導如何做一個「泰耶魯‧巴賴」與「卡娜琳‧巴賴」，如何方可順利通過「阿篤崗」（天國，神靈之地）的傳說故事。

> 一個泰耶魯，不把死當一回事，他們在「阿篤崗」（天國，神靈之地）等著，那是個快樂平安的地方！可是在進「阿篤崗」以前，除非那個守橋人認為你是「泰耶魯‧巴賴」，否則他會在你的雙手上塗藜汁，讓你去洗手，洗不乾淨的人才是一個「泰耶魯‧巴賴」，他才會讓你過橋，洗淨了的就是壞人，他會把你從橋上推下去，餵給溪裡的一大群惡蛇和巨魚吃。所以我們泰耶魯從小便教導怎樣做一個「泰耶魯‧巴賴」和「卡娜琳‧巴賴」（真正的女子）記得很久很久

〔註510〕鍾肇政，《鍾肇政全集 7‧馬利科彎英雄傳》（2000 年），頁 570。
〔註511〕鍾肇政，《鍾肇政全集 7‧馬利科彎英雄傳》（2000 年），頁 571。
〔註512〕鍾肇政，《鍾肇政全集 7‧馬利科彎英雄傳》（2000 年），頁 571。
〔註513〕鍾肇政，《鍾肇政全集 7‧馬利科彎英雄傳》（2000 年），頁 572。

以前，亞爸就和我談起這些。〔註514〕

　　布達即在支撐三日後，願望終於實現，「又過了漫長的三天，他們終於來到馬巴多巴安高地，這也是布達的意思，他們要向長眠在那兒的祖靈獻上阿畢魯的首級，並祭告此血仇已復。」〔註515〕布達堅毅地完成願望，「疲憊已極的遠征軍和奄奄一息的布達，抵達馬巴多巴安高地時，來自故鄉的人馬已經等候多時了。……在歡聲雷動裡，遠征軍來到被鄉人們圍在中心的葬有四十五個墓前，第一個衝向擔架的是阿咪娜。兩個小孩她抱一個牽一個。」〔註516〕布達在族人的見證與歡聲雷動中完成任務。

> 沒有人相信他會支持這麼久，似乎就是要向祖靈祭告的心願，使他堅毅地活了這許多日子，瓦郎和蘇羊已經預先差人回報，並請留守的頭目他洛和從「吉耶羊」谷地折返的馬利科彎頭目，率領若干人馬到馬巴多巴安高地來迎接遠征軍，一方面大家也好一起祭拜祖靈。〔註517〕

　　在進行祭告「奧托夫」儀式時，布達已無力起身，由他洛祭告，「布達，我可以代替你祭告『奧托夫』嗎？」阿咪娜乃大聲說道：「你不要起來，讓他洛馬拉荷去祭吧。」「他們供上了阿畢魯的首級，由他洛祭告。眾人跪拜，號哭了一陣子，那齊發的哭號聲震動了整個高地。」〔註518〕在此刻告慰當年罹難的族人們，布達終於不負重望地完成任務。即在告祭祖靈儀式完成之際，布達再也支撐不住地倒地不起，族人齊聲哀悼布達的慷慨赴義、凱旋歸來與光榮犧牲。

> 他撐著長矛站住，在眾人驚訝的眼光裡，他邁步了。他走到附近的一棵檜木，舉起矛往樹幹戳過去。矛深深地插住了。布達這才倒下去。布達死了！眾人又齊聲喊起來，那聲浪一下又一下震撼著大地。「馬利科彎奇吉利！」「馬利科彎奇吉利！」〔註519〕

　　此次出草中，布達終於為馬利科彎族復多年之仇，卻也犧牲性命。布達也為馬利科彎部族寫下一夜英雄史，成為最偉大的「馬利科彎奇吉利！」寫

〔註514〕鍾肇政，《鍾肇政全集7‧馬利科彎英雄傳》（2000年），頁573。
〔註515〕鍾肇政，《鍾肇政全集7‧馬利科彎英雄傳》（2000年），頁574。
〔註516〕鍾肇政，《鍾肇政全集7‧馬利科彎英雄傳》（2000年），頁574。
〔註517〕鍾肇政，《鍾肇政全集7‧馬利科彎英雄傳》（2000年），頁574。
〔註518〕鍾肇政，《鍾肇政全集7‧馬利科彎英雄傳》（2000年），頁575。
〔註519〕鍾肇政，《鍾肇政全集7‧馬利科彎英雄傳》（2000年），頁575～576。

下馬利科彎英雄傳奇故事，成爲鍾肇政筆下所記載，原住民勇士的壯烈傳說故事。

（三）回山裡真好

鍾肇政在〈回山裡眞好〉中，描述當年回憶中的出草行動。當亞爸與亞亞的對話中，談及即將要和族人一同去嘎拉賀活動，「『你也知道我下午要到嘎拉賀。』『嘎拉賀？幹嘛？』『嘖嘖，妳這人。』『噢，打獵是吧。哎哎，都說你不行啦。上次去了一趟，腰肢痛了好多天。』『誰說不行！我當然還行。還太行太行啦。那一次，我和幾個年輕小伙子一樣行。老馬拉荷（頭目）也說我跟從前完全一樣哩。』」〔註 520〕打獵對於原住民族而言，乃爲生活中重要的環節。但亞亞提醒亞爸，縱然打獵很重要，送武達歐回校園更加重要；在此時代出草儼然已成回憶之事。

> 「信！信好啦。可是這次你可要先送武達歐回去學校才行。否則等你打完獵回來，起碼也要七八天。那不行的。」……「我問你，孩子要緊還是打獵要緊？」……「你還在做馬嘎嘎（出草）的夢！巴杜，現在是什麼時代啦？」〔註 521〕

當武達歐聽見亞爸要去馬嘎嘎時，驚奇的詢問關於馬嘎嘎一事；巴杜回答馬嘎嘎已成爲過往雲煙。在原住民族這一代的生活中，馬嘎嘎儼然已成爲歷史傳說故事。但武達歐還是對馬嘎嘎一事，充滿著好奇心。出草對於現代原住民族而言，儼然已成爲歷史名詞，僅能在長輩口中聽見過去的豐功偉業。

> 「我在問亞爸是不是要去馬嘎嘎？」「武達歐，」亞亞急起來了，「你還沒清醒是嗎？誰說馬嘎嘎來著？你聽錯了。」「不，亞亞，我聽得很清楚。」武達歐在沙發上坐下來。巴杜又開始抽煙。「沒有啦。武達歐，你聽錯啦。」「亞爸。」武達歐轉向巴杜。「亞爸，你要去馬嘎嘎是不是？」「胡說。」巴杜回答說：「哪有什麼馬嘎嘎。」「可是……」「兒子，別胡思亂想，現在還有什麼馬嘎嘎啦。」〔註 522〕

亞爸告訴武達歐現在已沒有馬嘎嘎，『『亞爸，你不是原來要去馬嘎嘎的吧。』『傻孩子，你也知道現在沒有馬嘎嘎的吧。』『亞爸，你去馬嘎嘎過嗎？』

〔註 520〕鍾肇政，《鍾肇政全集 15・回山裡眞好》（2000 年），頁 242～243。
〔註 521〕鍾肇政，《鍾肇政全集 15・回山裡眞好》（2000 年），頁 243。
〔註 522〕鍾肇政，《鍾肇政全集 15・回山裡眞好》（2000 年），頁 244～245。

『沒有。那是你尤達斯（祖父）的時代的事。』『不，亞爸，你以前告訴過我確實馘過人頭。』『那不一樣。那是打仗。戰爭，懂嗎？』『不是馬嘎嘎嗎？』『是差不多啦，不過不一樣的。』〔註523〕亞爸只好跟武達歐解釋，馬嘎嘎跟戰爭乃迥然不同。在日本殖民的皇民化教育下，戰爭爲光榮之事，但馬嘎嘎卻爲野蠻的行爲。

> 「嗯。」「馬嘎嘎！」「都説不一樣啦。可是那才可怕哩。要坐船，坐好多天好多天。在南洋。南洋你懂嗎？」「懂！」「戰爭還是跟馬嘎嘎不一樣的。飛機，轟炸。那爆炸，好可怕哩。大砲也一樣。殺死了好多人，也好多人被殺死？我們巴隆去了二十一個人，回來的只三個。我和……」……「日本人來了以後過了一段時間就沒有啦。」「爲什麼？」「因爲馬嘎嘎不好。」「嗯，亞爸馬嘎嘎是不好。可是尤達斯的時代呢？」〔註524〕

　　鍾肇政在〈回山裡眞好〉中，描述現代原住民族部落，卻也藉此提及原住民傳統活動馬嘎嘎；進而描述在日本殖民官方的皇民化教育下，原住民族的思想已遭改造，參與戰爭爲光榮，而馬嘎嘎卻爲違法、野蠻、殘忍而被禁止，誠如薩依德所述，「在帝國主義的時代，這種認同一直是文化思想的核心。」〔註525〕日本皇民化運動遺毒，乃驅使原住民被殖民者，認同日本殖民文化的正當性。

（四）馬拉松冠軍之馬嘎嘎回憶

　　鍾肇政在〈馬拉松・冠軍・一等賞〉中，以族人對話再現馬嘎嘎議題。現代原住民部落，縱然已無馬嘎嘎活動；但在原住民青年眼中，馬嘎嘎乃爲一件令人充滿好奇之事。在老瓦丹口中，道出在老瓦丹亞爸一代還有馬嘎嘎活動，等到老瓦丹那一代僅有參與過戰爭而已。

> 「笨人，打獵啊，馬嘎嘎（出草）啊……」「哇，瓦丹，你去馬嘎嘎過？」「沒啦沒啦。」「那你剛剛不是説……」「那是從前從前。」「從前從前你去過馬嘎嘎是不？」不啦不啦，不是我啦，我亞爸他們啦。〔註526〕

〔註523〕鍾肇政，《鍾肇政全集15・回山裡眞好》（2000年），頁245。
〔註524〕鍾肇政，《鍾肇政全集15・回山裡眞好》（2000年），頁246。
〔註525〕薩依德，〈導論〉，《文化與帝國主義》（2001年），頁22。
〔註526〕鍾肇政，《鍾肇政全集15・馬拉松・冠軍・一等賞》（2000年），頁261。

老瓦丹從不承認有馬嘎嘎過，「他不承認出過草，可是他是出過的，馘過人頭的。那也是他說的。」〔註527〕因在老瓦丹眼中，那不叫做出草，那僅為所謂的戰爭，在日本殖民官方的派任下，所參與的南洋戰爭，「說過的也可以啊。好比南洋的，義勇隊的，最好聽啦。」〔註528〕原住民青年好奇的聽著部落長輩，述說著當年的戰爭情景。

> 在馬利科灣，在奇機諾，在奇那吉，老瓦丹他們使敵人喪膽……咦，
> 不對哩。……那是老瓦丹說的，沒錯，但是那可不是老瓦丹自己的
> 故事，而是老瓦丹的亞爸他們的故事。老瓦丹的亞爸，也就是我山
> 普洛的亞爸的亞爸、尤達斯（祖父）的弟弟哩。〔註529〕

尤達斯與老瓦丹亞爸，才有在馬利科灣打過敵人、出過草，「尤達斯和老瓦丹的亞爸，他們才是在馬利科灣那些地方打敵人的。那日本人。他們殺了好多日本人。那麼瓦丹他自己呢？對啦，是南洋。有好多地名，山普洛可一個也不記得。瓦丹說起來，比手劃腳的，眼睛都會亮起來。有紅毛藍眼的。也有整個臉黑黑的。瓦丹說，黑得像溪底裡的石頭。比排灣還黑好多倍哩。」〔註530〕老瓦丹打開話匣子後，即滔滔不絕地述說著，當年在南洋戰爭的景況。縱然日本皇軍號稱為世界最強者，但最後還是鎩羽而歸。

> 「是日本人帶我們去的，坐船，一坐好多好多天，每天每天都只有
> 海，天和海，全是藍的。日本人教我們怎樣打仗？其實我們才會啦。
> 日本人說，誰殺了一名敵人，誰便可以當皇軍。皇軍，懂不懂？」……
> 「皇軍就是日本軍啦。最強的，世界最強的。可是他們還是輸了。
> 輸得好慘。」〔註531〕

老瓦丹所述說的戰功與事蹟，聽得這群原住民年輕人津津有味；且還深感納悶，既然老瓦丹亞爸輩殺過許多日本人；為何在老瓦丹那一代，還會跟日本人一同去參加馬嘎嘎？此言談也反映出原住民青年，對於原住民族歷史，乃懵懂地一無所知。

> 「可是奇怪，瓦丹、尤達斯他們，還有你的亞爸，不是殺了好多日
> 本人嗎？」「是啊。」「那你怎麼又跟日本人一起去馬嘎嘎呢？」「不

〔註527〕鍾肇政，《鍾肇政全集 15・馬拉松・冠軍・一等賞》（2000 年），頁 262。
〔註528〕鍾肇政，《鍾肇政全集 15・馬拉松・冠軍・一等賞》（2000 年），頁 262。
〔註529〕鍾肇政，《鍾肇政全集 15・馬拉松・冠軍・一等賞》（2000 年），頁 262。
〔註530〕鍾肇政，《鍾肇政全集 15・馬拉松・冠軍・一等賞》（2000 年），頁 262。
〔註531〕鍾肇政，《鍾肇政全集 15・馬拉松・冠軍・一等賞》（2000 年），頁 262。

是馬嘎嘎，笨人。」「不是嗎？」「當然不是，那叫戰爭。」「戰爭
啊⋯⋯」「當然是戰爭。」〔註532〕

山普洛不由得地佩服起老瓦丹，「山普洛肯定地告訴自己：沒有人能跟瓦
丹比。偉大的瓦丹。了不起的瓦丹。打過大山豬的瓦丹。殺過紅毛人的瓦
丹。殺過南洋黑人的瓦丹。他的亞爸，亞爸的亞爸，我們一家是『比野外』
的英雄，連比亞、卡索諾、阿溫、巴隆、歐來幾個部落裡都是人人熟悉的英
雄，甚至是整個馬利科彎部的英雄哩。只有我山普洛，再也沒有人說是英雄
了！」〔註533〕老瓦丹一家人均為揚名馬利科彎部的民族英雄。山普洛回想起
心中的疑問，老瓦丹為何要與日本人一起去馬嘎嘎？老瓦丹當然矢口否認，
宣稱那僅為所謂的戰爭。

山普洛也吃下了帶來的一隻大飯糰，然後把自己的酒喝下了半瓶。
對啦，我昨晚又問起了那個疑問。「瓦丹，你一直沒有回答我。」
「回答什麼？」「為什麼還跟日本人去馬嘎嘎？」「笨人，怎麼還
問，早告訴過你了。」「你沒有。」「有吧。」「瓦丹，你真的沒有
哩。」〔註534〕

當年老瓦丹會去參加南洋戰爭，乃由於在日本殖民官方口中，宣稱日本
皇軍為最了不起、最偉大，原住民被殖民者即在日本殖民官方的口號中被洗
腦；且老瓦丹秉持著身為泰耶魯必定要聽話的傳統守信美德，在日本殖民霸
權的哄騙下，即隨著日本殖民官方去參與戰爭。

「那是⋯⋯」瓦丹想了半天。煙斗發出一陣陣紅光，閃閃的。「是因
為日本人說，皇軍是最了不起的，最強的，所以做一個皇軍才是最
偉大的。我們要聽話，才能做一名皇軍。我們泰耶魯一定要聽話。
不然⋯⋯」「不然怎樣？」山普洛咯了一聲吞下了一口口水。「就是
不行啦。」「會殺頭嗎？」「不會的。」「日本人不殺我們的頭嗎？」
「那時不會啦。」「所以你就去馬嘎嘎啦。」「說幾百遍啦？不是馬
嘎嘎！是戰爭！」「⋯⋯」「戰爭，笨人，懂了沒？」〔註535〕

鍾肇政在〈馬拉松・冠軍・一等賞〉中，以馬拉松賽跑活動的爭取冠軍，
還有老瓦丹與山普洛談論馬嘎嘎的原住民族傳統活動，來證明馬拉松競賽對

〔註532〕鍾肇政，《鍾肇政全集15・馬拉松・冠軍・一等賞》（2000年），頁263。
〔註533〕鍾肇政，《鍾肇政全集15・馬拉松・冠軍・一等賞》（2000年），頁264。
〔註534〕鍾肇政，《鍾肇政全集15・馬拉松・冠軍・一等賞》（2000年），頁265。
〔註535〕鍾肇政，《鍾肇政全集15・馬拉松・冠軍・一等賞》（2000年），頁265～266。

於部落原住民族人的重要性，與馬嘎嘎活動在現代原住民青年心中的認知。以此對照原住民被殖民者在不同年代間，對於原住民族歷史的迥異認知觀點，現代原住民族對於歷史眞相，已懵懂無知。

（五）獵熊者之馬嘎嘎回憶

鍾肇政在〈獵熊的人〉中，再現在原住民青年的觀念中，去過馬嘎嘎的原住民族，方可稱得上爲所謂的「英雄」，方可成爲了不起的泰耶魯；不過，現在已沒機會可參與馬嘎嘎。所幸，現代比拉克與歐畢魯在獵熊後，方成爲部落的獵熊英雄。由此再現現代原住民族，對於傳統部落活動認知已產生莫大的變遷。

> 「我們也會成爲英雄嗎？」「那是一定的，就像亞爸那樣。亞爸是個
> 了不起的泰耶魯呢。」「我知道……我們都……，不，不，我比起亞
> 爸，還有你，我實在差得太遠了。」「別這麼說，你也會成爲英雄
> 的。你是個泰耶魯，不是嗎？」「唉唉，我恐怕不再是啦。」「你是
> 的，歐畢魯，你是個泰耶魯，誰說你不是？！」「可是……我沒法去
> 打獵，沒有去『馬嘎嘎』（出草），我不再是啦。」〔註536〕

比拉克乃納悶歐畢魯怎麼會想到馬嘎嘎呢？現在原住民族已非過去那種野蠻民族。在亞爸那一代所參與，並非所謂的馬嘎嘎，即僅爲戰爭而已。在此對話中也隱含原住民被殖民者的自卑心態，誠如漢族學者陳芳明所述，「被殖民者已遭到嚴重的弱智化與汙名化，旗幟是不可饒恕的罪惡化。」〔註537〕原住民族甚至於產生對自我族群的野蠻汙名化認同。

> 「馬嘎嘎？奇怪啦，歐畢魯，你怎麼會想到馬嘎嘎呢？——我們不
> 再是那種野蠻啦，不過泰耶魯還是泰耶魯啊。」「亞爸就馬嘎嘎過。」
> 「他也沒有啊。」「有的。我記得亞爸說給我聽的故事，他馘過不少
> 人頭。」「那是戰爭，不是馬嘎嘎。」〔註538〕

鍾肇政在諸多文本中，均有提及馬嘎嘎的出草行動，也由現在原住民青年的觀點，說明馬嘎嘎已正式走入歷史，卻還是讓原住民青年心生羨慕，認爲有機會參與馬嘎嘎，即爲眞正的部落勇士與英雄。縱然對於原住民族而

〔註536〕鍾肇政，《鍾肇政全集 15・獵熊的人》（2000 年），頁 288～289。
〔註537〕陳芳明；法農，〈皮膚可以漂白嗎？〉，《黑皮膚，白面具》（2005 年 4 月），
　　　　頁 16。
〔註538〕鍾肇政，《鍾肇政全集 15・獵熊的人》（2000 年），頁 289。

言，出草已爲祖父的父祖輩時代之事；現今原住民族，僅能以狩獵來證明自己的勇武。比拉克總是深信歐畢魯會是個好泰耶魯，必可成爲一位優秀的獵人。

> 弟弟的確是好泰耶魯，如果不是時代變了，必定是一名最出色的戰
> 士。獵熊獵豹，他會是無往不利的，就是獵人頭，他也必是最好的
> 一個。不，獵人頭不好，那是古早古早的事了，是祖父的父祖輩的
> 人，才會有那種事情的。〔註539〕

歐畢魯在比拉克與族人的邀請下，一同參與獵熊行動，也再度引發歐畢魯體內的原住民族血液沸騰，重新找回原住民族精神。縱然原住民族僅能以狩獵來證明自己實力，因出草已爲父祖輩那個時代的事，但狩獵也爲原住民部落中重要的傳統活動。

（六）川中島之嚴禁出草

1. 出草觀念遞變

鍾肇政在《川中島》中，描述日治時期，原住民傳統出草觀念的遞變。在日本殖民統治者治理山地部落後，原住民族諸多傳統觀念習俗，均受到衝擊與改變。例如，早期在山地部落中，出草行動乃爲原住民族重要的傳統活動，族中勇士可藉由馘首，來證明自己在族中的勇士地位。但自從日本殖民官方入侵後，馘首卻成爲一種野蠻行爲，還被視爲違法行爲而被嚴格禁止。

> 還有有關他們族人的許多問題，例如對「突奴」（人頭）的崇拜。爲
> 了顯示一個男人的成長，必須去出草馘人頭，爲了成爲一名勇士，
> 爲了成爲一個大丈夫，也必須去馘取人頭，爲了是非曲直，爲了解
> 決爭端，更非獵取人頭不可。那些人頭，取來了以後便成爲一家的，
> 甚至也是一村的守護神。人頭是絕對的。可是「突奴」（日本人）卻
> 說那是迷信、野蠻，而且還定了一個戒律：馘首是犯法的，殺人者
> 需償命。〔註540〕

在原住民部落中，由日本人所設置的蕃童教育所，「在學校裡，他從小就被灌輸了否定『人頭』的說法。在學校裡，不，不僅在學校裡，甚至在村子裡，表面上日本人才是絕對的！而人頭也好，日本人也好，都叫『突奴』

〔註539〕鍾肇政，《鍾肇政全集15・獵熊的人》（2000年），頁291。
〔註540〕鍾肇政，《鍾肇政全集9・高山組曲・川中島》（2000年），頁73。

——『突奴』同樣是絕對的，可是含意卻完全不同了。」〔註 541〕在日本殖民官方進入部落後，傳統的處罰方式也有所差異，一切均由日本殖民官方的規範爲最高遵循準則。

> 據說，最早的時候，有放逐、處死等嚴厲手段，不過近來已不再那麼嚴苛，受害的一方，可以向出軌的人索取賠償，好比下聘時的整套禮物。通常也得有一隻大豬爲代價，夠被罰的人窮苦兩三年的。而且這賠償事宜還是由頭目裁定，賠償物由全社人共享，所以犯了過錯的人，以後便很難在社裡立足。〔註 542〕

在部落傳統的處罰方式，本有一套由原住民部落約定俗成的傳統規範，「當然還有個完全不同的解決方式，就是出草。犯過的男子去出草，取得首級，便證明是天神同意了他，不但可以贏得這一『官司』，他還可以成爲受人尊敬的勇士。問題是這個方式，已經被『突奴』嚴厲禁止了。」〔註 543〕原住民族的傳統部落規範，卻被日本殖民統治者全然否定。不僅如此，日本殖民官方的命令，原住民被殖民者還要絕對服從，否則絕對是自討苦吃。

> 不但如此，通常的索賠方式的解決，也行不通了，因爲「突奴」一手包辦了所有的裁斷與處罰。犯了過錯，必須由「突奴」來審理，頭目不能再置喙，處罰也由「突奴」來執行，例如笞刑——把你打得皮破血流；還有「拘留」——關個十天半月。〔註 544〕

雖然，「有過必罰，賞罰分明」乃爲天經地義，但「犯了過錯，必須處罰，這是天經地義，問題是：那些『突奴』，才是最常見，最頻繁的這一類禁忌的侵犯者！而且他們犯了，還可以不受罰，大家連抗議都不敢提。山裡，傳統的秩序崩潰了！〔註 545〕。」但「不許百姓點燈，只許州官放火」的日本殖民統治者，卻不用受罰，山中規範已面臨嚴重崩潰而蕩然無存。對於原住民族而言，出草即象徵勇士精神與地位外，方爲部落的處罰方式之一。但在日本人進入部落後，部落傳統秩序均深受挑戰，而瀕臨崩潰邊緣。

2. 出草即遭受懲罰

原住民部落的傳統出草行動，除了被嚴格禁止外，任意出草者還要面臨

〔註 541〕鍾肇政，《鍾肇政全集 9・高山組曲・川中島》（2000 年），頁 73。
〔註 542〕鍾肇政，《鍾肇政全集 9・高山組曲・川中島》（2000 年），頁 125～126。
〔註 543〕鍾肇政，《鍾肇政全集 9・高山組曲・川中島》（2000 年），頁 126。
〔註 544〕鍾肇政，《鍾肇政全集 9・高山組曲・川中島》（2000 年），頁 126。
〔註 545〕鍾肇政，《鍾肇政全集 9・高山組曲・川中島》（2000 年），頁 126。

被處罰的命運；甚至於「誰參加了，誰馘取了『內地人』的首級，早就有一份名單和資料。然而，在川中島的『蕃丁』總共四十幾名之中，據他們探查所得，可以列入『兇蕃』的，還不滿十個。他們懷疑近半年來的這方面的工作，做得不夠徹底，不夠周詳。他們不相信其餘的三十幾個『蕃丁』全部都是『良蕃』。」〔註546〕日本殖民官方還利用所謂的「良蕃」來探查「兇蕃」出草的證據。

> 樺澤和小島兩人，便是為了探查這「潛伏兇蕃」，被差遣到川中島來的。首先，他們能操一口道地的塞達卡語；其次，他們在各部落早被認定是「朋友」，這就是他們被遣來的原因。〔註547〕

老巴旺被樺澤邀到宿舍，乃為了要探查「兇蕃」出草的證據，「樺澤來到以後，親切地了一番家常，這才把老巴旺邀到宿舍去了。他的說辭就是：『好久沒有在一起了，咱們該好好聊聊，也好好喝幾杯。』當然了，完全是老友久別重逢的口吻，洋溢著一片情誼，足以叫任何一個川中島居民受寵若驚。」〔註548〕縱然如此，日本殖民官員還是以命令的口氣，威嚇著川中島居民。

> 由這種「寵遇」而來的，則是一種莫之能拒的心情。而這也可以說，不管口吻如何，也不管表情如何，在一個統治者對被統治者說出來的話，依然是含著命令的成分。而命令卻是必須「絕對服從」的。〔註549〕

樺澤重次郎先以自身為例，說明自己曾在日露戰爭時的豐功偉業。先以此為餌套出老巴旺的話，告訴老巴旺去打仗、殺敵、馘首，方為男子漢。由此逐步地引導老巴旺掉入陷阱中，將以蕃制蕃的卑劣手段，故技重施地設計著單純的原住民族。

> 「告訴你。我，樺澤重次郎，日露戰爭時，才二十歲，剛剛入伍，在滿州，打了不到一年，就昇了軍曹。軍曹，懂不懂？天皇陛下，還給了我，金鵄勳章。看！」樺澤起身，蹣跚地走到牆，從掛在那兒的制服口袋掏出了勳章，別在便衣胸口上。「看到沒？這就是金鵄勳章，天皇陛下給的，世上，最尊貴的東西，懂不懂？」「嗯！」「這

〔註546〕鍾肇政，《鍾肇政全集9・高山組曲・川中島》（2000年），頁141。
〔註547〕鍾肇政，《鍾肇政全集9・高山組曲・川中島》（2000年），頁141。
〔註548〕鍾肇政，《鍾肇政全集9・高山組曲・川中島》（2000年），頁142。
〔註549〕鍾肇政，《鍾肇政全集9・高山組曲・川中島》（2000年），頁142。

就是，去打仗，殺不了敵人，取不了『突奴』，便不是男子漢啦！」
〔註550〕

　　老巴旺在酒精的催化下，被樺澤套話而輾轉說出族中勇士曾馘首的事實，阿烏伊‧巴旺、泰莫‧巴旺均殺過突奴，均為真正的泰耶魯男子漢。當兩人相談甚歡之際，老巴旺還得到禮物而歡喜地回家去。豈料，此即日本殖民官員華澤所設下的鴻門宴，無辜的原住民族又將成為日本殖民帝國下的犧牲者。

　　「嗯。大的，阿烏伊‧巴旺，殺過『突奴』，小的，泰莫‧巴旺，也
　　殺過『突奴』。」……「好極了！巴旺，你，你兒子，都是，男子漢。
　　了不起的，泰耶魯！」……「我要賞你！巴旺，你，你兒子，都是，
　　男子漢。了不起的，泰耶魯！」真的，樺澤給了巴旺一些賞，一大
　　瓶米酒，一小袋米，一尾醃鹹魚。樺澤是那麼高興，那麼愉快的樣
　　子，送巴旺到門口，還一次又一次地拍巴旺的肩。〔註551〕

　　老巴旺在酒後跟蹌地回去後，心中乃感到與有榮焉，「巴旺跟跟蹌蹌的移著步子回去了。充塞在他內心裡的，是得意、滿足、感激，加上說不出的驕傲。這簡直就是他有生以來最大的，也是他巴旺所可能想像的最了不起的榮耀呢。」〔註552〕孰不知族人的一場風暴即將要引爆。老巴旺渾然不知，此即為日本人利用族人套話的詭計之一。老巴旺已被傳喚三次，不論安達主任、白木巡查部長等日本殖民官員，均以和藹的口氣想要套出老巴旺的話。但守口如瓶的老巴旺，到了樺澤手上方才陷入可怕的陷阱。

　　老巴旺已經被傳到駐在所去過三次了，問他的話，不管是安達主任
　　也好，白木巡查部長也好，語氣總是和藹的，帶著鼓勵意味的。要
　　他老實說出事件當天的行蹤，以及是否手刃過「內地人」。也被問到
　　兩個兒子的事。他都矢口否認參加事件，連對同族的人，他都能夠
　　守口如瓶。可是到了樺澤手上，他什麼也瞞不住了。而且還不自知
　　落入可怕的陷阱！〔註553〕

　　日本殖民官方在設計原住民族時，往往利用各部族間的恩怨與衝突；以反間計、套話等各種詭計與陷阱，以蕃制蕃地分化著原住民族，再以日本皇

〔註550〕鍾肇政，《鍾肇政全集9‧高山組曲‧川中島》（2000年），頁143。
〔註551〕鍾肇政，《鍾肇政全集9‧高山組曲‧川中島》（2000年），頁144～145。
〔註552〕鍾肇政，《鍾肇政全集9‧高山組曲‧川中島》（2000年），頁145。
〔註553〕鍾肇政，《鍾肇政全集9‧高山組曲‧川中島》（2000年），頁145。

民化運動的思想改造，使原住民族歸順與臣服於日本殖民地國的威勢命令下，原住民族即在帝國主義的威權中，無可奈何地成為被殖民犧牲者。

（七）卑南平原之原住民出草

鍾肇政在《卑南平原》中，描述當時在卑南族中，仍保有馘首習俗。但在羅姍曜的阻止下，普優馬與馬諾旺相安無事多年，「普優馬雖然有了卑南大王稱號之後，聲望較前增高了不少，卻因羅姍曜的緣故，對這世仇部族也採取和平政策，輕易不去挑釁。而馬諾旺這邊自然也懾於普優馬的威勢，沒敢前來騷擾。」〔註554〕豈料，在卑南部落小王子卡他路邦，進入「塔科邦」接受訓練時，卻在野外慘遭世仇「馬諾旺」（布農族）馘首，卑南族才又不得不地發動馘首行動。

> 然後過了不少個年頭，又發生了一椿大事。這一年，小王子卡他路邦十三歲了，和社裡的許多小孩一樣，進了「塔科邦」，開始接受少年期為期四年的嚴格訓練。不料在一次出野外的時候，他那跟一小隊人馬和前來出草的一隊世仇「馬諾旺」（布農族）碰上，被馘去了三顆人頭，而卡他路邦正好是其中之一！〔註555〕

原本馬諾旺部落僅為祭神而出草，豈料在山裡遇到普優馬少年團，「這次的事故，多半也是因為部落裡發生了什麼天災人禍，為了祭神而出草，目標也不外是阿咪斯或排灣的部落，卻不料在山裡遇到了出野外的普優馬少年團，於是發動了一次偷襲，那就輕易地得手了。」〔註556〕馬諾旺部落輕易地馘取三顆首級，引發雙方的衝突再起，普優馬部落也決心要展開報復行動。普優馬部落頭目皮那賴在震怒中，經長老會議決議要展開多年未舉行的出草祭，族人壓抑已久的野性在瞬間甦醒。

> 皮那賴在悲傷與震怒裡，召集了一次緊急的長老會議，眾議一決：報復！好多年沒有辦過出草祭了，他們來了一次最盛大最狂熱的。是臨時的，所以沒有酒，但他們照樣如痴如狂。徹夜的舞，跳到天亮，還幾乎是無分男女老幼的。好像壓抑多年的野性的血，在每一個人體腔內一下子甦醒過來，那樣地奔騰，那樣地歡躍。〔註557〕

〔註554〕鍾肇政，《鍾肇政全集10‧卑南平原》（2000年），頁270。
〔註555〕鍾肇政，《鍾肇政全集10‧卑南平原》（2000年），頁270。
〔註556〕鍾肇政，《鍾肇政全集10‧卑南平原》（2000年），頁270～271。
〔註557〕鍾肇政，《鍾肇政全集10‧卑南平原》（2000年），頁271。

在出草祭後，四個出草隊伍即在天亮時準備出發，「天一亮，四個出草隊就組成，每隊十二個人。『巴拉可安』（青年公廨）裡的『米亞布丹』（青年級）原來還沒有資格參加，可是在大王與『克馬克龍』（軍事領袖）老考基歐的特准下，從中選出了兩名最優秀的『米亞布丹』參加出草隊，這兩人就是阿篤和巴里瓦基。看這兩人跳舞的樣子，就知道他們為了這項而如何地興奮。」〔註558〕阿篤與巴里瓦基可破格參加出草隊，還為此深感榮譽。縱然羅姍曜內心並不贊成此次出草行動，但在無法阻止下，僅能加以約束以減低傷亡。

> 羅姍曜內心並不贊成這一次的快舉。……這回，她的提議是：一、只要敵人戰士的頭，女人小孩的，祖靈不會喜歡。二、敵人住房可以燒，但穀倉不許燒。統帥老他基考歐倒很恭敬地表示領旨了。
> 〔註559〕

出草團果然很快地凱旋歸來，「第四天黎明時分，出草團很快就凱旋回來了，帶回敵人首級共十三顆，我方陣亡三個，七人受傷。阿篤和巴里瓦基都個個馘得一顆，建立了殊勳，一躍成為部落裡的英雄人物。」〔註560〕初試啼聲的阿篤和巴里瓦基，均有所斬獲而成為部落勇士。在出草團凱旋歸來之際，整個部落均陷入狂歡祭典中，「整個部落又被擲進狂歡當中，只有羅姍曜躲在屋裡不肯出來參加慶功的人頭祭。他唯一關心的是她的命令有沒有被執行。老他基歐得意洋洋地向她報告說，她的吩咐確實被嚴格遵守了。」〔註561〕唯一令人欣慰之事，即羅姍曜的命令均被嚴格遵守著。卑南平原的普優馬族，已逐漸革除馘首的惡習，「普優馬族大體上是可以戒除馘人頭的惡習的，然而如果他族不能同時也戒除，便無法永遠貫徹了。」〔註562〕鍾肇政即由此出草事件，描述卑南平原的馘首習俗，將逐漸地革除。

二、勇士訓練與榮耀

（一）馬黑坡之勇士訓練

鍾肇政在《馬黑坡風雲》中，提及原住民族所進行的勇士訓練，舉凡出

〔註558〕鍾肇政，《鍾肇政全集10・卑南平原》（2000年），頁271。
〔註559〕鍾肇政，《鍾肇政全集10・卑南平原》（2000年），頁271。
〔註560〕鍾肇政，《鍾肇政全集10・卑南平原》（2000年），頁273。
〔註561〕鍾肇政，《鍾肇政全集10・卑南平原》（2000年），頁273。
〔註562〕鍾肇政，《鍾肇政全集10・卑南平原》（2000年），頁273。

草、出獵外，甚至於「那千斤石放在莫那的屋前。已經有好幾代人那麼久了。馬黑坡的男孩子都要經常地試舉那顆一尺多長，兩尺來寬，約兩尺高的巨石。舉不到肩頭高，便算不得是一個成年的男子。在馬黑坡，那是件莫大的恥辱。」〔註563〕隨著日本殖民統治者的禁止出草，「自從官方嚴禁他們出草馘人頭以後，能夠讓青年男子表現勇武的，除了狩獵外，就只剩下這顆千斤石了。社裡，每個男子都必須靠這塊大石頭，來顯現自己的實力，同時證明自己已經是名實相符的馬黑坡男子。」〔註564〕鍾肇政在《馬黑坡風雲》中，說明各種原住民族證明自身深具勇士實力的方式與途徑。

（二）馬利科彎之勇士技能

鍾肇政在《馬利科彎英雄傳》中，描述在馬利科彎部落中，勇士訓練乃非常重要，且諸多重要技能，必須逐一傳授給族中勇士，舉凡「白天，布達帶他去學射箭，或者去打獵，一有機會就以語言來開導他，說些道理給他聽。此外，做一個泰耶魯所必須熟練的各種手工，諸如製造武器——主要是弓箭、磨刀、設陷阱，直到編藤籠，作『挑干』、剝並揉獸皮等等，也都相機教授。教導的人這麼熱心，這麼賣力，學的人又對他那麼敬畏，那麼崇拜，心靈的契合自然是極容易產生的。」〔註565〕布達一直很認真地學習各項技能，冀望得以勝過「斯卡哈馬勇」。

> 布達倒是另有所感。他畢竟是有遠大志氣的青年，他念念不忘的是
> 有朝一日，一定要討平他們泰耶魯最大的敵人「斯卡哈馬勇」族個
> 個都擅長射術，箭無虛發的勇者比比皆是。泰耶魯歷年與「斯卡哈
> 馬勇」對敵，都只能打個互有死傷不分輸贏，然後不了了之而已。
> 〔註566〕

布達分析「斯卡哈馬勇」來偷襲時，「布達常常想，『斯卡哈馬勇』來偷襲時，常常是仗著他們的箭術，老遠就把箭射過來，每當這樣的時候，他們似乎也並不強求或得對方首級，能夠一箭射倒，那就挨過來馘去人頭，否則他們是不會輕易前進的，因為他們瞭解一對一對打時他們還不是泰耶魯的對手。」〔註567〕布達認為箭術訓練乃非常重要；否則「斯卡哈馬勇」絕不會是

〔註563〕鍾肇政，《鍾肇政全集7‧馬黑坡風雲》（2000年），頁165。
〔註564〕鍾肇政，《鍾肇政全集7‧馬黑坡風雲》（2000年），頁166。
〔註565〕鍾肇政，《鍾肇政全集7‧馬利科彎英雄傳》（2000年），頁416。
〔註566〕鍾肇政，《鍾肇政全集7‧馬利科彎英雄傳》（2000年），頁417。
〔註567〕鍾肇政，《鍾肇政全集7‧馬利科彎英雄傳》（2000年），頁417。

馬利科彎的對手。

在馬利科彎社原住民部落，獵豹、出草乃爲勇士必備的重要技能之一，「在馬利科彎社，對巴突突的這一次成績，似乎也並沒有給予非常高的評價。只因現在大頭目瓦當·比來是他們社裡的頭目，所以他們似乎都以爲樣樣都比人加強，別的社可以獵豹成功，可以出草成功，也可以在討伐他們的宿敵『斯卡哈馬勇』的戰役裡建立殊勳，馬利科彎社的人們是不吝於推崇，也不吝於嘉許的，甚至他們也以別社的光榮爲光榮，唯獨如果有誰過份地自以爲了不起，他們馬利科彎社的人們是不願意領教的。」〔註 568〕原住民族乃認爲要秉持著「勝不驕，敗不餒」的精神，否則自以爲是將會是原住民族所不屑。當布達建立諸多戰果與功勳時，被封一個雅號爲「馬利科彎·奇吉利」，象徵著無比的榮耀與驕傲，卻引來其他部落的側目與不滿，但此後布達也以實力證明此封號的名不虛傳。

> 「什麼『馬利科彎·奇吉利』太不像話了。」「對啊，我們的『馬拉荷』當年都不敢用這樣的名號哩，那個小子，咦？叫什麼來著？」……
> 「布達。布達·馬烏伊。」〔註 569〕

另一位馬利科彎勇士，即爲今年二十二歲的瓦郎·諾干，「瓦郎·諾干今年二十二歲，是馬利科彎社——也可以說是整個馬利科彎部——最出名的勇士，力大無窮，而且箭術、擲矛都是數一數二的勇士，但缺點是懶、嗜酒，經常都醉醺醺的，要他做什麼事，都提不起勁兒，有時甚至出草、出獵等重大事，也因酒誤了事。」〔註 570〕瓦郎常常喝酒誤事外，也曾在祭典中喝得醉醺醺而觸怒老頭目。相較於瓦郎而言，布達在馬利科彎部落中，乃較爲受到頭目們的信任與支持。

> 那憍人的眼光很快地便抓住了仍然蹲坐在簷下的瓦郎。老頭目的眼裡閃過一道寒光。人人都知道那道寒光的意義，那表示老頭目生氣了。不錯，這是一項儀式的場合，容不得這種失態的，要不是瓦郎經常這個樣子，人們幾乎相信老頭目會一怒戠下瓦郎的頭。〔註 571〕

在部落中擁有獵豹與出草技能，即爲一個勇士所必須擁有的重要技能，「人們聽到巴突突社也出現了一個勇士，能夠把『奇吉利』一箭射死，內心

〔註 568〕鍾肇政，《鍾肇政全集 7·馬利科彎英雄傳》（2000 年），頁 442。
〔註 569〕鍾肇政，《鍾肇政全集 7·馬利科彎英雄傳》（2000 年），頁 442～443。
〔註 570〕鍾肇政，《鍾肇政全集 7·馬利科彎英雄傳》（2000 年），頁 443。
〔註 571〕鍾肇政，《鍾肇政全集 7·馬利科彎英雄傳》（2000 年），頁 445。

裡頭當然有一份喜悅與欽佩。但他們另一方面卻也認為，給一個年輕人『馬利科彎·奇吉利』這樣的封號，未免有些目中無人，叫人著實難以忍受。」〔註572〕但諸多部落仍真心地為布達感到光榮與驕傲。例如布卡南的馬拉荷那拜，讚許布達馘取「斯卡哈馬勇」勇士沙比首級，乃不負「馬利科彎奇吉利」的雅號。

> 「布達，見過布卡南的馬拉荷那拜。這是布達，外號馬利科彎奇吉利。」……「你最近不是馘了『突奴枯』（人頭）嗎？」……「你是真的不知道啊。奇怪，你一個人對敵三個人，把他們通通殺了，其中一個就是他們的馬拉荷沙比。」……「沙比還是『斯卡哈馬勇』的出了名的勇士呢。布達，你真了不起，不愧是馬利科彎奇吉利。」〔註573〕

不僅是原住民年輕人爭取成為勇士的機會與技能外，老頭目當年即以獵豹與出草來證明自己的實力與地位，老頭目年輕時期的戰利品，「老頭目那張豹皮已有許多許多年的歷史了，正是他年輕時期的戰利品。他就是靠這張豹皮，奠定了他在族人們心目中崇高地位的。多年來，整個馬利科彎部添了十幾張豹皮，就是沒有一張的大小能夠超過老頭目的這一張。可以說，它一直就是他瓦當·比來個人的榮耀，也是馬利科彎社的榮耀，甚至也可以看做是整個馬利科彎部的榮耀呢。」〔註574〕老頭目乃奠定其於族人心目中的崇高地位。

布達自從巴拉拉山獵獲巨豹也成為莫大的榮耀，「打從巴拉拉山的圍獵，獲得一隻巨豹，繼而是擊敗了馬利科彎首屈一指的勇士瓦當，獲得了大頭目的女兒，布達一連串的光榮事蹟，已經為他在整個馬利科彎部贏來了無比的聲望，確定了不愧為『馬利科彎奇吉利』名號的令譽。」〔註575〕在馬利科彎部中，可獲得獵豹與出草的戰功，即可成為勇士。此乃諸多原住民部落中，勇士奠定其聲望與地位的重要方式。

（三）獵熊勇士之比拉克與歐畢魯

鍾肇政在〈獵熊的人〉中，描述要成為部落中的英雄與勇士，獵熊即成

〔註572〕鍾肇政，《鍾肇政全集7·馬利科彎英雄傳》（2000年），頁444。
〔註573〕鍾肇政，《鍾肇政全集7·馬利科彎英雄傳》（2000年），頁494～495。
〔註574〕鍾肇政，《鍾肇政全集7·馬利科彎英雄傳》（2000年），頁445。
〔註575〕鍾肇政，《鍾肇政全集7·馬利科彎英雄傳》（2000年），頁514。

爲重要目標之一。當年老布納乃爲部落中的獵熊英雄，曾在第一次參加圍獵後，製造出長刀柄來對付熊。此次狩獵縱然順利地獵熊成功，卻也讓部落損失優秀的原住民青年。

> 那是最堅韌的木頭做的柄。粗細剛好一握，長約五尺，比人稍稍矮了一點。一端削成凹槽，刀柄剛剛好可以嵌進去，然後用細藤皮綁住的。那是老布納第一次參加圍獵之後才想出來的。那一次，卡奇南山出現了一隻大熊，全村的男子都參加了圍獵。結果大熊雖然殺死了，可是他們也損失了三名年輕力壯的青年。〔註576〕

當年老布納獵熊的過程，驚險的圍獵行動，仍讓他印象深刻，「年輕的布納所屬的一隊幸運地碰上那隻已負了重傷的大熊。總共六個人的這一隊，發現到那隻滴著血的大熊，立刻人人喊著衝上去。大熊拼命地逃，他們也拼命地跑，拼命地喊。」〔註577〕縱然如此驚險，獵熊行動還是成功，讓老布納也享有獵熊英雄的盛名。

> 亞爸享受了獵熊英雄的名，達三十年之久。而經過這次的大戰之後，亞爸才想到通常的刀是不太有用的，因爲光是砍、劈。只能讓熊負傷。絕對無法制牠於死命。獵熊一直是他們馬利科彎部最危險的事，原因就在此。這也正是使老布納之所以會想出用長刀柄來對付熊的原因了。〔註578〕

當老布納當年獵熊成功後，所製造出來的長刀柄，卻再也無用武之地，「可惜長刀柄製造成功以後，附近再也沒有出現過熊——不，是有。而且有過兩次。其實那也不是熊出現，是外來的獵人，用最新的『帕都司』打死的。然後是去年的事了。去年那隻熊出現。整個馬利科彎部都爲之震動。」〔註579〕事隔多年後，當大瓦鹿（熊）再度出現時，即引起部落族人的矚目。

當初歐畢魯被登山客請去當嚮導，在巴科耶旺山突然肚子疼。老布納與比拉克得知消息後，即帶著些藥品和乾糧前往，在趕往巴科耶旺山的途中，竟遇見大瓦鹿（熊）。此次乃爲比拉克第一次聽見熊叫聲，當老布納刀出鞘時，已被大瓦鹿（熊）撲倒在地。

> 比拉克還沒有聽到過熊的吼聲，連卅十年前亞爸所殺死的那隻熊的

〔註576〕鍾肇政，《鍾肇政全集 15・獵熊的人》（2000 年），頁 281。
〔註577〕鍾肇政，《鍾肇政全集 15・獵熊的人》（2000 年），頁 281。
〔註578〕鍾肇政，《鍾肇政全集 15・獵熊的人》（2000 年），頁 282。
〔註579〕鍾肇政，《鍾肇政全集 15・獵熊的人》（2000 年），頁 282。

形象，也早就在記憶裡模糊了。如今他算是領略到那種令人不寒而慄的吼叫聲了。咄嗟間，右手就按上左腰邊的刀柄了。然而還沒等到他想好應如何對付這大傢伙時，那隻熊已從灌木叢裡衝出來了。老布納刀已出鞘，但來不及了，遭到一撲就倒下去，刀也從手中掉落。〔註580〕

當老瓦納被大瓦鹿（熊）撲倒在地時，「那母熊騎在老布納身上老布納拼命掙扎，可是他那粗大而銳利的爪，一次又一次地往他身上、臉上抓去。不旋踵間，衣服撕破了，到處是一道道血痕，有幾處血從傷口噴出來。兩隻小熊也出來了。」〔註581〕此場景讓第一次見到大瓦鹿（熊）的比拉克給嚇傻，但隨即協助老瓦納掙脫時卻為時已晚。

這時的比拉克幾乎怔住了。不過他很快地就明白事態的嚴重，也不知是恐怖，或者是別的情緒，他不自覺地也發出了吼叫，拼命地向騎在亞爸身上的母熊衝過去。他看準母熊的背景，以全身的力氣猛砍了一刀。〔註582〕

老布納即在此次遇見大瓦鹿（熊）的過程中，犧牲掉性命。事隔一年後，又有人遇見大瓦鹿（熊）的蹤跡。因此，部落族人決定要組成獵熊隊伍一同去圍獵。比拉克在此次行動中，請弟弟歐畢魯一同去圍獵，方有機會可獵熊成功。

只是這一次出獵，跟平常大不相同。首先是這一次的行動，是有目標的，而且這一個目標還是一隻大瓦鹿——一個可怕的敵人。通常，這都是要集體行動的。整個村子裡的壯丁還不夠，總要聯絡好鄰近幾個村，組成龐大的狩獵隊才是。倒不光是瓦鹿太可怕，而是因為地區遼闊，需要大隊人馬分成好幾條路線去圍獵，才有可能遇到目標。而這一次，比拉克只有一個弟弟陪伴他。〔註583〕

在出獵大瓦鹿（熊）時，比拉克與歐畢魯憶起當初亞爸所教導，如何使用長刀柄的方式，「以前，亞爸在世時就教過比拉克怎麼用長刀柄了。老布納製成了它以後，就在屋前不遠處的一棵樹幹紮了一把稻草，自己練習劈刺，也要兄弟倆試試。老布納提醒他，這個功夫一定要經常練，到時候才能發揮

〔註580〕鍾肇政，《鍾肇政全集15・獵熊的人》（2000年），頁285。
〔註581〕鍾肇政，《鍾肇政全集15・獵熊的人》（2000年），頁285。
〔註582〕鍾肇政，《鍾肇政全集15・獵熊的人》（2000年），頁285。
〔註583〕鍾肇政，《鍾肇政全集15・獵熊的人》（2000年），頁287。

最大的威力。」〔註584〕老布納甚至認爲這項長刀柄發明，在巧遇大瓦鹿（熊）時，方有保住一命的機會。

> 老布納有一次向比拉克透露。他的這項發明，其實是從武術中的「銃劍術」得到啓示的。槍口再加上一把短劍，面對面跟敵人接觸時，便可用來殺敵。他教比拉克如何站、如何沉下腰桿，又如何把握長柄劍，如何出手。比拉克在亞爸的調教下，著著實實地練習過一陣。可惜一次也沒派上用場，連那一次真的碰上大瓦鹿了，卻也因爲臨行匆匆，且做夢也想不到會碰上大瓦鹿，所以沒帶在身邊。——是啊，如果那一次帶著長柄刀，說不定當場就報了亞爸的仇啦。想到這裡，拉比克沉沉的嘆了一口氣。〔註585〕

當獵熊隊伍出發圍獵時，「花了三個多小時，他們爬過了他古比蘭山，出到北麓的巴南平原。所謂平原，只是他們這些山地民族習慣上的稱呼，其實是說山與山之間的谷地或盆地，還來得恰當些。不用說，這個平原是四面環山的，南是剛爬過來的他古比蘭山，東有卡奇南山，西邊則是挺拔的插天山，北邊遙遠處，有鳥嘴山聳立在那兒。它的前面較矮的山麓，就是去年亞爸罹難的哈馬旺平臺了。」〔註586〕比拉克拿起長柄刀時，「比拉克就拿起長柄刀練習劈刺。那也正是亞爸生前教給他的架式。雙手一前一後，緊緊地握住刀柄，一下又一下地往前猛刺。那長柄冷冷的，重匋匋的，有一種沉沉的亮光，與鋒利刀身所發出的銀光交相輝映？也許是哥哥的動作煽起了歐畢魯的鬥志吧。」〔註587〕比拉克引發出歐畢魯的泰耶魯血液，讓他對獵熊行動逐漸產生興趣。

比拉克總深信歐畢魯會是個好泰耶魯，「弟弟的確是好泰耶魯，如果不是時代變了，必定是一名最出色的戰士。獵熊獵豹，他會是無往不利的，就是獵人頭，他也必是最好的一個。不，獵人頭不好，那是古早古早的事了，是祖父的父祖輩的人，才會有那種事情的。」〔註588〕歐畢魯在比拉克與族人的邀請下，一同參與獵熊行動，也再度引發歐畢魯體內原住民族血液沸騰，重新找回原住民族精神。若有機會藉此幫亞爸報仇，也未嘗不是一件好事。

〔註584〕鍾肇政，《鍾肇政全集15‧獵熊的人》（2000年），頁288。
〔註585〕鍾肇政，《鍾肇政全集15‧獵熊的人》（2000年），頁288。
〔註586〕鍾肇政，《鍾肇政全集15‧獵熊的人》（2000年），頁290。
〔註587〕鍾肇政，《鍾肇政全集15‧獵熊的人》（2000年），頁291。
〔註588〕鍾肇政，《鍾肇政全集15‧獵熊的人》（2000年），頁291。

　　平時，歐畢魯雖然不愛打獵，但今天把他拉出來，確實是件值得
慶幸的事。只希望他在緊要關頭，能夠冷靜地作戰？神啊，亞爸在
天之靈啊。請保佑他，讓他平安吧。也讓他為亞爸報仇吧……。
〔註589〕

　　歐畢魯善用著亞爸最新發明的「帕都司」長柄刀，希望有機會可發揮功
效。當年亞爸還利用「帕都司」長柄刀在南洋殺敵無數；如今比拉克與歐畢
魯，僅能冀望用它來獵熊，藉由獵熊證明自己乃為部落英雄與勇士。

　　「當然行。太好了，真的，再也沒有任何瓦鹿敵得過你了。」……
　　「我倒是想，如果我們也有帕都司多好。」「帕都司？我說歐畢魯，
　　沒有的東西，想它幹嘛呢？而且亞爸說過，在叢林裡，帕都司根本
　　沒用。想想也知道，好比現在瓦鹿忽然攻過來了，你能用帕都司嗎？
　　亞爸在南洋就是用這樣，殺死了好多個敵人。」「好吧。現在也只有
　　用這個了。」歐畢魯也開始練他的長柄刀了。〔註590〕

　　比拉克與歐畢魯兄弟二人，「第二天，他們還是一無所獲。小陷阱抓到了
幾隻松鼠及野兔，都完好如初。又過了一天。歐畢魯有點不耐煩了，乾糧也
有限，而為了引來那隻巨熊，獵獲的小動物他們又捨不得吃。……比拉克看
到弟弟剽悍的面孔上，有了絲絲疲憊之色，也許這一次壯舉，是徒勞的吧。」
〔註591〕希望此次行動不要無功而返才好。最後，終於皇天不負苦心人，比拉
克與歐畢魯等待許久的大瓦鹿（熊）終於現身。原來大瓦鹿（熊）身中陷阱，
兄弟倆振奮又緊張地面對眼前這隻大瓦鹿（熊）。

　　「啊！是瓦鹿子！比拉克想起來了。」「真的？」「錯不了，是那隻
　　大瓦鹿的，想是中了陷阱。」……又是一聲巨吼。母熊從一角突然
　　顯現出身子，面孔對準著兄弟兩人。比拉克不禁倒抽一口氣停下來
　　了。好大！幾乎使人懷疑是去年那隻。去年那一隻，最多不會超過
　　三百斤的樣子，可是眼前這隻死敵，恐怕有四百斤呢。〔註592〕

　　在大瓦鹿（熊）的憤怒叫聲下，比拉克與歐畢魯被震懾住而心生恐懼，「那
是憤怒的叫聲。比拉克覺得呼吸突地窒住了，心臟好像也停住了。雙腿在微
顫，每隻腿都好像有幾百斤重。雙手也輕顫著。那枝長柄刀倒好像失去了重

〔註589〕鍾肇政，《鍾肇政全集15・獵熊的人》（2000年），頁291。
〔註590〕鍾肇政，《鍾肇政全集15・獵熊的人》（2000年），頁292。
〔註591〕鍾肇政，《鍾肇政全集15・獵熊的人》（2000年），頁292～293。
〔註592〕鍾肇政，《鍾肇政全集15・獵熊的人》（2000年），頁294～295。

量，握在手裡，一點也沒有感覺。他看了一眼弟弟，腿倒看不出，不過雙手分明也在顫抖著。即使如此，他仍可以肯定，弟弟是沒有懼怕的，有的只是一股凜然之氣。那正是屬於泰耶魯的。」〔註593〕大瓦鹿（熊）果然威勢驚人，但勇敢的泰耶魯凜然之氣，將不會有所動搖。比拉克乃突發奇想，「比拉克忽然想到一個妙策，要激怒牠，讓牠站起來。他給了那隻小熊一刺。這一刺刺中了小熊的肚腹，血噴湧出來。小熊拼命掙扎，並連連哀鳴。……歐畢魯傲然站住，把長柄刀擬在胸前狂叫兩聲。母熊倏地站起來了。」〔註594〕此招果然奏效，比拉克與歐畢魯方有機會下手；歐畢魯甚至於看到大瓦鹿（熊）的彎月形標記，歐畢魯與比拉克隨即發動攻擊。

> 終於站起來了！歐畢魯看到脖子的那個彎月形標記。「嗝哎──」歐畢魯長嘯一聲，猛地向母熊突擊。對準彎月，連人帶刀衝了過去。母熊舉起兩隻前腿，巨嚴地蓋過來。歐畢魯的刀尖被撥開，只能在他牠的頸邊滑過去，劃開了一層皮。但是母熊這一撥，把歐畢魯也掃倒了。正當母熊要騎上歐畢魯身上時，比拉克的刀適時地趕到，刺準了他的前肩。〔註595〕

在獵熊成功後，「比拉克和歐畢魯成了整個馬利科彎部的英雄，他們這一家人，那也只是大家在吃熊肉，猛灌米酒的時候而已。一股熱潮很快地便過去了，然後恢復了山村原有的平靜。事情除了在短暫的時間內造成了兩個新的英雄之外，也證實了長柄刀用來對付熊，的確是有用的。過去的英雄老布納的名字，也再次被人們提了出來。」〔註596〕此即恢復布納時代的光榮，也使老瓦納的功績，再次被部落族人所提及。當獵熊英雄比拉克與歐畢魯，成為部落中的風雲人物沒多久，一切均回歸到平靜的現實生活，兄弟倆又重新回到一如往昔的部落生活。此次獵熊行動，乃成為現代原住民族，平靜生活中的一段小插曲。

（四）蛇之妻

鍾肇政〈蛇之妻〉中，首先出現的主角即為老獵人布康。當布康在狩獵時，乃想起當年與妻子瑪麗肯，第一次邂逅的情景，「第一次馘取了人頭時的

〔註593〕鍾肇政，《鍾肇政全集15‧獵熊的人》（2000年），頁295。
〔註594〕鍾肇政，《鍾肇政全集15‧獵熊的人》（2000年），頁297。
〔註595〕鍾肇政，《鍾肇政全集15‧獵熊的人》（2000年），頁297。
〔註596〕鍾肇政，《鍾肇政全集15‧獵熊的人》（2000年），頁298～299。

榮耀，第一次打死了一隻山豬時的得意，還有與她那軟軟的身子，又圓又大的乳房。她是他拉馬考社的一朵花，人人愛慕的，成了他布康馬來的『瓦勞』。那曾教多少社裡的青年羨慕過啊！新婚之夜，瑪麗肯死死地抱住他，身子微微地顫抖著。」〔註597〕如今瑪麗肯不在，僅留下兩個美麗的女兒奴奴拉和拉麗姮。布康今天即是為了兩個女兒而出來打獵。

> 布康，你不能空手而回——這是一連三天一無所獲了，今天如果再
> 不帶回一些吃的東西，可愛的奴奴拉和拉麗姮就要餓肚子了。家裡
> 剩下的，只有那麼一點點鹹鹿肉，我可以光吃粟飯一天又一天，可
> 是她們不能沒有鮮肉吃，不然他們那美妙的臉龐會黯然無光啊。
>
> 〔註598〕

當布康為了狩獵，不得不接近族中禁地時，心中不免心生恐懼，「發自本能的恐懼緊緊地裹住了他的整個身子。這怎麼成呢？司魯多多山脊是『布納答西』（註：不吉之地）啊，那兒是不能種粟，不能伐木，連打獵都不可以的禁地，你怎能跑到那兒呢？」〔註599〕當年布康即聽聞過關於族中禁地的傳聞。

> 那時，老布康還好年輕好年輕，身子已經長得夠大了，跑起來像
> 羌，跳起來有如鹿，箭術也嫻熟了，樹梢上的一隻百舌鳥可以一箭
> 射下來。人人都說，他可以成為一個最好的勇士，最好的獵人。所
> 差的是還沒有機會出陣，未曾馘過人頭，也還沒獵取過山豬而已。
>
> 〔註600〕

當年年輕力壯的布康，「有一天，父親帶他去出獵，路過司魯多多山脊。父親鄭重其事地告誡他，那個山脊深處，是『布納答西』。事情發生是在祖父的父親的時候，後來在祖父那一代，這個血海深仇已索回了，不過該地一直仍然列為禁地。人們都相信，只要有人踏進了該地，就會觸怒『茲馬斯』（註：天神），立即會有災禍降臨。」〔註601〕布康的祖父當時已十分年老，「那次出獵回來後，布康就問祖父事情發生的情形。祖父已非常年老了，兩眼都瞎，人也乾瘦衰弱得像一條百步蛇脫下的皮，彷彿一陣風就可以把他吹得飛飄起

〔註597〕鍾肇政，《鍾肇政全集7·蛇之妻》（2000年），頁611。
〔註598〕鍾肇政，《鍾肇政全集7·蛇之妻》（2000年），頁612～613。
〔註599〕鍾肇政，《鍾肇政全集7·蛇之妻》（2000年），頁613。
〔註600〕鍾肇政，《鍾肇政全集7·蛇之妻》（2000年），頁613。
〔註601〕鍾肇政，《鍾肇政全集7·蛇之妻》（2000年），頁613。

來。」〔註602〕當布康追問祖父時，「祖父還說了些往事，有個人進去了，結果被巨熊撕裂慘死。還有某某，雖然是因為追一頭山豬不小心踏進去，過了三天竟被鄰族馘去了頭。」〔註603〕因此，族人們均極為恪守族中禁地的禁忌。若觸怒天神，後果將不堪設想，「萬一在天上的『茲馬斯』發怒起來，那真是不得了的事，輕時，一個人遭殃，重的時候，很可能整個社裡的人都會受到神罰的。」〔註604〕此即使得布康憶起當年瑪麗肯的病情。

> 你忘了瑪麗肯是怎麼死的嗎？愛妻瑪麗肯的影像又一次在他眼前出
> 現。才病了三天，已經奄奄一息了，整個身子都軟軟的，恰似身子
> 裡的骨頭全沒有了。布康去外面山下砍了好多的芭蕉葉來排在她身
> 下，可是她身子那麼熱，不一刻功夫，芭蕉葉就褪色變軟。第四天，
> 她終於去了。〔註605〕

在那次瘟疫中，「那一天，社裡死了十九個人，全社也不過五十幾個人的，不幾天工夫就去了三分之一，比魯凱人還兇惡、可怕。人人都說，那是天神『茲馬斯』發怒了，而『茲馬斯』發怒的原因，則是因為有人進了『布納答西』。」〔註606〕不僅布康妻子受到病魔帶走，諸多族人均被奪走性命。族人乃認為這一切必定是觸怒天神「茲馬斯」，且必定有人進族中禁地「布納答西」所致。縱然布康相信天神已息怒，「他知道『茲馬斯』早已息怒，疫病不會再來，可是他心有餘悸，深怕最愛的瑪麗肯為她留下的二個女兒也受到傷害。」〔註607〕每當布康在狩獵時，總會直覺性地避開司魯多多山脊。

> 他終於有了個決定，就是依此前進，不過絕不踏上司魯多多山脊。
> 只要不進去「布納答西」，神罰就不會降臨。說不定在那兒我會發現
> 一隻山豬——不，山豬是不行了。老布康，你制服不了牠的。最好
> 是羌仔，就是兔仔也不壞，能讓奴奴拉和拉麗妲好好地吃一頓，老
> 布康就心滿意足了。〔註608〕

當布康一無所獲時，即後悔沒聽信鳥占結果，「不信鳥卜，確實是一大失

〔註602〕鍾肇政，《鍾肇政全集 7・蛇之妻》（2000 年），頁 613。
〔註603〕鍾肇政，《鍾肇政全集 7・蛇之妻》（2000 年），頁 614。
〔註604〕鍾肇政，《鍾肇政全集 7・蛇之妻》（2000 年），頁 614。
〔註605〕鍾肇政，《鍾肇政全集 7・蛇之妻》（2000 年），頁 614。
〔註606〕鍾肇政，《鍾肇政全集 7・蛇之妻》（2000 年），頁 614～615。
〔註607〕鍾肇政，《鍾肇政全集 7・蛇之妻》（2000 年），頁 615。
〔註608〕鍾肇政，《鍾肇政全集 7・蛇之妻》（2000 年），頁 615。

策，否則也不必跑那麼一整天，一無所獲的，懊悔在胸臆裡啃噬著他的心。」〔註609〕正當布康懊惱著狩獵無獲時，卻有奇怪的事情發生，布康乃遇見所謂的蛇王，而發展出一段關於蛇郎君的民間傳說故事。

（五）卑南平原之普優馬勇士

鍾肇政在《卑南平原》中，描述在卑南平原的普優馬族，乃為一個狩獵民族；因此出獵行動對於此部族而言，乃極為重要；獵抓山豬更為重要的狩獵目標，清晨即為獵取山豬的重要時刻，「對一個獵人來說，這是極端不利的，一為山豬喜歡在夜裡活動，凌晨天大亮時多半回到躲的地方休息。換一種說法，天剛亮的晨曦時分，是獵取山豬的最好時機。尤其四歲、五歲的大山豬非常狡猾，白天裡很難碰到。」〔註610〕在簡單隆重的出獵儀式，與社眾歡呼與祝福後，族中九個邦沙蘭正準備出獵。

> 黎明來了，正是出獵的時候。在晨光微曦中，九個邦沙蘭齊集祭屋
> 前面，由祭司和女巫們舉行了一個簡單隆重的出獵儀式，也接受了
> 社眾的歡呼與祝福。然後便出發了上路以前，每個新邦沙蘭都得到
> 家人的餽贈，有飯糰、鹹肉等食物。〔註611〕

在出獵時能否可獵取到獵物，均要依靠祖靈的庇佑，「一隻隻好好的獵物都讓他們逃逸了，萬一到了末尾，山豬沒有出現怎麼辦呢？哎呀，還是要靠祖靈的。任你有多大本事，如果祖靈不肯賞賜，一切都是枉然。」〔註612〕在多日出獵未果的情況下，阿篤決定前往普優馬與世仇「馬諾汪」的界河去狩獵，「第六天，他下定了最大的決心，往他們的獵場盡頭去搜索。越過幾座山，谷底的他拉馬考溪遙遙在望。這就是他們普優馬和世仇『馬諾汪』的界河了。」〔註613〕阿篤為了要獵取獵物，不惜前往距離「馬諾汪」部落不遠處狩獵。

> 如果沿河上溯，再半天不到的腳程即有「馬諾汪」部落，正是大約
> 一年前為已故小王子卡他路邦而發動的遠征行動裡，阿篤與巴里瓦
> 基他們這一隊人馬攻擊的部落。他們馘取了幾顆敵首，也放火燒了
> 敵族住屋。〔註614〕

〔註609〕鍾肇政，《鍾肇政全集 7・蛇之妻》（2000 年），頁 616。
〔註610〕鍾肇政，《鍾肇政全集 10・卑南平原》（2000 年），頁 295。
〔註611〕鍾肇政，《鍾肇政全集 10・卑南平原》（2000 年），頁 297。
〔註612〕鍾肇政，《鍾肇政全集 10・卑南平原》（2000 年），頁 298。
〔註613〕鍾肇政，《鍾肇政全集 10・卑南平原》（2000 年），頁 298。
〔註614〕鍾肇政，《鍾肇政全集 10・卑南平原》（2000 年），頁 298。

對於原住民勇士而言，有時出獵行動比出草行動更危機四伏，因在獵取山豬時，「當牠發怒起來的時候，比十個『馬諾汪』（布農族）更可怕。那強勁的嘴筒上的彎彎尖尖的獠牙，足可把一個人甩到十步遠，破肚穿腸更不用說了。」〔註615〕族人均謹守著老獵人們所教導的狩獵知識與原則。

> 牠是山裡的王者，牠也是高貴的勇士。牠會拼下去的。阿篤，你要細心地看出牠的氣勢。捕捉出最恰當的時刻和最有利的部位才出手。好，還是眉間吧。看準那發著綠光的兩顆毒眼的中心，給牠致命的一擊。〔註616〕

在老獵人所教導的狩獵秘訣中，攻擊獵物的眉間，乃為獵取獵物的關鍵所在，「眉間。只此一處。這是以前那些老邦沙蘭們教的。正中眉間，也許可以致敵人死命的，否則便是生死以之的格鬥了。」〔註617〕在此次出獵行動，阿篤恪守著老獵人的教導，而得以勝利地歸來；至於其他新邦沙蘭中，均陸續帶著輝煌的戰功，回到部落來。

> 出獵的九個新邦沙蘭之中，有七個人下午就陸陸續續地回到，個個都有可觀的成果帶回。兩隻中型山豬，四隻鹿，一隻野山羊。單獨出獵是最困難最危險的事，有了這麼豐碩的獵獲物帶回，整個基那布勞社都在高興著，歡躍著。〔註618〕

出獵行動即為部落青年，證明自己乃為族中勇士的重要方式之一。因此，此次狩獵行動的成功，乃深獲族中長老的讚許，「長老們紛紛地在相互交談裡感嘆地表示：今年的新邦沙蘭，不但人數多，質也精，這樣的收穫，堪稱空前。因而，普優馬將更繁榮更強大的看法，也就成了一致的意見。」〔註619〕狩獵行動對於卑南平原而言，即為一項極為重要的傳統部落活動之一。在普優馬部落中，同時並存著陋習與美俗；諸如部落中自小就教育著下一代，一定要恪守著男女有別的觀念，「是啊，他們都是被那樣教過來的。男女有別，是最嚴格的族規，阿篤當然要裝出對她冷落的樣子。」〔註620〕尤其在部落青年接受訓練過程中，重要清規即要禁談女人。

〔註615〕鍾肇政，《鍾肇政全集 10・卑南平原》（2000 年），頁 301。
〔註616〕鍾肇政，《鍾肇政全集 10・卑南平原》（2000 年），頁 306。
〔註617〕鍾肇政，《鍾肇政全集 10・卑南平原》（2000 年），頁 302。
〔註618〕鍾肇政，《鍾肇政全集 10・卑南平原》（2000 年），頁 311。
〔註619〕鍾肇政，《鍾肇政全集 10・卑南平原》（2000 年），頁 311。
〔註620〕鍾肇政，《鍾肇政全集 10・卑南平原》（2000 年），頁 279～280。

不可以親近女人，大夥互相間不能談女人，遠遠地避開女人。想女人、情慾，更是不可以原諒的罪惡，除非你是一名「邦沙蘭」、戰士、勇士。晉升邦沙蘭以後，才可以結婚、性交，就是邦沙蘭才可以喝酒、嚼檳榔那樣。在那以前，想女人，夢中與女人交合，都是罪惡。

這是一個正義的普優馬必守的清規。〔註621〕

多數優秀的普優馬青年，均恪守著這項清規。但唯獨巴里瓦基經常談論女色，「幾乎是在塔科邦的後半期，巴里瓦基就常常私下犯忌了。他談女人，而且談得最多，這幾年幾乎沒有指導員或任何大人在場，他一開口就是女人。」〔註622〕縱然在諸多競技上均有優秀表現的巴里瓦基，卻沒真正擁有相對地高貴人格。

何況巴里瓦基並不是真正的、高貴的、了不起的普優馬。阿篤比誰都明白這一點，因為自從一起進了塔科邦以後這七年來，天天在一起。不錯，在各種競技上，巴里瓦基是最好的一個，可是要當名真正的、高貴的、了不起的普優馬，這些還不夠。〔註623〕

在卑南平原的普優馬部落中，要成為部落中真正高貴的優秀青年，需經由一連串嚴格的訓練所培養，「可以進『塔科邦』（少年公廨），那時應該是十三歲吧。四年少年階級，四年便可畢業，然後進『巴拉可安』（青年公廨），又一個三年，便晉昇『邦沙蘭』（成年級），應該是二十歲，是族規裡被賦予一切權限──包括喝酒、嚼檳榔以及結婚等──的戰士。」〔註624〕在卑南平原中，諸多原住民青年，均可在此訓練下成為優秀的原住民勇士。在卑南平原中，嚴謹的訓練過程，「從『塔科邦』（少年公廨）裡稱為『塔可巴可邦』（少年級）四到五年，然後是『巴拉可安』（青年公廨）裡叫做『米亞布丹』（青年級）的三年，總共七到八年間，他們接受嚴格的斯巴達訓練，就是一個最怯懦衰弱的少年，也會長成精壯強毅的青年，而這也正是卑南八部之所以能稱霸卑南七十二社，以少數令多數臣服的最大本錢。」〔註625〕普優馬青年接受著最嚴格的斯巴達訓練，使卑南八部得以稱霸卑南七十二社。而擁有漢族血統的族中優秀青年阿篤，同樣有機會躍升到「邦沙蘭」階級。

〔註621〕鍾肇政，《鍾肇政全集10‧卑南平原》（2000年），頁287～288。
〔註622〕鍾肇政，《鍾肇政全集10‧卑南平原》（2000年），頁289。
〔註623〕鍾肇政，《鍾肇政全集10‧卑南平原》（2000年），頁289。
〔註624〕鍾肇政，《鍾肇政全集10‧卑南平原》（2000年），頁269。
〔註625〕鍾肇政，《鍾肇政全集10‧卑南平原》（2000年），頁283～284。

> 羅姍曜最不可解的是阿篤。昇入「巴拉可安」，成爲一名「米亞布丹」
> 以後，這孩子不但已長得像個戰士那樣高大結實，各種戰技也都是
> 一流的，每次出獵更有可觀的成績，有些長老認爲他甚至可以越級，
> 馬上讓他再晉一級昇入「邦沙蘭」。〔註626〕

　　在部落中，與阿篤同樣優秀的青年巴里瓦基，卻不免言行粗魯，「然而這
孩子和另一個出類拔萃的『巴拉可安』巴里瓦基很有不同。巴里瓦基雖然對
上級那麼恭順，但私底下有時不免言行粗魯，對下級的人常有驕傲的舉動。」
〔註627〕相較之下，阿篤則較爲溫文儒雅；但在出獵行動中，阿篤又成爲血氣
方剛的普優馬青年。

> 阿篤卻是溫文的，對上級永遠那麼恭敬有禮，在家常是一個好哥哥，
> 好子弟，對下級也是一個好表率。可是，這樣的阿篤，當他明白被
> 特許參加這次的軍事行動之後，竟也那麼興奮、熱烈，一變而成爲
> 血氣的普優馬。羅姍曜不由得想到，阿篤會獵到人頭的，他會毫不
> 猶豫地砍下敵人首級，得意洋洋地凱旋歸來，就像歷次出獵，扛著
> 山豬或野鹿回來那樣。〔註628〕

　　在羅姍曜心中，不由得聯想到阿篤的「排朗」（漢人）血統，「阿篤分明
是個『排朗』（漢人），誰聽過一個『排朗』去獵人頭？又誰聽過一個『排朗』
會砍下了人頭爲之得意洋洋？難道他不再是『排朗』嗎？『排朗』難道就
是『歹人』？！」〔註629〕縱然阿篤乃爲漢族，但在阿篤小時候，「他曾看過不
少被抓的『土匪』遭砍頭。因而竟然不以爲砍頭是件可怕野蠻的事嗎？難道
這十年間的普優馬生活，以及嚴格的普優馬訓練，把他的人整個改造了？」
〔註630〕此項改變乃爲羅姍曜所納悶。此外，在「馬魯烏」託高會表現良好的
阿篤，更引起族人的矚目。

> 「馬魯烏」——託高會，也和大祭的諸種競技一樣，是專爲剛從「巴
> 拉可安」（青年公廨）畢業出來，脫離「米亞布丹」（青年級）身分，
> 晉升爲「邦沙蘭」（成年級）的戰士們設計的戰技。〔註631〕

〔註626〕鍾肇政，《鍾肇政全集 10・卑南平原》（2000 年），頁 272。
〔註627〕鍾肇政，《鍾肇政全集 10・卑南平原》（2000 年），頁 272。
〔註628〕鍾肇政，《鍾肇政全集 10・卑南平原》（2000 年），頁 272。
〔註629〕鍾肇政，《鍾肇政全集 10・卑南平原》（2000 年），頁 272。
〔註630〕鍾肇政，《鍾肇政全集 10・卑南平原》（2000 年），頁 272。
〔註631〕鍾肇政，《鍾肇政全集 10・卑南平原》（2000 年），頁 275。

在此次參加「馬魯烏」──託高會的「邦沙蘭」中，「這次新的『邦沙蘭』一共九名，個個強壯結實，而且充滿勇毅、尚武的果敢精神及明禮、尚義的正義感，還有謙讓的美德，他們被灌輸了尊重榮譽的普優馬精神，因而在這次的大祭裡爭取榮譽，成為他們的最高目標。」〔註632〕原住民青年均在祭典中，努力爭取著最高榮譽。當阿篤在一連串訓練中，深知自己表現的出類拔萃，在族人眼中乃成為「最普優馬的普優馬」，受到最大的矚目與讚許。但在內心深處，仍不免懷疑自己真的為一位普優馬青年嗎？

> 阿篤深知自己所受到的注目。沒有人比他更瞭解自己身上承受的沈重壓力。表面上，他是眾人承認的。從十二或三歲的「塔可巴可邦」到像他這種即將晉升為「邦沙蘭」的最上級「米亞瓦丹」，這麼多青少年當中，還有誰比他更深體會到普優馬精神呢？這七年間，他在兩級公廨裡的表現是完全沒有缺點的，戰技更屬出類拔萃，無一不精。然而，在他內心深處依然存在著一絲無法化解的沈澱物。我是普優馬嗎？我豈不是外來的「排朗」嗎？〔註633〕

縱然阿篤已進入卑南平原的普優馬部落多年，「當他接受了這個『家』，便也意味著接受這個『社』──基那布勞社，當然也就是接受卑南八部。可是，他分明知道他不屬於它、它們。他是『排朗』，不折不扣的『排朗』啊。」〔註634〕但在阿篤的內心中，經常會憶起自己還擁有著漢族血統，乃為「排朗」（漢人）的事實。再加上伊那不斷地告訴阿篤：「阿篤，你要做一個最了不起的普優馬，所以你不必再去想你是不是排朗。」〔註635〕阿篤即努力地想成為一個優秀的普優馬青年。

> 阿篤用力地答，並猛點一下頭。只要對方比你大一歲、或高一級，便必須恭敬、服從。這是在進入「塔科邦」以前就被教的。人人都必須奉行的族規，更何況他是等於父母伊那和阿馬，他又如何能不點頭呢。〔註636〕

阿篤除了努力成為一個優秀的普優馬青年外，還冀望得以通過各種普優馬青年所必經的嚴格訓練過程，「做一個真正的普優馬，成了他唯一的目標。

〔註632〕鍾肇政，《鍾肇政全集10‧卑南平原》（2000年），頁275。
〔註633〕鍾肇政，《鍾肇政全集10‧卑南平原》（2000年），頁284。
〔註634〕鍾肇政，《鍾肇政全集10‧卑南平原》（2000年），頁284～285。
〔註635〕鍾肇政，《鍾肇政全集10‧卑南平原》（2000年），頁285。
〔註636〕鍾肇政，《鍾肇政全集10‧卑南平原》（2000年），頁286。

也因此，每一個命令、每一個教訓，他都恭謹接納下來；每一種訓練、每一種作業，他都盡最大的努力。」〔註637〕在此目標的督促下，阿篤一路走來，在各項競技與技能學習上，均有出類拔萃的表現。

> 「做一個最好的普優馬，最了不起的普優馬，這個也懂吧。」……
> 他相信他可以贏過巴里瓦基，不論是「馬魯烏」或是刺猴，還有最後舉行的出獵，他都能擊敗這位堅強的對手。〔註638〕

在各項競賽中，阿篤均冀望可贏過所有對手，這樣才不會辜負大家對他的期望。但阿篤捫心自問，真的有機會可成為最後的勝利者，真的可繼承王位嗎？「擊敗了以後呢？瑪雅洛汪歸他，將來王位必然也歸他。這樣可以嗎？在一切虛偽、一切謊言都是最大敗德的族規下，他豈不成了邪惡的敗德者？！做為一個正義的、崇高的、了不起的普優馬，豈可成為玷汙了普優馬尊貴精神的惡徒呢？」〔註639〕畢竟自己有著漢族血統，是否會玷汙普優馬的尊貴精神呢？最後，阿篤仍在過程中，不斷地進行自我辯證，不斷地在內心中充滿矛盾的反覆思維著。

鍾肇政藉由阿篤這個角色，思索著當漢族即將成為一個真正原住民族時，內心將遭受到什麼樣的衝擊與掙扎？又利用羅姍曤的這個角色，思索著漢族可如何地影響著原住民族文化的發展，以改變原住民族不合時宜的陋習？由漢族角度如何看待原住民族的文化特色與民族精神？此即原漢族群接觸時，所激起的不同族群觀點。

三、部落活動

（一）馬拉松冠軍之山普洛

鍾肇政在《馬拉松·冠軍·一等賞》中，描述原住民部落的馬拉松活動，即為部落青年展現長才證明自己實力的重要方式之一。當山普洛榮獲冠軍時，「哇啦啦，山普洛，你得冠軍了——那麼多的歡呼，那麼多的鼓掌，那麼多裂開的笑。還有那麼多巴掌和拳頭落在……嗯，那是去年，那些歡呼、掌聲與笑容都是衝向羅辛的。那些巴掌和拳頭都是衝向羅辛身上的。」〔註640〕當去年、前年一直輸給卡索諾羅辛的山普洛，今年終於揚眉吐氣。當

〔註637〕鍾肇政，《鍾肇政全集 10·卑南平原》（2000 年），頁 286。
〔註638〕鍾肇政，《鍾肇政全集 10·卑南平原》（2000 年），頁 286。
〔註639〕鍾肇政，《鍾肇政全集 10·卑南平原》（2000 年），頁 286。
〔註640〕鍾肇政，《鍾肇政全集 15·馬拉松·冠軍·一等賞》（2000 年），頁 257。

年羅辛獲得冠軍時，山普洛乃如此地落寞，沒人注意到第二名的山普洛。在部落而言，馬拉松賽冠軍，乃為部落族人急欲爭取的榮耀，故族人均很重視地看待。

> 還有前年也是。好傢伙，他跑在我前面還不到幾步哩。猛衝，使勁地咬，咬著牙，屏著氣息，就是追不上他。那個卡索諾的羅辛。可惡可恨的羅辛。他衝過線了？他氣喘呼呼的，嘴裂著，白白的牙齒在發亮。那麼多的掌聲與拳頭落在他的肩上背上。他跟蹌著。羅辛！
> 一等賞！冠軍！可沒有人呼叫跑第二的我山普洛……。〔註641〕

在馬拉松比賽時乃嚴禁喝酒者，但老瓦丹年紀過大，又疑似喝酒，即被禁止參加馬拉松競賽；即使老瓦丹不斷地否認，還是執意要參加馬拉松競賽。在山普洛的記憶中，老瓦丹一直為馬拉松競賽冠軍，而成為部落英雄，「山普洛記憶裡，冠軍全是老瓦丹。從還沒有進學校的時候起，所有的馬拉松冠軍都是他得的。山普洛腦子裡的英雄形象，根本就只有他們那個『比野外』部的老瓦丹本人。」〔註642〕但長江後浪推前浪，冠軍在老瓦丹年紀漸大後，冠軍也就拱手讓人。

> 「喂，你們誰喝了酒？喝了酒的不許參加。喝了酒的不許參加。」
> 沒有人回答，不過每一雙眼兒好像不關我事似地盯著那先生──也可能好多人都聽不懂他的話吧。「誰？喝了酒的，走開！」「還是沒有人走。而警員走進這一群人之中。」「瓦丹，是你吧？你喝了酒？」邢先生比了個手勢。老瓦丹搖搖頭。「我嗅到了。瓦丹，你不能跑。你太老了。」〔註643〕

在世代交替下，馬拉松冠軍頭銜，即由老瓦丹手中，交由原住民年輕人接棒，「羅辛總是一開頭就要搶先。跟住他，不要跑快。最後才趕過去，這樣才能壓倒那個卡索諾部的羅辛。這是老瓦丹交給山普洛的。看，槍聲一響，羅辛的一枝箭也似地衝上前，在第一個轉彎處就取得了領先地位。」〔註644〕縱然如此，老瓦丹還是會將馬拉松競賽的技巧，教導給原住民青年。

> 山普洛忘記去年老瓦丹教他這個方法。「可是，瓦丹，你自己呢？我記得，你總是第一個就跑在前頭。」「笨人，你怎能？跟我比我跑過

〔註641〕鍾肇政，《鍾肇政全集15‧馬拉松‧冠軍‧一等賞》（2000年），頁257。
〔註642〕鍾肇政，《鍾肇政全集15‧馬拉松‧冠軍‧一等賞》（2000年），頁260。
〔註643〕鍾肇政，《鍾肇政全集15‧馬拉松‧冠軍‧一等賞》（2000年），頁259。
〔註644〕鍾肇政，《鍾肇政全集15‧馬拉松‧冠軍‧一等賞》（2000年），頁260。

那麼多那麼多次，你還沒出生我就是一等賞。年年一等賞，我知道
該跑多快。懂了沒？」「嗯……」〔註645〕

在馬拉松賽跑過程中，由山普洛與老瓦丹的對話，可感受到老瓦丹的驕
傲。當年冠軍而意氣風發的老瓦丹，話著當年勇的豐功偉業。馬拉松賽跑，
即在他們言談中，如火如荼地進行著。

每一次都是冠軍，不，他不叫冠軍，叫一等賞。爲什麼叫一等賞
呢？明明就是冠軍啊。別管他叫什麼，反正冠軍就是冠軍。「瓦丹，
你爲什麼每次都一等賞呢？」「我啊……誰知道，是因爲沒有人跑得
過我吧。」「哎哎，老瓦丹，你莫名其妙，當然是沒有人跑得過你
啦。」〔註646〕

鍾肇政描述原住民族傳統狩獵與祭典活動外，還有諸多可證明自己爲勇
士的機會。諸如馬拉松競賽，即爲部落族人可尋求表現的機會。在現代原住
民部落中，縱然有諸多重大變遷，但仍有諸多活動得以證明原住民勇士的存
在與榮耀。

第六節　原住民族婚禮與埋石爲盟

一、部落婚禮習俗

（一）馬黑坡之恬娃絲與藤儀三郎婚禮

鍾肇政在《馬黑坡風雲》中，以描述霧社事件爲主，對於原住民族文化
習俗乃描述較少。但還是描述多場不同的婚禮特色與景況。首先，上場的即
爲新郎峨東濱與新娘路比的婚禮，婚禮之初即要先進行祭神大典的活動，以
兩條大豬祭天神奧托夫。

婚宴已繼續了三天三夜。今天晚上，月亮就要圓了，婚宴也進入最
高潮。新郎峨東濱的那兩條大豬，就要在圓月初昇的一刻被宰殺，
用來敬拜大神奧托歐夫。……看哪，巴旺‧莫興和瓦利司‧判，沙
波‧泰和羅安‧羅阿齊，各用一根粗竹，把四腳捆起來的牠們抬出
來了。……祭神大典就要開始。〔註647〕

〔註645〕鍾肇政，《鍾肇政全集15‧馬拉松‧冠軍‧一等賞》（2000年），頁260。
〔註646〕鍾肇政，《鍾肇政全集15‧馬拉松‧冠軍‧一等賞》（2000年），頁261。
〔註647〕鍾肇政，《鍾肇政全集7‧馬黑坡風雲》（2000年），頁159～160。

在部落婚禮中，族中男女老少均歌舞昇平，「阿外‧達巴士，告訴你，我恬娃絲‧魯道，魯道‧巴紹烏的女兒，莫那‧魯道的妹妹，會這麼容易就睡著嗎？你可別隨便誣賴人家啊。……恬娃絲一伸手，就握起了『威西』（酒註：杯）斟滿了『西瑪瑙珠』。那是用粟釀成的，甜甜，微酸，濃濃的，恬娃絲仰起了脖子，咕咕咕地一口氣喝完了。」〔註648〕他達歐‧莫那領導著隊伍，跳起大家同歡的雞舞，「他達歐‧莫那就是總頭目的大兒子，一個昂藏大漢，社裡最雄偉、最能幹，也最聰明的青年。現在，雞舞的隊伍在新的領導人領導下，跳得更快速更有勁兒了。」〔註649〕連恬娃絲‧魯道方在婚禮中領導著雞舞活動。

> 縱然在他們高山上的人們來說，由一個女人來領導雞舞，也是不太
> 正常的——但是，這且不必管，雞舞是他們泰耶魯平時段練體魄，
> 並且藉以取樂的活動之一，此刻那種雄渾威武又粗獷的作風，已經
> 充分地顯示出來。〔註650〕

婚宴中不僅為族中男女老少同歡共舞外，當晚新娘路比更裝扮地十分嬌媚與俏麗，「路比的胸前垂掛著三條項鍊，最長的一條是一顆顆曲玉串起來的，那是用人骨削成的，其次是用小孩子的骨頭做成的，最小的一條則是用人的牙齒串成的，一顆顆白白的，玲瓏可愛。另有一把彎月型小刀，用「雞母豬」串成的珠鍊條，繫在腰邊。」〔註651〕新娘妝點的十分搶眼，婚禮中的新人在部落中，乃為公認令人稱羨的一對，且受天神奧托夫所眷顧的標準情侶。

> 這麼重要的一件事，有個能舉得起千斤石的男孩陪著，沒有一個馬
> 黑坡的少女比我更幸福了。……路比就由馬黑坡著名的刺青能手布
> 凱‧黑諾米施行法術，替她在面孔上刺上了漂亮的標記。不用說，
> 她和峨東濱也成了社裡公認的一對情侶。這一切經過，在馬黑坡，
> 還有鄰近的荷戈、坡阿隆、他洛旺等，甚至被稱為「南蕃」的卡茲
> 克、他卡南、萬大各社，都成了家喻戶曉的故事，每個人都津津樂
> 道，認為他們是受奧托歐夫特別眷顧的一對。〔註652〕

〔註648〕鍾肇政，《鍾肇政全集7‧馬黑坡風雲》（2000年），頁160。
〔註649〕鍾肇政，《鍾肇政全集7‧馬黑坡風雲》（2000年），頁163。
〔註650〕鍾肇政，《鍾肇政全集7‧馬黑坡風雲》（2000年），頁163。
〔註651〕鍾肇政，《鍾肇政全集7‧馬黑坡風雲》（2000年），頁165。
〔註652〕鍾肇政，《鍾肇政全集7‧馬黑坡風雲》（2000年），頁168～169。

在日本殖民統治後，所描述的第二場婚禮，乃爲馬黑坡之花，大頭目妹妹恬娃絲・魯道的婚禮，「她——恬娃絲・魯道，曾是馬黑坡之花，人人都把她比作馬黑坡山丘沙克臺上的幾百科櫻花，那麼嬌豔，那麼風姿綽約。然而，也正好應了沙克沙一夜之間凋殘的命運。生爲大頭目之女，然後是大頭目的妹妹，一個睥睨左右的公主，只因她生來就擁有這樣一個不凡的頭銜，所以命運反倒是坎坷的。」〔註 653〕恬娃絲・魯道的婚禮，甚至於連日本大官均被邀請來參與，因新郎身分乃爲日本官員。

> 一連七天七夜的婚宴，在馬黑坡社，那是空前的、無比偉大的婚禮。
>
> 附近幾十個蕃社的大小頭目，全部都被請來了。並且也來了很多很
>
> 多「大官」。那就是她——恬娃絲・魯道〔註 654〕的婚禮。〔註 655〕

婚禮場面如此地浩大，排場如此地壯觀，新娘恬娃絲・魯道卻無法欣喜，而且還無比的淒苦沉重。連哥哥莫那、各社頭目的心中均充滿著無奈的情緒，「可是恬娃絲・魯道一點兒也不高興。不但沒有一絲一豪的欣悅，心口彷彿還壓著一塊石頭，那麼沈重，那麼淒苦。不但恬娃絲如此，就是她哥哥莫那，還有那些大小頭目們，也沒有一個不是在內心深處，讓一條可怕的百步蛇，在咬噬，在放毒。」〔註 656〕這一切只因新郎爲霧社分室的巡查進藤儀三郎。

> 甚至他們爲了這場面——當然也爲了那些「大官」們——不得不偶
>
> 爾裝出來的笑，看來似乎都是充滿苦澀味兒的。不爲什麼，只因爲
>
> 新郎是霧社分室的巡查進藤儀三郎——一個高高地騎在他們頭上的
>
> 日本警察。〔註 657〕

自從日本殖民者統治原住民族後，像恬娃絲這樣典型的政略結婚乃不勝枚舉，「那該說是一種典型的政略結婚吧。前此一年多，莫那・魯道第一次密謀起義，被日警探知，還沒舉事就給抓了起來。日人大起恐慌，爲了懷柔，想起了這麼一椿政略結婚。」〔註 658〕此即爲日本殖民官方以懷柔政策，企圖

〔註 653〕鍾肇政，《鍾肇政全集 7・馬黑坡風雲》（2000 年），頁 171。

〔註 654〕恬娃絲・魯道，曾是馬黑坡之花，生爲大頭目的妹妹、蕃社的公主，卻如同沙克拉一夜之間凋殘的命運。

〔註 655〕鍾肇政，《鍾肇政全集 7・馬黑坡風雲》（2000 年），頁 171。

〔註 656〕鍾肇政，《鍾肇政全集 7・馬黑坡風雲》（2000 年），頁 171。

〔註 657〕鍾肇政，《鍾肇政全集 7・馬黑坡風雲》（2000 年），頁 171。

〔註 658〕鍾肇政，《鍾肇政全集 7・馬黑坡風雲》（2000 年），頁 172。

收服原住民族的方式；尚有諸多政略婚姻出現在部落中，使原住民乃無奈地
接受這些婚禮安排。

> 這政略結婚，早就有過往例了，那是五年前的佐塚警部補與馬西多
> 巴翁社頭目的女兒耶娃伊‧泰莫的結婚。這樁婚姻是臺灣總督府理
> 蕃課長想出來的傑作，婚禮的費用少數由總督府付，總督府還送了
> 一大批禮物給這一對新人，婚後還給予特別生活補助津貼。接著，
> 又有下山警部補與馬勒巴社的比可‧桃蕾娜的結婚。〔註659〕

在日本殖民官方眼中，「這是天皇陛下一視同仁的恩典，是你們的最大光
榮。總督會給她送嫁妝來，以後每月還會有生活補助費，過得像個官太太
呢。是啊，是太太，不再是老婆啦，人人都尊敬，就是『內地人』（註：指日
本人）也不得不尊敬。」〔註660〕但實際上對於原住民女孩而言，日本警官威
嚇式的命令乃不得不從，在精神上即為一種折磨，威脅著恬娃絲必須認命地
接受著這樣的生活安排。

> 對山地的人們，那些警官們——甚至最起碼的巡查補部都毫不例外
> ——一個字，一句話，都是命令式的，威嚇的，唯獨這些說辭，居
> 然還是商量的，婉勸的，但是莫那聽得出，恬娃絲也明白，他們的
> 口吻裡仍然飽含命令與威嚇的味道。〔註661〕

在恬娃絲婚禮過後，一連串的折磨接踵而來；長期家暴事件，與無情凌
虐，均僅為冰山一角，「恬娃絲畢竟抵抗不了對方的暴力，遭受到無情的凌
虐。她伏在斑斑血漬上，痛哭了一整晚。……那還只是苦難的開始。她被迫
學習並不想學的語言，也被迫用筷子吃飯。……近藤因為與上司發生齟
齬，……經常拿她出氣，拳足交加。」〔註662〕在恬娃絲婚後不久，日本丈夫
突然失蹤，恬娃絲「表面上是寡婦，實際上她只是個棄婦而已。」〔註663〕在
山地，那是最不光彩最不名譽的身分。一個公主，忽然成了棄婦，這打擊太
沈重了。」〔註664〕對於一個尊貴的部落公主而言，此即令人情何以堪的打

〔註659〕鍾肇政，《鍾肇政全集7‧馬黑坡風雲》（2000年），頁172。
〔註660〕鍾肇政，《鍾肇政全集7‧馬黑坡風雲》（2000年），頁173。
〔註661〕鍾肇政，《鍾肇政全集7‧馬黑坡風雲》（2000年），頁173。
〔註662〕鍾肇政，《鍾肇政全集7‧馬黑坡風雲》（2000年），頁173～174。
〔註663〕三個月後，近藤在一次「忘年會」喝醉後失蹤，恬娃絲被近藤哥哥從花蓮送
　　　　回霧社。之後改嫁給族裡青年，脾氣卻大變，暴躁酗酒；後因學會日語而當
　　　　起翻譯。
〔註664〕鍾肇政，《鍾肇政全集7‧馬黑坡風雲》（2000年），頁174。

擊。在恬娃絲面臨到如此困窘的景況，甚至於受到莫名地欺騙，乃為部落中所無法容許的族群仇恨。

> 近藤有個哥哥，也是幹警察的近藤勝三郎，她從花蓮帶回霧社，交還給莫那。大家才明白，恬娃絲根本就沒有入丈夫的籍，因此也就沒法領到「遺族」應得的撫卹金。……那是欺騙，而且是最卑劣最醜齪的欺騙。在山地，欺騙是最嚴重的悖德行為，他早下定決心，這個仇恨是不能不報的！〔註665〕

此種政略婚禮在部落中乃時有所聞外，甚至於諸多日本丈夫在日本還擁有妻兒。當日本丈夫回國時，部落女孩就成為棄婦，命運乃十分坎坷，此即為原住民族對於日本殖民官方積怨已深的重要因素之一。鍾肇政在《馬黑坡風雲》中，描述傳統部落婚禮與日治時期政略婚禮，兩者相較之下，即可知原住民族婚禮的變遷，與原住民族所受到的族群壓迫。

（二）女人島

鍾肇政在〈女人島〉中，描述原住民族的部落婚禮。首先，故事一開始乃描述阿美族勇士沙拉凡，與族中美女娜考即將結婚，「沙拉凡與娜考的佳期近了。下一個月圓之夜，就是他與她的大喜日子。沙拉凡將依照慣例，入贅娜考家。不錯，那時娜考就是一家之主了，沙拉凡名目上隸屬於她，不過他相信，正與許許多多他們族裡的婦女一樣，她也會是個溫馴柔情的妻子。她小巧玲瓏，貌美如花，而且深深地愛著他。這樣的柔弱女孩，當然需要像沙拉凡這樣的壯偉男子來保護，來為她賣力出獵、打漁。」〔註666〕根據阿美族婚禮習俗，沙拉凡在婚禮前的重要準備工作，即要準備聘禮。

> 幸好，在婚禮之前，他還有一件中意的工作，那就是採集聘禮。通常，他們除了一些首飾之外，還必須準備一大捆木材送到他家裡，而且還必須是苦練樹的木材。它可以劈來燒火，也可以在屋邊加蓋給他們倆住的新居，是不可少的禮物。〔註667〕

沙拉凡為了要準備兩人聘禮，一大早就獨自出門去後山砍木材，「這一天，一大早沙拉凡就出門了，為的就是去砍木材，他獨自深入後山，揀了自己認為上好的幾棵樹，把它砍倒了。去了大小樹枝以後，他得到五塊夠大夠

〔註665〕鍾肇政，《鍾肇政全集 7·馬黑坡風雲》（2000 年），頁 174～175。
〔註666〕鍾肇政，《鍾肇政全集 15·女人島》（2000 年），頁 315。
〔註667〕鍾肇政，《鍾肇政全集 15·女人島》（2000 年），頁 315。

長的木材。要把這些搬回家，實在是件太不簡單的事，可是無論如何也得搬回去。他扛起了一塊，好重哩！他吃力地走著。不管怎樣，這一場辛苦的勞動總會有代價的，因為甜美的日子就等在後頭。」〔註668〕沙拉凡突發奇想地決定要讓木材們順流而下。如此一來，省時又費力。豈知事有變化地，讓沙拉凡陷入另一段奇異冒險旅程。

> 下得山來，不久就抵達秀姑巒溪邊。看看那滾滾溪水，他突生奇想，一塊一塊扛回去，不僅太費力氣，而且每次只能扛一塊，一天就算兩個來回吧！也還要兩天才能做完。為什麼不放進河裡，讓它們順流而下呢。這樣一來，不僅不用扛的肩頭發疼，人也可以坐在上面流下去，真是何樂而不為！〔註669〕

沙拉凡決定要讓木材綁成一個木筏，一方面可輕鬆搬運木材，另一方面又可製成族人出海捕魚時的主要用具，「這念頭使他高興的跳起來。對啦。五根木頭！可以造成一個木筏——木筏也正是他們族人出海捕魚時的主要用具。反正又不是出海，只是在河上順流而下，不必多久功夫就可以到達離家不遠的地方。這樣的木筏，很簡單的就可以造成的。沙拉凡打定了這個主意，並且為自己的聰明才智感到欣悅不已。」〔註670〕當沙拉凡才在為此靈感而感到欣喜之際，卻不知將有一段未知的旅程等著他。鍾肇政以此呈現阿美族的婚禮習俗與婚禮前的準備工作，但最主要的情節還是以阿美族勇士奇遇女人島的故事為主軸。

（三）馬利科彎之布達與阿咪娜婚禮

鍾肇政在《馬利科彎英雄傳》中，描述原住民族的傳統部落婚禮。當布達在比武獲勝後，取得迎娶阿咪娜的資格；接著，布達即開始準備一連串的結婚事宜，準備要好好地迎娶阿咪娜，「布達已經有好多天沒看到阿咪那了。她是他的未婚妻，依照習俗，從成立婚約到完婚這一段期間，雙方是不能隨便見面的。除了有某種特殊的緣故以外。……這一對新夫婦即將定居的新房蓋好以後，準新郎一定要親自造訪岳家。向準新娘說明新居已落成，地點在何處，新房內設備如何等。」〔註671〕在原住民族婚後，如同漢人社會，乃為

〔註668〕鍾肇政，《鍾肇政全集15・女人島》（2000年），頁315～316。
〔註669〕鍾肇政，《鍾肇政全集15・女人島》（2000年），頁316。
〔註670〕鍾肇政，《鍾肇政全集15・女人島》（2000年），頁316。
〔註671〕鍾肇政，《鍾肇政全集7・馬利科彎英雄傳》（2000年），頁491。

「嫁雞隨雞，嫁狗隨狗」的男女分工生活。此即部落中長久以來，約定俗成的家庭生活方式，布達跟阿咪娜想當然爾地恪守此項規範。

> 婚後，做妻子的必須安於隸屬於丈夫的地位，不過對於家內諸事，她仍握有主動權，形成男主外，女主內的分工合作型家庭生活。因此，此舉也可看過是使將來的婚姻生活和諧美滿的一道手續。〔註672〕

至於新人們的新房，必須要準新郎自行建造完成，「爲了蓋這所房子，布達結結實實地賣力工作了十幾天之久。從找地點、整地，而伐採木料及竹子，直到豎木柱、編竹牆、蓋頂，絕大部分由他自己做。父親偶爾來看看，也只給他一些技術上的指點而已，絕不肯動手。這是布達自己的活兒，沒有人願意幫一手，即使連自己的父親自己也不例外。」〔註673〕布達必定事必躬親地完成，此爲部落中的重要習俗之一。布達在到達岳家，告知阿咪娜房子建造的狀況外，順道拿起一絡黑亮頭髮交給阿咪娜，此即象徵榮耀與驕傲的戰利品。在部落中，此乃象徵著最貴重的護身物，因神靈即寄託在內，保護著族人。

> 布達沒答，握起了他的左手，把那一絡黑亮的頭髮纏在他的手腕上。……「是這次馘來的『突奴枯』（人頭）上的。」……「我已經有不少了。看。」布達連鞘取過腰間的大彎刀。真的，刀柄上已有三絡下垂的髮。那是最貴重的護身物，「奧托夫」的神靈四時都在髮絲裡，保護著所有人，同時那也是最美的飾物哩。〔註674〕

布達跟阿咪娜說明，「『還有哩。阿咪娜，因爲這幾天我忙，沒時間弄好，不過我相信再兩三天便可以做好，來得及你做新娘時用的。……我會送來的，有豹子的，也有人的，豹子的牙齒才真漂亮呢；有這麼大。』……布達用雙手畫了個圈圈。」〔註675〕布達甚至於還會送來許多聘禮，諸如人造項鍊、豹齒飾品，均可讓阿咪娜在婚禮當日，成爲最美麗的新娘。在原住民部落中，有以人齒或豹齒做項鍊飾品的習俗，此乃爲重要的貴重飾品，與護身符飾物。此外，布達表示即將要與斯卡馬哈勇「埋石爲盟」，而取消馘首習俗。

> 「是這樣的。我想，以後我們要用人的牙齒來做項鍊，恐怕不容易

〔註672〕鍾肇政，《鍾肇政全集 7・馬利科彎英雄傳》（2000 年），頁 491。
〔註673〕鍾肇政，《鍾肇政全集 7・馬利科彎英雄傳》（2000 年），頁 492。
〔註674〕鍾肇政，《鍾肇政全集 7・馬利科彎英雄傳》（2000 年），頁 500。
〔註675〕鍾肇政，《鍾肇政全集 7・馬利科彎英雄傳》（2000 年），頁 500。

了。」〔註676〕……「因爲我們不久也許會和『斯卡馬哈勇』埋石爲盟，如果眞那樣的話，我們要馘人頭就很困難了。」「我們要跟『斯卡馬哈勇』談和了？」阿咪娜也驚奇了。〔註677〕

最後，緊接而來地即爲布達與阿咪娜的嘉禮之期，「這是『奇吉利』之後的第一個月圓之夜，也是布達與阿咪娜的嘉禮之期。巴突突社又迎來了另一個狂歡之夜。頭目兒子娶大頭目的女兒，這在整個馬利科彎部也是難得一見的盛事，再舉行一個大典，狂歡五天也是應該的。」〔註678〕在原住民部落中，部落婚禮所要準備的聘禮、飾物、準備事務與婚禮舉行流程，均有一定的原則與規範。因此，部落的準新人們，必定要依照各種約定俗成的習俗完成婚禮。

（四）蛇王達魯馬斯與拉麗妲之人蛇婚禮

鍾肇政在〈蛇之妻〉中，描述人蛇相戀的婚禮，與排灣族的搶婚習俗，展現原住民族傳統婚禮儀式。故事乃由於善良的原住民女兒拉麗妲，決定要爲父親的性命，犧牲自我嫁給蛇王乃在所不惜。布康縱然心中不捨，但爲保住一命，也不得不接受女兒要嫁給蛇王達魯馬斯的事實。

「拉麗妲，我可愛的女兒，你的心情我很明白。可是我們排灣人的女孩從來也沒有人做過百步蛇的『瓦勞』，我想那一定不是玩的，怎麼能夠輕易答應人家呢？」「『卡馬』，我已經想過了，爲了救您的性命，拉麗妲什麼都願意做。您放心，我不會在乎的。」〔註679〕

當蛇王達魯馬斯要來迎娶女兒那天，迎親隊伍乃十分浩大，「看看大約有二十幾個人吧，個個都是盛裝的排灣人，人人一塊大紅大綠的布，把身子連同兩隻臂膀一起裹住。那是祭拜『茲馬斯』，或者出草的時候才這樣的。」〔註680〕在迎娶隊伍中，個個均盛裝打扮，新郎達魯馬斯更是雄壯威武，令人無法相信牠是條百步蛇。

終於行列來到了。爲首的是一位魁偉英俊，威風凜凜的青年，腰間的彎刀閃閃發亮。……這人就是達魯馬斯嗎？怎麼可能，他是條百步蛇啊。我在做夢嗎？不，這不是夢哩。那麼一定是幻覺。不，也

〔註676〕鍾肇政，《鍾肇政全集7·馬利科彎英雄傳》（2000年），頁500～501。

〔註677〕鍾肇政，《鍾肇政全集7·馬利科彎英雄傳》（2000年），頁500～501。

〔註678〕鍾肇政，《鍾肇政全集7·馬利科彎英雄傳》（2000年），頁507。

〔註679〕鍾肇政，《鍾肇政全集7·蛇之妻》（2000年），頁624。

〔註680〕鍾肇政，《鍾肇政全集7·蛇之妻》（2000年），頁627～628。

不是。可是，這會是事實嗎？我怎能相信呢。〔註681〕

當蛇王達魯馬斯來迎娶時，化身一位英俊的美少年，且帶來一大堆聘禮，「『布康，依照規定，我來娶你的女兒拉麗姮了。』……那英偉的美少年做一個手勢，隨從們立即聚攏過來，把自己手裡的東西放在屋前，那兒立即堆起了一座小山。有布匹、刀子、鹽巴、鹿肉、豬腿，也有一項珠冠。不用說這珠冠是給新娘的。用幾百顆豆大的珍珠串成，粒粒晶瑩有光，美得不得了。這些還不算，最後的一個，竟然還牽著一隻牛站出來了。那是一隻壯碩的赤牛，一看就知道是馴良好用的耕牛。」〔註682〕如此豐厚的聘禮，讓布康一家人乃十分地詫異。當布康看到眼前這一幕，簡直樂開懷，故事發展乃出乎布康的意料之外。

> 老布康樂開了。他活了這麼一大把年紀，就從來沒有看過女兒出嫁
> 得了這麼多禮物。他為拉麗姮高興，心想她嫁給這麼一個富有的郎
> 君，往後一定可以過舒服快樂的日子。對於一個做爸爸的人，這應
> 該是最大的安慰了。〔註683〕

但新娘拉麗姮的奴奴拉乃無法接受與相信這一切，「還說沒有，『卡馬』，達魯馬斯是百步蛇，這不是騙了我和拉麗姮嗎？……『一個雄赳赳的美男子。』奴奴拉酸溜溜地說。」〔註684〕奴奴拉無法接受妹妹嫁得那麼好。這一切若屬於她，那該有多好呢？因此她對爸爸提出抗議，卻又無可奈何。

根據排灣族的搶婚習俗，當新郎來迎娶時，新娘要先躲起來，再由新郎去尋找。拉麗姮乃趕緊跑到後山去躲起來，「『後山比較好，他們有二十幾個呢。小心找個地方躲著，這些妳都懂吧。』……老布康為拉麗姮打開了後門，讓女兒溜出去。拉麗姮飛快地跑去，很快地就在林子裡隱沒了。老布康這才關好了後門，再次從前出到屋前的樣子。」〔註685〕此即為排灣族非常獨特的傳統婚禮習俗，流傳至今。等到拉麗姮躲好後，達魯馬斯即可前往尋妻，「達魯馬斯應了一聲，彈簧一般的跳起來。看他那姿態吧，又結實又修長的雙腿適度地開著，雙手插在腰上，胸脯挺高，粗壯的脖子像顆古老的樹幹，面孔微仰。那真是個堂堂勇士，任誰看了，都會禁不住地在心理偷偷地

〔註681〕鍾肇政，《鍾肇政全集 7．蛇之妻》（2000 年），頁 628。
〔註682〕鍾肇政，《鍾肇政全集 7．蛇之妻》（2000 年），頁 629。
〔註683〕鍾肇政，《鍾肇政全集 7．蛇之妻》（2000 年），頁 629。
〔註684〕鍾肇政，《鍾肇政全集 7．蛇之妻》（2000 年），頁 630。
〔註685〕鍾肇政，《鍾肇政全集 7．蛇之妻》（2000 年），頁 630。

驚嘆一聲。」〔註686〕達魯馬斯即在一群人大陣仗下，展開搶婚任務。這段場
景也讓布康憶起當年瑪麗肯，方為其戰利品般地被搶婚。

> 他在一大群年輕傢伙的陪伴下去娶親。新娘就是瑪麗肯，社裡最美
> 的女孩。他的「卡馬」答應了。布康一馬當先──找她去！布康知
> 道她會躲在那兒。他不要伙伴們先找到她，自己找到她，把她攬住，
> 然後「搶」回去，這才是最光榮的。〔註687〕

根據排灣族搶婚習俗，最好由新郎直接找到新娘、但被找到的新娘，則
要拼命掙扎，哭鬧不停地奮力抵抗，「果然，布康找著了，她就躲在一個山坡
的岩縫裡。他老實不客氣地側著身子進去，他逮住了她。他激烈地抵抗。她
捶他，踢他，推他。嘴裡還不住地嬌聲斥罵怒吼。他一概不理不睬，只顧把
她拖出來。一路上她還是掙扎不停，哭鬧不停。」〔註688〕此僅為了在婚禮
中，證明新郎乃為一位勇武之士，可光榮地搶回新娘，「然後，他叫一個要好
的朋友，幫他強背起猶在哭鬧的新娘，得意洋洋地回去了。在他來說，也可
算是一次戰爭吧。在這一場戰爭裡，他是勝利者，也是征服者，而戰利品就
是他已亡故的『瓦勞』瑪麗肯。」〔註689〕新娘彷彿為新郎的戰利品般地，被
搶回家去。

當蛇王達魯馬斯搶婚成功後，「不知過了多少時候，那一群人呼嘯著下山
來了。拉麗妲這麼快就給逮住了。她正在被一個強壯的漢子背在背上，旁邊
是達魯馬斯。哦，那個勝利者，征服者呢。」〔註690〕達魯馬斯帶回拉麗妲，
讓布康幫拉麗妲戴上珠冠，「一行人來到坪子上，可是並沒停止，僅達魯馬斯
離開人群走過來，老布康敬過禮，拿起那頂漂亮的珠冠就新娘戴上。」〔註691〕
整個搶婚儀式即正式完成。正當拉麗妲隨著蛇王達魯馬斯回家後，布康即遵
照族中規定，男人不可碰廚房之物，「不過廚房裡的器具，男子是不許碰的，
因此他就由達魯馬斯送來的禮物當中揀些現成的食物來吃。」〔註692〕此刻，
奴奴拉在心中納悶，達魯馬斯到底是人？抑或是百步蛇？

〔註686〕鍾肇政，《鍾肇政全集7‧蛇之妻》（2000年），頁631。
〔註687〕鍾肇政，《鍾肇政全集7‧蛇之妻》（2000年），頁631。
〔註688〕鍾肇政，《鍾肇政全集7‧蛇之妻》（2000年），頁632。
〔註689〕鍾肇政，《鍾肇政全集7‧蛇之妻》（2000年），頁632。
〔註690〕鍾肇政，《鍾肇政全集7‧蛇之妻》（2000年），頁632。
〔註691〕鍾肇政，《鍾肇政全集7‧蛇之妻》（2000年），頁632。
〔註692〕鍾肇政，《鍾肇政全集7‧蛇之妻》（2000年），頁635。

> 他，那個達魯馬斯，到底是人呢？還是百步蛇？……「卡馬」也許
> 是說實話，他本來是條百步蛇──那是百蛇之王，最高貴最兇猛的
> 蛇。但是，是人是蛇，這又有什麼關係呢？他來娶親時，的確是個
> 英偉的美男子。〔註693〕

　　不論達魯馬斯是人？抑或是百步蛇？達魯馬斯畢竟為一個勇武的頭目，
「他舉手一揮，那一大群人們就乖乖地聽話，這表示他不但勇武過人，而且
地位崇高。他也親口說過，我是頭目達魯馬斯。他是頭目，這一點絕對錯不
了。這就是說，嫁給他，就是一個頭目的『瓦勞』了。頭目『瓦勞』，這是多
麼體面，多麼高貴的稱呼啊。」〔註694〕此時奴奴拉不禁羨慕起拉麗姮。當妹
妹嫁給蛇王頭目達魯馬斯沒多久後，奴奴拉即決定要去找拉麗姮，想知道其
現在生活如何？奴奴拉多渴望妹妹拉麗姮所得到的一切可屬於自己。

（五）川中島之畢荷與初子、花岡一郎與花子、花岡二郎與娥賓婚禮

　　鍾肇政在《川中島》中，描述原住民族婚禮，因日本殖民官方而產生莫
大的改變。在川中島生活中，原住民族的生活，完全要聽從日本殖民官員的
命令，就連婚姻大事也要遵守日本官員命令，此乃令人感到無奈且不解之
事。畢荷即在此情況下，被命令要迎娶初子；儘管在此之前，他已與馬紅有
婚姻關係，但在馬紅自縊後，畢荷又被迫接受這樣的婚姻安排。

> 「叫你跟初子結婚，是很唐突的，這一點我們都知道。可是，川中
> 島再也找不到恰當的人啦。也可以說，沒有人比你更配得上初子的
> 人了。為了她，也為了孩子，當然也為了你自己，她是個好女人，
> 幾乎沒有一點叫人不滿的，所以你和她結婚，安達桑和我都認為恰
> 當。」……小島已經說出來了。口頭上是可以想想，不勉強，但是
> 在畢荷，那是絕對的。是天皇陛下的命令呢。〔註695〕

　　在畢荷被迫接受日本殖民官方的婚姻安排後，「這一次卻是移徙川中島後
的第一個元旦，加上官又宣布了另一消息，要在這一天為高峰浩與花岡初子
舉行婚禮，且有一隻肥豬『下付』，讓大家好好慶祝一下，因此整個川中島居
民，一下子被擲進歡樂當中。」〔註696〕日本殖民官方即為兩人準備豐美的贈

〔註693〕鍾肇政，《鍾肇政全集 7・蛇之妻》（2000 年），頁 635。

〔註694〕鍾肇政，《鍾肇政全集 7・蛇之妻》（2000 年），頁 635～636。

〔註695〕鍾肇政，《鍾肇政全集 9・高山組曲・川中島》（2000 年），頁 212～213。

〔註696〕鍾肇政，《鍾肇政全集 9・高山組曲・川中島》（2000 年），頁 220。

品，整個川中島居民，也一同享受這難得的歡樂氣氛。自從霧社事件後，川中島遺族一直過著惴惴不安、忍氣吞聲的日子，再也沒有享受過歡樂的氣氛。原住民族的死傷如此地慘重，族人們根本沒有片刻可好好地放鬆。因此，這場婚禮終於可讓族人們，暫時放下壓力輕鬆一下。

> 可憐的兩百來個村民，自從那個傷心的日子——五月七日，離開父
> 祖之地以來的將近八個月以來，他們簡直沒有過一個輕鬆的日子。
> 死了那麼多人，受了那麼多的病苦，「歸順式」那天被留下來的三十
> 二個人，至今還沒有一個回來。這一連串叫人透不過去來，還要惴
> 惴不安、忍氣吞聲的日子，莫說歡樂，連舒一口氣的日子都沒有過
> 哩。〔註697〕

在今年元旦，族人們即依據日本殖民官方指示，一樣慶賀「始政紀念日」外；對族人而言，最特別乃還要替畢荷與初子舉行婚禮。縱然今天沒有諸多大官蒞臨，僅有一手安排這場婚禮的小島源治巡查部長，但反而讓族人更加輕鬆愉快地，享受婚禮的歡樂氣氛。

> 元旦也是個晴朗的日子。駐在所前面掛上了藍色的帘幕，上面是交
> 叉的兩面「國旗」。玄關兩邊還有兩隻大燈籠哩。所前坪子上也飄著
> 萬國旗。這情景與「始政紀念日」那天駐在所落成典禮一模一樣。所
> 不同的是今天沒有那些大人物三輪、寶藏寺、江川等人。外來的客
> 人，就只有一個老遠地又從套乍趕來的小島源治巡查部長，還是為
> 了他所一手安排的高峰浩與花岡初子的婚禮而來致賀的。〔註698〕

在婚禮前要先依據日本殖民官方規定，舉行所謂的「四方拜」儀式後，方可進一步地進行婚禮儀式。此場婚禮的新郎畢荷與新娘娥賓均盛裝出席，娥賓所著的山地服飾，更具代表性地展現在眾人面前。

> 「四方拜」的簡單儀式——主要是「皇居遙拜」與長官的訓示——
> 完了以後就是婚禮了。所前階上的席位上，畢荷與娥賓被安排在正
> 中。新郎是一身新制服與制帽，娥賓則是傳統的山地服裝，頭髮在額
> 上束著，吊著一些飾物，綴著花朵，衣上也有不少飾物，臉上更薄
> 施脂粉，算得上是盛裝了，也使這位新娘顯得美麗而高貴。〔註699〕

〔註697〕鍾肇政，《鍾肇政全集9・高山組曲・川中島》（2000年），頁220。
〔註698〕鍾肇政，《鍾肇政全集9・高山組曲・川中島》（2000年），頁221。
〔註699〕鍾肇政，《鍾肇政全集9・高山組曲・川中島》（2000年），頁221。

在族人的記憶中，有無數令人懷念的婚禮，在部落婚禮之際，族人均歡樂地參與。族人均十分期待傳統的部落婚禮，但在日本殖民統治者入侵後，諸多政略性的日本官員與部落女子婚禮，卻逐漸地變質。

> 記憶裡，村子裡舉行婚禮，不知有多少次了。是在那令人懷念的故鄉荷戈。好大的一個村子呢。每次有婚禮，全社的人都要出動的。男的給女的聘禮，一隻豬，外加好多罈酒。女方便把豬殺宰了，把酒罈開了。大家都有一份，又吃又喝的，又唱又舞的。打從哪一次呢？心裡一股勁地盼望著，自己也快長大，當一名新郎，跟新娘被大家爲在中心受祝福。〔註700〕

當年花岡一郎與花子的婚禮，花岡二郎與娥賓的婚禮，乃爲傳統的部落婚禮。但這一場畢荷與初子的婚禮，與之前傳統的部落婚禮卻截然不同。此場婚禮在總督府的安排下，眾人穿著和服而非傳統的山地服飾，縱然有官方贈送的眾多禮物，卻令諸多族人感嘆。

> 許多人都還記得娥賓第一次婚禮。那一次，可跟這一次大不相同呢。還有更早的花岡一郎、花子的婚禮，也是大家記憶猶新的。那兩次都是空前的大婚禮，讓霧社一帶的人們大開眼界。兩次都是總督府安排的，兩對新人還由總督府、州廳「下付」了不少禮物，包括全身上下的和服，男的有「羽織」、「袴」，女的更是一身名貴的和式禮服，頭髮還梳成「文金高島田」，那高峰浩的髮髻。著實使山裡的人們感嘆了的。〔註701〕

在日本殖民官方所安排的婚禮中，氣氛較爲嚴肅，「接著是由白木先生任巡查部長執行的日本式婚禮──喝『三三九次酒』，即新郎新娘對飲三組，每組三杯酒。白木還簡單地說明了它的意義，不用說，樣子是穩重嚴肅，而且很是親切的。禮畢，接著是幾場舞。婚禮之舞、豐年之舞、凱旋之舞，吉利的舞蹈都出籠了。場面也隨之趨於熱鬧，大家都又喝又吃、又唱又舞，總算像個樣子了。」〔註702〕最後，由歌舞場面登場，此時婚禮氣氛較像原住民族傳統婚禮形式般輕鬆歡樂。在此婚禮中，畢荷絲毫沒有喜悅，畢竟此乃爲安達、小島的安排下所舉行的婚禮。畢荷從頭到尾僅爲木然地接受著婚禮儀式，

〔註700〕鍾肇政，《鍾肇政全集9‧高山組曲‧川中島》（2000 年），頁 199。
〔註701〕鍾肇政，《鍾肇政全集9‧高山組曲‧川中島》（2000 年），頁 221。
〔註702〕鍾肇政，《鍾肇政全集9‧高山組曲‧川中島》（2000 年），頁 222。

或許在他心中依舊惦記著馬紅的倩影。

> 畢荷木木然坐著。除了鄰座的官們伸過酒杯來的時候，恭敬地接受，
> 喝下之後，幾乎一動也不動。從他那表情也可以看出，很難說是有
> 任何喜悅的。與娥賓成婚，這樣的婚禮，安達、小島他們所表示出
> 來的好意，無一不是他所沒有料想到的。〔註703〕

　　畢荷會如此木然地面對婚禮，乃因當初日本殖民官員小島的命令，使他不得不接受這樣的安排，「怎麼辦呢？小島已經說出來了。口頭上是可以想想，不勉強，但是在畢荷，那是絕對的。是天皇陛下的命令呢。」〔註704〕在婚禮後深具有責任感的畢荷，還是決定要好好地照顧娥賓與族人們。在此信念下，畢荷即更努力地苦讀，冀望有機會可爭取更美好的未來。

> 而自從事情決定以後的這來幾天，他也不知多少次向自己叮嚀過
> 了：是為了照顧娥賓和阿烏伊，也為了全部的川中島同胞。不錯，
> 他必須盡自己所能，照顧他們。同時，為了他們，他還得苦讀，努
> 力奮鬥，爭取更優越的地位與成就。〔註705〕

　　在日本殖民文化進入部落後，原住民族傳統婚禮產生顯著變化。此後皇民化的影響乃日趨顯著，日本殖民文化與規範，逐漸改變著傳統部落的生活型態。對於日本殖民當局而言，此即日本天皇的恩典與文明的展現；但對於原住民族而言，卻要面臨傳統原住民族文化的逐漸凋零。在川中島生活中，原住民遺族縱然在表面上生活受到保障，但在精神生活乃飽受壓抑，完全受到日本殖民官方所控制，逐漸被日本殖民當局改變成皇民化生活模式，傳統部落的生活型態卻逐漸地消弭。

二、埋石為盟習俗

（一）馬利科彎之「斯卡哈馬勇」媾和詐術

　　鍾肇政在《馬利科彎英雄傳說》中，描述原住民族「馬利科彎部」與「斯卡哈馬勇」的「埋石為盟」習俗。首先，第一次的「埋石為盟」，由布卡南頭目那拜居中撮合。豈料，此次的「埋石為盟」，居然為一場「斯卡哈馬勇」的媾和詐術。單純的馬利科彎卻認為，此即兩族族人能和好相處的一樁好事。

〔註703〕鍾肇政，《鍾肇政全集9‧高山組曲‧川中島》（2000年），頁222。
〔註704〕鍾肇政，《川中島》，收錄於《鍾肇政全集9》（2002年12月），頁213。
〔註705〕鍾肇政，《鍾肇政全集9‧高山組曲‧川中島》（2000年），頁222。

他們馬利科彎部也許可能與宿敵「斯卡哈馬勇」媾和，埋石爲盟，
而居中撮合的，就是這個布卡南頭目那拜。和議能不能談成？這不
用説也是人們所關心的。……「我想，『斯卡哈馬勇』既然有誠意要
跟我們埋石爲盟，我認爲只要他們接受我們的條件。我們是可以准
許他們投誠的。兩族的人能和好相處，當然是一件好事。不知各位
的意見如何？馬烏伊馬拉荷。你呢？」〔註706〕

首先，「斯卡哈馬勇」提出「埋石爲盟」的禮遇物品，「首先是武器，我
想大彎刀十把，小彎刀也十把，長矛、短矛也各十枝，另外是肥豬五頭，布
匹十匹。……我們要『斯卡哈馬勇』選出三個『卡納琳』（姑娘），來給我們
族裡的男孩子做妻子，而且要『馬拉荷』（頭目）的『卡納琳』」〔註707〕此時
心懷鬼胎別有用心的「斯卡哈馬勇」乃接受全部條件，還要馬利科彎選出傑
出的部落勇士，即爲曾馘首三顆首級以上的瓦郎、巴沙、油毛。

「斯卡哈馬勇」接受了全部條件的消息，同時也帶來了他們的條
件：要選出三個娶那三個「卡納琳」的男子的名單讓他同意，如果
不是第一流的勇士，他們有權否決這張名單。……上榜的是瓦郎、
巴沙、油毛，不用説都是有三顆以上的馘首成績。〔註708〕

「馬利科彎部」與「斯卡哈馬勇」雙方談妥條件後，「又過了幾天，那拜
第四次出現，斯卡馬哈勇同意了那三個新郎人選，也提出了三個舉行埋石爲
盟的地點。日期則由馬利科彎這邊決定。於是大頭目又召集了各社頭目會
商，結果選中了『馬西多巴安高地』，日期定爲六天後的下一個月圓之夜。」
〔註709〕雙方在「馬西多巴安高地」舉行第一次的「埋石爲盟」儀式。

「馬西多巴安高地」位於馬利科彎須越過兩座大山，距馬利科彎溪
與「里那和伊溪」（大甲溪）的分水嶺不遠。也可以説是分水嶺的山
麓的一個臺地，恰巧又是兩個部族的交界地。〔註710〕

在「埋石爲盟」當日，布卡南頭目那拜居中主持儀式；分別徵詢馬利科
彎亞爸馬拉荷瓦當‧比來，與斯卡哈馬勇的阿畢魯‧比拉克二者，見證馬利
科彎與斯卡哈馬勇兩部的埋石爲盟，族人均期待著部落和平共處的未來。

〔註706〕鍾肇政，《鍾肇政全集 7‧馬利科彎英雄傳》（2000 年），頁 508。
〔註707〕鍾肇政，《鍾肇政全集 7‧馬利科彎英雄傳》（2000 年），頁 508～509。
〔註708〕鍾肇政，《鍾肇政全集 7‧馬利科彎英雄傳》（2000 年），頁 512。
〔註709〕鍾肇政，《鍾肇政全集 7‧馬利科彎英雄傳》（2000 年），頁 512。
〔註710〕鍾肇政，《鍾肇政全集 7‧馬利科彎英雄傳》（2000 年），頁 512。

「我，布卡南的『馬拉荷』（頭目）那拜，爲馬利科彎與斯卡哈馬勇
兩部的埋石爲盟做見證。請問馬利科彎亞爸馬拉荷瓦當‧比來，代
表馬利科彎部，願與斯卡哈馬勇永久和平相處嗎？」「在泰耶魯的名
下，我瓦當‧比來，代表馬利科彎部，願與斯卡哈馬勇埋石爲盟，
永不反悔。」……「我斯卡哈馬勇的阿畢魯‧比拉克，願與馬利科
彎部埋石爲盟，永不反悔。」〔註711〕

馬利科彎亞爸馬拉荷瓦當‧比來，與斯卡哈馬勇的阿畢魯‧比拉克二者，
分別依照「埋石爲盟」儀式，「兩個頭目挨近那塊大石頭，隔著大石頭相對的
站住，各以右手先拍一下石頭，然後互拍對方的胸，最後伸出食指指向天
空。」〔註712〕以此完成此項媾和儀式。當初布達再見到斯卡哈馬勇的總頭目
阿畢魯‧比拉克，那斯卡哈馬勇的第一勇士，即充滿戒心。

當他一眼看到阿畢魯‧比拉克時，更不放鬆自己了。這位驍勇的斯
卡哈馬勇大頭目，年紀大約三十開外吧。不算挺年輕，不過確實正
當壯年，他有結實高大的身材，顴骨高聳，眼窩深陷，寬嘴厚唇，
胸前刺滿橫槓，不惟是斯卡哈馬勇十一個社的總頭目。〔註713〕

豈料，此次「埋石爲盟」，果然爲斯卡哈馬勇的詭計，接著斯卡哈馬勇即
展開對馬利科彎的突襲行動，造成馬利科彎的重大損失；此後，潛伏五年的
馬利科彎才展開復仇行動，也建立馬利科彎英雄——馬利科彎奇吉利的傳奇
故事。

（二）川中島「友蕃」和「敵蕃」之埋石爲盟

鍾肇政在《川中島》中，描述日本當局除了幫日本殖民者跟保護蕃舉行
「歸順式」儀式外，也幫「友蕃」和「敵蕃」舉行所謂的「埋石爲盟」儀式。
在此儀式中，還根據原住民部落的傳統方式，使雙方握手言和，埋石以做爲
標記。

九月中旬的一天，插秧完畢後，官給他們安排一次「埋石爲盟」的
儀式。官方稱爲「和解式」，也就是讓「敵蕃」與「友蕃」來個正式
的和解，化除事件以來的敵對狀態。不過官倒也沒有忽略了他們傳
統的方式，就是在雙方握手言和，互誓今後和平相處的地點，埋下

〔註711〕鍾肇政，《鍾肇政全集7‧馬利科彎英雄傳》（2000年），頁518。
〔註712〕鍾肇政，《鍾肇政全集7‧馬利科彎英雄傳》（2000年），頁518。
〔註713〕鍾肇政，《鍾肇政全集7‧馬利科彎英雄傳》（2000年），頁520。

一塊石頭，做為標記。〔註714〕

在「埋石為盟」地點的選定，日本殖民官方乃別有用心地選擇在霧社分室，「這個儀式，官所選定的地點，就是霧社分室。川中島的居民，也就是『反抗蕃』六社，由村長瓦丹‧比拉卡為代表，另有兩個勢力者瓦利斯‧判與烏他歐‧諾干隨行，在安達主任及先任巡查部長白木外加三個警手率領下，前往霧社。」〔註715〕當埋石儀式順利完成後，一行人回來時，連沙克拉的主任樺澤警部補，與套乍的主任小島巡查部長，均一同前來與各社長老們套交情。

> 埋石儀式順利完成，自然在人人意料之中。意外的是這一行人回來時，一塊來了兩個稀客是沙克拉的主任樺澤警部補與套乍的主任小島巡查部長。這兩個主任都是出了名的老山精，塞達卡的泰耶魯話，套乍的泰耶魯話，說起來道地之至，樺則更不得了，另一處萬大的，以及卓社的布農語，也都同樣的流暢。……樺澤不但精於多種山地語言，還在各部落間擁有可觀的聲望，普受信賴。這是因為他不擺官架子，而且很會與各部落的領袖及長老套交情之故。〔註716〕

孰不知沙克拉的主任樺澤警部補，與套乍的主任小島巡查部長，即為了要偵察「兇蕃」而來，「沒有人知道這兩個人來到川中島，是負有特殊任務的。這個任務，也就是偵察『兇蕃』。因為部落間的敵對狀態雖然化解了，但參加事件的六社，還沒有「歸順」，換一種說法，『反抗蕃』儘管暫時成了『保護蕃』，但『反抗』與『討伐』的事實，依然還沒有正式結束，必須舉行『歸順式』，才算終止『戰爭狀態』。」〔註717〕日本殖民官方對於「歸順式」的舉行，早就心中有數；甚至於對於那些行兇的兇蕃，深惡痛覺地欲加以懲罰一番。

> 那什麼時候舉行「歸順式」呢？官方也許早已有了一個「程序表」，但川中島的居民是不會知情的。甚至這所謂的「歸順式」，乃是對「反抗蕃」、「兇蕃」的狠狠一擊，他們也懵然無知。不錯，這六社「可惡可恨的兇蕃，天人共憤的蠻族」，就在那個原本應該是光輝燦爛的日子裡，一下子殺害了一百二十四個帝國臣民，對這樣的野人們，

〔註714〕鍾肇政，《鍾肇政全集 9‧高山組曲‧川中島》（2000 年），頁 139。
〔註715〕鍾肇政，《鍾肇政全集 9‧高山組曲‧川中島》（2000 年），頁 139。
〔註716〕鍾肇政，《鍾肇政全集 9‧高山組曲‧川中島》（2000 年），頁 140。
〔註717〕鍾肇政，《鍾肇政全集 9‧高山組曲‧川中島》（2000 年），頁 140。

凡是參加「兇行」的，又豈能聽任他們逍遙法外呢？〔註718〕

不論原住民族的傳統部落觀念逐漸變遷，與日本殖民官方政策，對於原住民族造成多大的傷害與衝擊，也不論原住民部落文化是否逐漸消弭。當時在原住民族心中，只要能好好地平靜度日，即爲生活中最大的渴求。

第七節　原住民族文化習俗與禁忌

一、原住民族鳥占習俗

（一）馬利科彎之鳥占

鍾肇政在《馬利科彎英雄傳說》中，乃提到原住民族相信在出獵或出草前，必定要先進行鳥占，聽取天神「奧托夫」的旨意，絕對不可貿然行動，否則必定將怒天神「奧托夫」，造成敗興而歸。因此「鳥占」即成爲部落中，非常重要的習俗。

> 他們必須等待——等待小鳥們醒來，開始啼囀、活動，以便頭目與眾長老舉行第一次鳥卜。亞爸（即父親之意）已經宣布過了，昨晚的夢卜是上上吉。他說他夢見「斯卡哈馬勇」的大頭目阿畢魯・比拉克披上了一件大披風，一陣風也似的來到馬利科彎，宣稱要「埋石爲盟」，永遠要和平相處，……有了這次夢卜，獵豹已勢在必行。〔註719〕

在諸多原住民文本中，均有提及「鳥占」的習俗，且諸多部落中均有此習俗，又以山林原住民族居多。鍾肇政在諸多原住民族書寫中，均有提及鳥占習俗，即爲原住民族人所遵循的重要習俗之一。

（二）布康之鳥占

鍾肇政在〈蛇之妻〉中，描述關於鳥占的習俗。當布康狩獵一無所獲時，即後悔沒聽信鳥占的結果，「不信鳥卜，確實是一大失策，否則也不必跑那麼一整天，一無所獲的，懊悔在胸臆裡啃噬著他的心。」〔註720〕諸多原住民族在狩獵前，必定會先進行鳥占。

> 「果然是早上的鳥卜不吉利！」老布農康馬來在嘴巴裡嘀咕了幾

〔註718〕鍾肇政，《鍾肇政全集9・高山組曲・川中島》（2000年），頁140～141。
〔註719〕鍾肇政，《鍾肇政全集7・馬利科彎英雄傳》（2000年），頁425～426。
〔註720〕鍾肇政，《鍾肇政全集7・蛇之妻》（2000年），頁616。

聲，狠狠地往腳下的草叢吐了一口唾沫。……然而手上沒有一隻野鹿，也沒有一隻羌，連兔子都沒有一隻，怎麼可以回去呢？我布康馬來，幾時這麼差勁過？他看看手上的弓箭，看看那雙曾經充滿力氣的雙手，它們枯枯瘦瘦的，像根枯死的樹枝，又乾又硬。〔註721〕

　　鍾肇政在諸多文本中，均曾提及原住民族在狩獵前，必定要遵守鳥占的習俗，因鳥占結果的吉凶，將會影響到狩獵結果。此即山地原住民族常見的文化習俗；姑且不論此爲迷信與否，卻代表著原住民族狩獵前的謹慎態度。

二、原住民族刺青文面習俗

（一）馬利科彎之布達與阿咪娜

　　鍾肇政在《馬利科彎英雄傳說》中，描述在原住民部落中，尤其在泰耶魯族中，「刺青文面」乃爲重要的精神象徵。男子與女子凡可得到刺青的機會，均爲榮耀的象徵，而令人感到驕傲。女子凡習得重要的織布技能，方可得到刺青的機會，也才有婚配的機會。例如在《馬利科彎英雄傳說》中的「奇吉利祭」前，布達看大頭目的女兒阿咪娜一眼，當時剛刺青沒多久的阿咪娜，因面色紅腫，看來醜得令人不忍卒睹；雖紅腫有略微消退，但還令人覺察不出其美貌。

女兒名字叫阿咪娜，今年十五歲，已經長成了。一個多月前才刺青，面孔還腫著，看來醜得令人不忍卒睹，不過顯然紅腫已經消退了好多，使他感到畏羞吧，躲在母親背後，把臉垂得低低的。〔註722〕

　　當布達首次與阿咪娜見面時，「布達也看了她一眼，剛好與就偷偷地瞟過來的眼光碰個正著，肌膚慘白，刺青成著近乎黑藍，而從整個腮邊，直到臉頰，都是一片紅腫，紅白黑三色擺在一塊，加上那眼皮也腫脹著，使得眼縫細細的，醜怪的給人一種痛楚的感覺。」〔註723〕縱然如此，在面對即將到來的「奇吉利祭」，不僅爲女孩子要刺青，連有資格刺青的男孩子，也爭先恐後地搶著要刺青，欲早日擁有這榮耀的象徵。

　　爲了即將來到的「奇吉利祭」〔註724〕，巴突突社舉社被擲進忙碌當

〔註721〕鍾肇政，《鍾肇政全集 7 · 蛇之妻》（2000 年），頁 611。
〔註722〕鍾肇政，《鍾肇政全集 7 · 馬利科彎英雄傳》（2000 年），頁 446。
〔註723〕鍾肇政，《鍾肇政全集 7 · 馬利科彎英雄傳》（2000 年），頁 446。
〔註724〕大頭目向布達恭賀，在許多年後終於有人獵到更大的奇吉利（即指豹），布達還獲得「馬利科彎奇吉利」的封號，並盛大舉行「奇吉利祭」。

中。……最忙的，大概要算是刺青師傅了。……這十二個少年其實
照一般的情形，是還不能刺青的，可是因爲他們參加了這次的圍
獵，算得上建立了殊勳。所以由頭目馬烏伊特許，讓他們提前接受
手術，各在額角及下巴刺青。〔註725〕

　　布達也擁有刺青的機會，「布達也得到了許可，在胸上加刺一條橫槓。那
是建立了特勳，一個了不起的勇士才能享受的榮耀。他刺的那條黑藍色的槓
子，足足有一巴掌長，一指粗。整個村子裡，有這種橫槓的還不到十個。當
一個漢子敞開胸膛挺立，讓胸上的橫槓顯露出來，那簡直是一個勇士的象
徵，是最大的榮耀。」〔註726〕橫槓乃爲建立特勳又了不起的勇士，方可擁有
的榮耀，在部落中胸前擁有刺青者不多，此即爲部落勇士最大的榮耀。布
達成爲胸前有刺青的勇士後，只要敞開胸膛，即可昂首闊步地享受這驕傲的
殊榮。

　　從大頭目那兒回來，次日早晨，他就接受了手術，刺青師傅用一根
輕輕地敲打著植有十根針的木頭，把皮膚刺破，然後用木匙刮去血，
在塗上松煙，輕揉幾下，直到把松煙揉進皮膚裡爲止。〔註727〕

　　女孩子可得到刺青的機會，乃同樣備感榮耀；但若刺青失敗，變得奇醜
無比的話，將找不到婚配對象，「她確實是阿咪娜哩。十幾天前，在大頭目瓦
當家，他曾看過她。那以前，他也看過她不少次，他原本只是個小女孩，然
後她刺青了，面孔紅腫，成了個醜八怪。」〔註728〕布達起初誤以爲阿咪娜的
刺青失敗而感到惋惜。

　　記得那一次，布達還爲她感到難過的，刺青手術失敗，那眞是件可
悲的事，那樣「卡納琳」〔註729〕，很不容易找到娶她的人，就算有人
願意娶，也得不到多少聘禮，甚至還白白送給人家做妻子。〔註730〕

　　豈料，事隔多日後，當布達在「奇吉利祭」中，再次見到阿咪娜，即爲
其美色而驚爲天人。布達乃依循古禮吹起嘴琴，向阿咪娜示好。此刺青習俗
在諸多原住民族部落中，均爲擁有榮耀的重要象徵。

〔註725〕鍾肇政，《鍾肇政全集7·馬利科彎英雄傳》（2000年），頁449。
〔註726〕鍾肇政，《鍾肇政全集7·馬利科彎英雄傳》（2000年），頁449。
〔註727〕鍾肇政，《鍾肇政全集7·馬利科彎英雄傳》（2000年），頁449～450。
〔註728〕鍾肇政，《鍾肇政全集7·馬利科彎英雄傳》（2000年），頁460。
〔註729〕指姑娘之意。
〔註730〕鍾肇政，《鍾肇政全集7·馬利科彎英雄傳》（2000年），頁460。

三、原住民族嘴琴示愛，取髮回應習俗

（一）馬利科彎之布達與阿咪娜

鍾肇政在《馬利科彎英雄傳說》中，描述原住民族的嘴琴示愛，取髮回應習俗。當布達在「奇吉利祭」上，對阿咪娜驚為天人、一見鍾情後，當下即立刻決定要展開追求，乃依循古禮與部落習俗，拿出嘴琴唱誦著歌謠，向阿咪娜示愛。

> 布達有點手足無措，好不容易才稍稍恢復了鎮定，想起了這種場合，一個男子應當辦的事，他匆匆地搜了搜腰帶邊，還好，沒丟掉呢。那是一副嘴琴，布達把他啣在嘴裡奏了起來。……「阿咪娜，你天上的月呵　你那圓圓的臉　圓圓的乳，圓圓的臀唷　它們使我發狂，使我發狂　嗨呀咿嗬嗨唷，嗨呀咿嗬嗨唷……」「嗡——嗡，嗡，嗡——嗡嗡嗡嗡……」「阿咪娜，你天上的月呵　你那發出光輝的臉光輝的眸子，光輝的牙齒唷　他們使我發狂，使我發狂　嗨呀咿嗬嗨唷，嗨呀咿嗬嗨唷……」「嗡——嗡，嗡，嗡——嗡嗡嗡嗡……」〔註731〕

布達吹奏演唱完示愛的歌曲後，「布達奏完，依照慣例，把嘴琴交給了阿咪娜，阿咪娜接過去了，在清亮的月光下，阿咪娜皎美的臉上，掠過一抹陰翳，可是很快地，她還是奏起來了。」〔註732〕阿咪娜對布達也有意的話，即可回唱一首歌曲示意；故阿咪娜在月光下也奏起歌曲，向布達表達心意。

> 「嗡嗡嗡，嗡嗡嗡，嗡——嗡——嗡」「勇敢的馬利科彎奇吉利啊　你是天上的太陽　你的歌聲嘹亮　你的舞步雄偉　你的行動疾如閃電　你的筋肉賽如岩石　你是高貴的泰耶魯馬利科彎奇吉利呵　馬利科彎奇吉利呵」〔註733〕

豈料在「奇吉利祭」中，不僅布達向阿咪娜求婚，瓦郎也同時向阿咪娜求婚。兩位勇士僅能依照慣例，向阿咪娜取得秀髮。此時唯一的解決方式即為競賽，來進行一場公平的君子之爭，以決定阿咪娜的婚配對象為誰？一切即交給天神「奧托夫」決定。

> 「瓦郎・諾干，你向阿咪娜求婚了，是不是？」……「布達・馬烏

〔註731〕鍾肇政，《鍾肇政全集 7・馬利科彎英雄傳》（2000 年），頁 463。
〔註732〕鍾肇政，《鍾肇政全集 7・馬利科彎英雄傳》（2000 年），頁 464。
〔註733〕鍾肇政，《鍾肇政全集 7・馬利科彎英雄傳》（2000 年），頁 464。

伊，你也向阿咪娜求婚了，是不是？」……「你們都依照泰耶魯的
辦法，拔得阿咪娜的毛髮，是不是？」……「好，以馬利科彎亞爸
馬力荷之名，我准許你們像阿咪娜求婚，阿咪娜不能決定選哪一
個，我也是，我們只好交給『奧托夫』（天神）了，你們懂得怎麼
做？」〔註734〕

　　兩位部落勇士，在天神「奧托夫」與頭目的見證下，發誓要以公平的方
式競爭，且賽後不可有任何的嫌隙，「『好，你們要發誓，以一個泰耶魯之名，
堂堂正正地競爭，勝敗都不存怨恨，舉起你們的右手吧，跟我唸：我要在泰
耶魯的名下！』『我要在泰耶魯的名下！』兩人齊聲說。」〔註735〕做一位堂堂
正正的泰耶魯，勝敗均不得存怨。這兩位部落勇士爲爭取阿咪娜爲妻，即將
舉行一場競賽，「在人們的眼光裡，那是兩個最典型的泰耶魯，也是泰耶魯中
的泰耶魯。他們爲這兩個漢子感到無限的驕傲，也感到無盡的羨慕，難怪他
們要那樣地歡呼高叫了。」〔註736〕在競賽的日子中，布達與瓦郎經由出草競
賽中，雙方平手後；隨即又展開遠射競賽。

　　　　布達並沒有勤練過這種射法，但是他對人家的提議，當然也只有以
　　　　最大的勇氣接受，他以爲那樣子才算是個泰耶魯。何況他被稱爲
　　　　「馬利科彎奇吉利」，這是從未有人贏得過的榮譽，他又怎能退縮
　　　　呢？〔註737〕

　　儘管遠射競賽，布達沒有練過，但他還是勝出比賽，順利取得迎娶阿咪
娜的機會。此乃爲阿咪娜心中默默所期盼的結果。雙方就在族人的見證下，
準備要展開婚禮，族中莫不歡天喜地爲他們慶賀著。

四、「阿篤崗」的傳說故事

（一）馬利科彎之阿篤崗

　　鍾肇政《馬利科彎英雄傳》中，描述關於「阿篤崗」（天國，神靈之地）
的傳說。在馬利科彎奇吉利終於爲族人完成聖戰，復當年在馬西多巴安高地
之仇，布達卻也因此失去寶貴的性命。當布達在將死之際，憶起當年泰耶魯
自幼被教授的「阿篤崗」（天國，神靈之地）傳說。

〔註734〕鍾肇政，《鍾肇政全集7‧馬利科彎英雄傳》（2000年），頁468～469。
〔註735〕鍾肇政，《鍾肇政全集7‧馬利科彎英雄傳》（2000年），頁469。
〔註736〕鍾肇政，《鍾肇政全集7‧馬利科彎英雄傳》（2000年），頁482。
〔註737〕鍾肇政，《鍾肇政全集7‧馬利科彎英雄傳》（2000年），頁485。

> 一個泰耶魯，不把死當一回事，他們在「阿篤崗」（天國，神靈之地）
> 等著，那是個快樂平安的地方！可是在進「阿篤崗」以前，除非那
> 個守橋人認爲你是「泰耶魯·巴賴」，否則他會在你的雙手上塗藜汁，
> 讓你去洗手，洗不乾淨的人才是一個「泰耶魯·巴賴」，他才會讓你
> 過橋，洗淨了的就是壞人，他會把你從橋上推下去，餵給溪裡的一
> 大群惡蛇和巨魚吃。所以我們泰耶魯從小便教導怎樣做一個「泰耶
> 魯·巴賴」和「卡娜琳·巴賴」（眞正的女子）記得很久很久以前，
> 亞爸就和我談起這些。〔註738〕

對於眞正的泰耶魯而言，死不足懼，但死後可通過守橋人的試驗，方可回到「阿篤崗」（天國，神靈之地）；否則將被推落橋而成爲壞人。布達憶起這段傳說，也相信自己死不足憾。鐘肇政在原住民族書寫中，乃將原住民族傳說故事與精神信仰融入其中，藉此紀錄著原住民族的口傳文學。

五、「馬哈哄伊」的養鳥禁忌

（一）馬利科彎之馬哈哄伊

鍾肇政《馬利科彎英雄傳》中，描述在馬利科彎因一場疫病，導致謠傳諾明爲一位可怕的「馬哈哄伊」（妖術師），族中頭目們甚至於決定出草諾明一家人，但「沒有一件事可以證明諾明是個令人害怕的『馬哈哄伊』。當年諾明年輕時代的事跡，布達雖爲親眼目睹，但從耳聞中布達知道諾明是個泰耶魯，不折不扣的。對這樣一個老者，以及他的家人，怎能忍心出此下策呢？」〔註739〕在布達眼中，諾明仍爲一位不折不扣的泰耶魯，而納悶著爲何出此下策？縱然剛開始沒證據可證明諾明，乃爲令人害怕的「馬哈哄伊」。豈料，皮亞歪社的中頭目耶波·畢泰，與馬利科彎社的威南·索利，雙雙證實乃遭受諾明的咒語所害才會致病，且希望大家爲他們復仇。

> 事情終於不可避免地爆發了。皮亞歪社的一個中頭目耶波·畢泰和
> 馬利科彎社的威南·索利，竟然在得病將死之前，像家人說了同樣
> 的話：「我的並不是『奧托夫』的旨意，只因中了諾明的魔咒，所以
> 終究免不了一死。如果我死了，希望大家爲我報仇。」〔註740〕

〔註738〕鍾肇政，《鍾肇政全集 7·馬利科彎英雄傳》（2000 年），頁 573。
〔註739〕鍾肇政，《鍾肇政全集 7·馬利科彎英雄傳》（2000 年），頁 395。
〔註740〕鍾肇政，《鍾肇政全集 7·馬利科彎英雄傳》（2000 年），頁 394。

　　此事件傳聞始於多年前，諾明一家人曾養鳥之故，「這已經是四五年以前的事，可是人們對他的規避與白眼，依然如故。」〔註741〕此次疫情自然而然被聯想到諾明一家人身上，而使其蒙受不白之冤。此傳言在巴突突社、馬利帕社、皮亞歪社，同樣鬧得沸沸揚揚。

> 這次的風邪病，人們把猜疑的眼光集中到老諾明一家人頭上，說起
> 來也是很自然的趨勢。不僅他們這個巴突突社如此，隔鄰的馬利帕
> 社、皮亞歪社也鬧得風風雨雨，謠言滿天飛。〔註742〕

　　傳聞的肇始點，該回到蘇羊九歲那年，「有一年——那是他的么兒子蘇羊九歲的時候。一天，蘇羊跟著諾明去溪邊玩。小蘇羊在岸上的樹枝上看到一窩鳥巢，便把他整個地取下來了。」〔註743〕諾明警告蘇羊，那是「馬哈哄伊」（註：妖術師）才用的鳥。蘇羊即使害怕，還是希望將鳥帶回家。

> 「蘇羊。」老諾明告訴兒子說：「那不能玩的，把它丟了吧。」「爲
> 什麼呢。亞爸（註：父親。）」「你怎麼不知道呢？那是『馬哈哄伊』
> （註：妖術師）才用的鳥啊。」「哎呀……」小蘇羊頓時就害怕了，
> 面孔發青，雙手的顫抖，讓鳥窩掉下去了。「亞爸，『馬哈哄伊』用
> 這來詛咒人嗎？」……「爲什麼？牠們還沒長大，就是好心的，不
> 是壞心的，不是嗎？」〔註744〕

　　雖諾明一家人只有養鳥數日，但傳到鄰居耳中，「誰是可惡的『馬哈哄伊』（註：妖術師）呢？人們猜疑的眼光，集中到諾明一家人頭上。許久以來諾明就被目爲是一個巫師，而且是壞的；他能靠唸咒文畫符咒，使人得病，使人痛苦，甚至遭逢更嚴重的災禍。對諾明來說，這是一天大的冤枉，可是流言一經傳開，誰也阻止不了。」〔註745〕由於以訛傳訛的流言四起，傳言乃抑制不住地漫天散開。頭目馬烏伊逼不得已，只好勸諾明一家人遷到村落盡頭的林子裡居住，遠離部落以避免人心惶惶。豈料，還是無法抑止部落流言的流竄。

> 可是這是卻被鄰居知道了，於是諾明是個「馬哈哄伊」的流言倏忽
> 間便傳開。諾明遭到眾多人們的悸怖的眼光，沒法可施，頭目馬烏

〔註741〕鍾肇政，《鍾肇政全集 7・馬利科彎英雄傳》（2000 年），頁 394。
〔註742〕鍾肇政，《鍾肇政全集 7・馬利科彎英雄傳》（2000 年），頁 394。
〔註743〕鍾肇政，《鍾肇政全集 7・馬利科彎英雄傳》（2000 年），頁 393～394。
〔註744〕鍾肇政，《鍾肇政全集 7・馬利科彎英雄傳》（2000 年），頁 393～394。
〔註745〕鍾肇政，《鍾肇政全集 7・馬利科彎英雄傳》（2000 年），頁 392。

> 伊也勸他遷到村落盡頭的林子裡另外搭建屋子居住。為了避免更搧
> 動人們的恐懼心與猜疑，他只得聽從，把一家老少——妻子、三個
> 兒子、一個女兒、外加長媳與一個小孫子搬到頭目所指定的地點。
> 〔註 746〕

諾明一家人遠離部落的四、五年間，大家以為就此相安無事；豈料，這一場病情，卻被穿鑿附會到諾明一家人身上，年老的諾明已無力辯解、也無從辯解地任憑流言冤枉著，「諾明已經十分年老，他只知道他至少已經活過了五十個年頭，滿頭白髮，身子也瘦小衰弱，加上雙眼的視力減退了許多，行動有些不便了。他每有與社會接觸的機會，便為自己力辯，可是人們看見他，總是遠遠地躲避著，不肯聽他的話。彷彿一經與他接觸，就會被咒上，惹來一身災禍似的。」〔註 747〕諾明一家人即因當年的養鳥事件，而造成舉家遭到族人出草的悲慘命運。由此可知，禁忌對於原住民部落而言，乃影響重大地嚴格且迷信地被族人恪守著。

六、原住民族狩獵禁忌

（一）馬利科彎之狩獵禁忌

鍾肇政《馬利科彎英雄傳說》中，描述原住民族出獵前，必定要進行「鳥占」或「夢占」，去聽取天神「奧托夫」的旨意，倘若結果為好方可出獵。故原住民在出獵或出草前，必定要等待鳥占的結果才可行動。

> 他們必須等待——等待小鳥們醒來，開始啼囀、活動，以便頭目與
> 眾長老舉行第一次鳥卜。亞爸（即父親之意）已經宣布過了，昨晚
> 的夢卜是上上吉。他說他夢見「斯卡哈馬勇」的大頭目阿畢魯·比
> 拉克披上了一件大披風，一陣風也似的來到馬利科彎，宣稱要「埋
> 石為盟」，永遠要和平相處，……有了這次夢卜，獵豹已勢在必
> 行。〔註 748〕

萬一結果不吉利的話，即要等待鳥占結果為好的後才可行動，「萬一不吉利，那就得等到明天再卜，以決定行止。這真是令人不耐煩的等待，可是你有什麼辦法呢？因為那是『奧托夫』的旨意。否則出獵將一無所獲。甚至還

〔註 746〕鍾肇政，《鍾肇政全集 7·馬利科彎英雄傳》（2000 年），頁 394。
〔註 747〕鍾肇政，《鍾肇政全集 7·馬利科彎英雄傳》（2000 年），頁 392。
〔註 748〕鍾肇政，《鍾肇政全集 7·馬利科彎英雄傳》（2000 年），頁 425～426。

可能惹來『奧托夫』的震怒，降臨災禍！」〔註749〕此項鳥占禁忌乃為原住民部落中深信不已的規範。另一項禁忌即是在出獵途中，絕對不可打噴嚏或者放屁，「『科羅。』布達和藹地說：『打噴嚏是禁忌，你忘了是嗎？還有放屁也是，一不小心，放出來就糟了，大家都得折返哩。』」〔註750〕此打噴嚏或放屁同為不吉利的象徵，此乃出獵或出草時，族人所必定要遵循的重要禁忌之一。但就醫學角度，此乃正常的生理現象，或許代表著有人即將要生病。

> 在還沒有確定「奇吉利」不在這兒時，別的動物不可以碰牠。那是因為流了血以後，血腥味會使「奇吉利」發狂，兇毒異常，非常危險。當然，如果有了「奇吉利」的痕跡，那就更不能碰山豬了。
> 〔註751〕

部落勇士以獵殺「奇吉利」為重要目標之一。在確定「奇吉利」的痕跡後，即絕對不可獵殺山豬與其他動物，以免觸怒「奇吉利」而造成出獵失敗。此即原住民族狩獵時的禁忌，原住民諸多禁忌，部分乃情有可原，但部分則出自於迷信之故。

七、蛇入屋的不祥禁忌

（一）馬利科彎之蛇入屋

鍾肇政《馬利科彎英雄傳說》中，描述有蛇入屋，乃為不祥之兆的說法。在布達的馬利科彎要與斯卡哈馬勇「埋石為盟」前夕，阿咪娜告知布達，從園裡回來見到有二蛇入屋的現象，著實地令布達不安，「『昨天……我沒告訴你，昨天我從園裡回來，看到屋裡有兩條蛇。』……『我把一條打死了，可是另一條跑掉了，我擔心這幾天裡會有不好的事發生。』布達不想了。不錯，蛇進屋不祥的徵兆，會有怎樣的事發生呢？」〔註752〕在「馬西多巴安高地」的「埋石為盟」的儀式即將到來，布達即使心中不安，但深信天神「奧托夫」會再給族人指示，族人才安心前行。

> 何況蛇入屋，那是不祥之兆，這一點固然沒錯，可是也不算多麼嚴重，如果「奧托夫」認為此確不祥，那麼牠會在一行人前往「馬西多巴安高地」的途中，再次派遣蛇，來阻擋一行人的去路，那時，

〔註749〕鍾肇政，《鍾肇政全集7·馬利科彎英雄傳》（2000年），頁426。
〔註750〕鍾肇政，《鍾肇政全集7·馬利科彎英雄傳》（2000年），頁427～428。
〔註751〕鍾肇政，《鍾肇政全集7·馬利科彎英雄傳》（2000年），頁433。
〔註752〕鍾肇政，《鍾肇政全集7·馬利科彎英雄傳》（2000年），頁514。

不會有人敢前進，只有折返，埋石為盟的是只得另作計議，甚或取
消了。〔註 753〕

果然，蛇進屋的不祥之兆，即為天神「奧托夫」的旨意。此次「埋石為
盟」果眞為斯卡哈馬勇的詭計，使布達的馬利科彎遭遇到斯卡哈馬勇的突襲，
而損失慘重。蛇進屋的不祥之兆，即為部落中出獵或者出草前所參考的重要
禁忌之一。

（二）蛇王禁地之布納答西

鍾肇政在〈蛇之妻〉中，描述流傳於原住民部落的蛇郎君民間故事，流
傳於不同族群的故事情節，即有差異之處。鍾肇政將原住民族如何遇見蛇郎
君的故事加以鋪陳，正當布康在族中禁地「布納答西」時，奇特的聲音從那
兒傳出，即遇見傳說中的蛇王，「聲音好像從下面傳來，老布康聽出了這些，
連忙低下頭一看，不禁倒抽一口冷氣。看，那兒有一大群百步蛇，怕有二十
來條吧，聚成一堆正在蠕蠕而動。其中特別大的一條，把頭抬高，眼裡發出
兇光凝視著他。」〔註 754〕當布康看見一大群百步蛇，已非常地詫異；再加上
百步蛇還開口與布康對話，更令布康難以置信；百步蛇甚至於指出布康不但
進入族中禁地「布納答西」，還偷取蛇王的花。

「我是達魯馬斯蛇王。」……「我要怎樣？還有怎樣呢？你進了
『布納答西』，又偷了我的花，你說該怎樣？」聽到「布納答西」這
個詞兒，老布康立即感到血潮倏地從臉上退下，雙腿也抖起來了。
〔註 755〕

當布康緊急否認時，卻發現自己已不小心進入族中禁地「布納答西」，
「『我……我沒有啊』老布康嘴裡勉強地說著，可是仔細一看，自己確實是置
身在司魯多多山脊上了。糟了！他在內心不由地叫了一聲。『哼，還說沒有
嗎？』對方冷冷地說：『排灣人是不會撒謊的，承認自己的錯誤，才是一個勇
者。難道你不是排灣人嗎？』」〔註 756〕布康知道自己麻煩大了，蛇王達魯馬斯
決定要好好地懲罰布康，此時的布康連天神也無法幫忙。

「好，既然你承認了，那就讓我來懲罰你。」……「我要咬你一口

〔註 753〕鍾肇政，《鍾肇政全集 7・馬利科彎英雄傳》（2000 年），頁 514。
〔註 754〕鍾肇政，《鍾肇政全集 7・蛇之妻》（2000 年），頁 617。
〔註 755〕鍾肇政，《鍾肇政全集 7・蛇之妻》（2000 年），頁 619。
〔註 756〕鍾肇政，《鍾肇政全集 7・蛇之妻》（2000 年），頁 619。

你，讓你走了一百多步後一命嗚呼。」……他在內心暗叫一聲，偷偷地想用力舉起腿跑開，還是不能夠，怎麼辦？茲馬斯哪，我怎麼會遇到這種倒楣事！「算了吧，老布康，茲馬斯也幫不了你的忙的。不過你可以放心，我會儘可能的減輕你的痛苦。」〔註757〕

在布康百般求情下，「『求求你，達魯馬斯，只要你饒了我這一次，我以後絕不會再犯，並且我願意為你做一切事，只要你要我做。』『這話可是真的？』『排灣人說一不二，絕不反悔。』」〔註758〕蛇王達魯馬斯終於答應放過布康一馬，「不過有個條件，就是把你女兒嫁一個給我做我的『瓦勞』。」〔註759〕達魯馬斯並要布康保證自己絕不反悔。在布康的允諾下，對蛇王說道，「達魯馬斯，請你聽我說，我當然是個排灣人，絕不反悔的。可是要我的女兒嫁給你做『瓦勞』，這是我女兒的事啊。我可不能保證她們肯答應啊。」〔註760〕當布康回到家後，百思不得其解地，不知如何將此事告知女兒們。

「不，『卡馬』，您一定有什麼是瞞著我們的。告訴我們吧，說不定我們能幫助您。」拉麗妲也憂愁滿面了。……「都是我不好，早上出門時，明明鳥卜不好，可是我換了一個方向，還是出門去了。沒有聽從『茲馬斯』的旨意，受到神罰也是應該的。不過奴奴拉、拉麗妲，你們放心好了，我當然不會要你們嫁給百步蛇做『瓦勞』的。要受罰，我自己來受也就夠了。」老布康這樣結束了話。〔註761〕

布康在女兒的追問下，決定說出實情，將今天巧遇蛇王之事加以說明。但善良的布康，當然不想拖累女兒。因此，決定要自己犧牲去面對蛇王的責難與處罰。豈料，在孝順女兒拉麗妲的勇於犧牲下，決定要嫁給蛇王達魯馬斯，劇情卻有一百八十度出人意表的變化，而揭開蛇郎君民間故事的序幕。

八、孿生子禁忌

（一）卑南平原之孿生子

鍾肇政在《卑南平原》中，描述原住民族對於孿生子，乃為不祥之兆的傳說。在卑南平原的普優馬部落當中，還存在著諸多特殊的部落文化習俗，

〔註757〕鍾肇政，《鍾肇政全集 7・蛇之妻》（2000 年），頁 620。
〔註758〕鍾肇政，《鍾肇政全集 7・蛇之妻》（2000 年），頁 621。
〔註759〕鍾肇政，《鍾肇政全集 7・蛇之妻》（2000 年），頁 621。
〔註760〕鍾肇政，《鍾肇政全集 7・蛇之妻》（2000 年），頁 622。
〔註761〕鍾肇政，《鍾肇政全集 7・蛇之妻》（2000 年），頁 623。

諸如「照他們的習俗，攣生子是不祥的，必須去其一，否則會觸怒祖靈——也是天神，帶來嚴重的災厄。」〔註762〕就現在醫學角度而言，此乃爲無稽之談，故在漢族羅姍曜的堅持下，努力地革除這項部落陋習。

> 她曾經爲了留下女嬰而許下諾言：祖靈降災時，她願以己身爲犧牲來祭神，在重大變故發生之後，只要長老們之中有人提起，她便必須獻身祭壇以息神怒。……王后之死，便是這種變故當中的第一椿。〔註763〕

鍾肇政除了描述原住民族諸多傳統習俗外，也描述漢族王后羅姍曜，努力地革除原住民族不合常理的陋習，藉此展現原漢族群接觸時，所激起的不同火花與影響，由不同角度去解讀原漢族群接觸的變遷。

小　結

鍾肇政的原住民族書寫，即相當具有時代指標性，其原住民相關題材的文學創作，乃跨越 1970、1980 年代，發表諸多重要的原住民族議題書寫，誠如 1973 年 9 月長篇小說《馬黑坡風雲》、1975 年《插天山之歌》、1978 年〈月夜的召喚〉、1978 年〈女人島〉、1979 年 4 月《馬利科彎英雄傳說》（長篇）、1980 年〈回山裡眞好〉、1980 年〈馬拉松冠軍一等賞〉、1982 年〈獵熊的人〉、〈阿他茲與瓦麗絲〉、〈矮人之祭〉、〈蛇之妻〉、1982 年計畫著手進行〈高山三部曲〉的寫作、1983 年《高山組曲》發表，1985 年 4 月《川中島》（高山組曲第一部）（長篇）、1985 年 4 月《戰火》（高山組曲第二部）（長篇）、1985 年爲寫作《卑南平原》赴臺東田野調查、1987 年《卑南平原》（長篇）……等著作，均爲其創作中以原住民族爲主的文學作品，接著即歸納分析鍾肇政的原住民族文學書寫。鍾肇政文學中，經常以長篇小說或散文形式出現，見證著日治時期迄戰後的日本殖民、原住民族文化發展與族群變遷；由抗日行動高峰的霧社事件，演變至爲日本天皇而戰的皇民化運動，寫下諸多令人可歌可泣卻深感遺憾的史篇。

首先，鍾肇政於 1973 年 9 月長篇小說《馬黑坡風雲》的原住民族議題，諸如日治時期的日本殖民壓迫，諸如同化政策、同化教育、殖民勞役、殖民衝突壓迫、皇民化運動、霧社事件、抗日精神與抗日行動……等諸多日本殖

〔註762〕鍾肇政，《鍾肇政全集 10・卑南平原》（2000 年），頁 261。
〔註763〕鍾肇政，《鍾肇政全集 10・卑南平原》（2000 年），頁 269～270。

民行動與現象；關於原住民族文化，諸如原住民族祭典、祖靈與天神傳說、出草習俗、獵豹行動，均可見證原住民勇士的訓練與榮耀的象徵；還有原住民族祭典、部落婚禮……等諸多傳統部落文化習俗。

　　原住民族的出草行動，乃為部落勇士的象徵，但在日治時期卻被日本嚴禁，而成為野蠻違法的活動，逐漸演變成原住民被殖民者為日本殖民者參與南洋戰爭，但現代原住民青年對於傳說中出草的馬嘎嘎仍充滿好奇。至於原住民族婚禮，由原住民族傳統婚禮的文化意味濃厚，到日治時期原日政略婚禮的舉行，到現今社會原漢族群婚禮的融合，乃產生諸多變遷。最後，諸多原住民族文化習俗、禁忌、傳說故事，均融匯於鍾肇政文學中，見證原住民族文化的獨特性。

　　關於日治時期的日本殖民壓迫，以同化政策策動原住民干卓蕃與霧社蕃的嫌隙，導致布凱之役發生，日本殖民官方利用諸多方式逼迫原住民族歸順。關於同化教育，日本殖民官方乃成立「蕃童教育所」，最成功的皇民化案例即為花岡一郎與花岡二郎。關於皇民化運動，日本殖民官方乃強勢地將日本傳統的禮俗、節日、生活方式……等日本傳統習俗，迫使原住民族認真仿效，以成為真正的皇民為榮。

　　此外，原住民族對於長期的殖民勞役積怨已深，再加上傳統生活方式被迫改變，而引起諸多反彈。關於殖民衝突壓迫，諸如原住民青年沙坡和巴旺的遭遇，沙坡慘遭日本巡查島野訓斥與盛氣凌人地鞭打而造成衝突。但在日本殖民壓迫下，原日衝突乃時有所聞，諸如他達歐認為吉村巡查不肯接受敬酒，乃受到嚴重侮辱外，即忍無可任地把日人巡查吉村舉起擲下，重擊日本巡查而犯下大罪，還要大筆賠款；但當初吉村甚至於還曾企圖要非禮恬娃絲。最後，在官逼民反的巨大殖民壓迫下，莫那・魯道乃揭竿起義，造成史上最大的抗日行動霧社事件的爆發。

　　關於原住民族祭典，乃為他洛旺社中他達歐的好友畢荷・沙坡的爸爸出草日本巡查坂本後，所舉行的「人頭祭」。此外，原住民族相信檜木原始林，乃為天神奧托夫與祖先神靈們的居所；死亡後天神將會協助族人重生。關於原住民族的勇士訓練，舉凡出草、出獵外，甚至於舉千斤巨石過肩，均為重要的傳統活動。最後，關於原住民部落婚禮，乃描述新郎峨東濱與新娘路比的婚禮，婚禮之初要先進行祭神大典；但在日本殖民統治後，新郎日本官員霧社分室的巡查進藤儀三郎與馬黑坡之花，大頭目的妹妹恬娃絲・魯道的婚

禮，乃爲一場原日族群的政略婚姻。

在 1975 年《插天山之歌》中，乃將原住民青年在山中的形象，與日治時期下的被壓迫情境，自然地再現於文本中，諸如日本殖民衝突壓迫與皇民化運動……等諸多殖民現象。山地部落原住民老人談論著，原住民族所承受的殘暴殖民壓迫，他兒子均被日本人徵召成爲「軍夫」。此外，關於日本皇民化運動的現象，諸如志願兵制度、改成日本式名字、青年團查閱場、四方拜、青年團；甚至於在「雞飛蕃社」中的「國語家庭」……等諸多皇民化現象。爾後，隨著日本戰敗，漢族青年陸志驤展現漢族中心主義作祟而感到欣喜；反觀原住民族卻極度不願成爲日本人口中最下等的支那人。

在 1978 年〈月夜的召喚〉中，乃呈現諸多原漢族群接觸之際，重要原住民族群議題，諸如原住民青年形象、漢族的眼光、原住民族懷鄉心境與故鄉情境的懷念之情……等諸多層面族群議題。此文本乃藉由原住民青年莫勇，到平地工作的經歷，呈現出漢族如何看待與對待原住民族，諸如莫勇身上的體味，使其產生族群自卑的心態；甚至於認爲其「曹」族原住民身分，連平地的鸚哥均不想理會他。當莫勇回憶起部落景象而睹物思鄉時，還爲融入漢族而騎腳踏車，參加漢族節慶做平安戲而開心，漢族老闆孩子聽到莫勇的原住民語言乃充滿好奇，均反映出原住民族在平地的族群適應情況。縱然莫勇明知所賺的錢將會被「阿莫」拿去買酒，再加上部落中酗酒、暴力充斥的家庭景象，諸如阿莫與伊諾喝酒、打架的場景，彷彿歷歷在目般；但莫勇還是難以忘懷山上打山豬的快樂，美味的山豬肉、鹿肉……等山中野味。此外，莫勇乃以平地的鬼不要嚇唬山地的「曹」族青年，展現出所承受的族群精神壓迫。還有故鄉中諸多國中同學，諸如莫興、阿科伊諾、巴蘇耶……等人，均到外地工作，同樣承受著思鄉之苦。

在 1978 年〈女人島〉中，乃針對阿美族原住民青年沙拉凡，一段奇異冒險旅程爲主軸，探討原住民族的故鄉情境、山地傳說故事、部落婚禮習俗……等諸多原住民族議題。首先，當阿美族勇士沙拉凡，籌備著與族中美女娜考的結婚的聘禮，到後山砍木材時，讓木材順流而下；卻就此展開一段女人島的傳說故事。沙拉凡被女人島的頭目芙雷哈爾，命令妲哈爾飼養著，準備養胖後抓去祭神。但沙拉凡設計妲哈爾一起回到部落時，卻在海上遇難而造成妲哈爾喪命。沙拉凡則巧遇號稱馬啾馬啾的「海神」大鯨魚而回部落。沙拉凡以屋簷下的磨刀石證明身分，頭目認爲馬啾馬啾，即爲所謂的「海神」，而

產生海神祭。最後，沙拉凡在死後將膽放入海中祭神，此即爲海水又鹹又藍的傳說故事。

在 1979 年 4 月《馬利科彎英雄傳說》長篇小說中，將原住民部落風貌與文化特徵，生動活潑地如實呈現，舉凡出草、祭典、習俗、禁忌……等諸多原住民族文化，均可在此一窺究竟。在馬利科彎英雄傳說故事中，二大重要人物即爲布達和蘇羊。當年諾明的么兒蘇羊因養鳥事件，導致諾明被視爲妖術師；再加上部落瘟疫盛行時，皮亞咒社的中頭目耶波‧畢泰和馬利科彎社的威南‧索利出草，均直指爲諾明所致，而造成諾明一家人被族人出草。

在馬利科彎部落若能狩獵到「突奴枯（首級）」與「奇吉利」即可成爲勇士，還可如布達般在胸前刺青一條橫槓，而成爲勇士的重要象徵圖騰。當在「奇吉利祭」與「突奴枯祭典」中，乃需祭壇架設、豹皮放置、骷髏排列，再由馬利科彎大頭目瓦當‧比來爲代表，來祭告天神「奧托夫」。還有，勇士訓練舉凡出草、射箭、受獵、獵豹、手工製造武器──弓箭、磨刀、設陷阱、編籐籠，作「挑干」、剝皮揉獸皮……等諸多傳統技能，均爲勇士訓練的重點。關於精神信仰層面，諸如布達與瓦郎同時看上阿咪娜，僅能以比武競爭，讓天神「奧托夫」決定阿咪娜的婚配對象；甚至蘇羊可存活下來，均由天神「奧托夫」所決定。

關於部落文化習俗層面，諸如狩獵前的鳥占與夢占，埋石爲盟、爲復仇斯卡馬哈勇部落而出草、爲瘟疫除害而出草……等諸多習俗。布達與那拜、阿畢魯決鬥雖獲勝利，但在最後布達將死之際，回憶起關於「阿篤崗」（天國，神靈之地）的傳說故事，在進入「阿篤崗」前，將經由守橋人塗藜汁，洗不乾淨者，方爲眞正的「泰耶魯‧巴賴」與「卡娜琳‧巴賴」；否則將落橋被惡蛇與巨魚吃咬。此外，關於布達與阿咪娜的婚禮籌備，乃由新郎親自建築新房，還要準備聘禮，諸如人造項鍊、豹齒飾品……等重要守護飾品。原住民男女間還有嘴琴示愛，取髮回應的習俗。最後，還有關於蛇入屋乃爲不祥之兆的禁忌流傳於部落中。

在 1980 年〈回山裡眞好〉，乃以一個前往平地求學的山地青年武達歐的故事加以鋪陳，文本所呈現的原住民族議題，諸如原住民族群認同意識迷思、原住民青年形象、故鄉情境的懷念、出草意義……等諸多層面進行論述。山地青年武達歐在平地求學時乃適應不良，而想回到山上打獵，或到工廠做工。縱然山上生活環境不佳，還有飲酒的習慣，但武達歐還是懷念亞爸手裡的一

瓶酒與幾個饅頭。武達歐還詢問父親關於馬嘎嘎的習俗，但在日治時期的同化教育觀念中，參與日本南洋戰爭乃爲光榮之事；原住民族的馬嘎嘎，乃爲違法、野蠻、殘忍而被嚴格禁止之事，如今已成爲過往雲煙。武達歐甚至於詢問原住民族爲野蠻人嗎？原來是在平地武達歐最害怕的漢族老師，那一句「野蠻人，天生的野蠻人！」造成武達歐的心理創傷。因此，武達歐不斷地飲酒滋事以示抗議。最後，在思鄉的牽引下，武達歐回憶起當年在繈褓之際，亞亞（母親）教他數星星的美好回憶。

在 1980 年〈馬拉松冠軍一等賞〉，乃描述山地的馬拉松賽跑，原住民青年欲贏得冠軍的過程。參賽除了需禁酒外，還描述原住民族出草、馬拉松部落活動……等諸多重要的傳統部落活動。老瓦丹談論著當年獲得冠軍的豐功偉業，並談論到如今已無馬嘎嘎活動；日治時期的馬嘎嘎並非出草，而僅爲所謂的南洋戰爭。因此，僅有尤達斯與老瓦丹的亞爸曾在馬利科彎出草過。

在 1982 年〈獵熊的人〉，乃揭露現代部落生活的變遷、部落青年的觀念變遷，部落獵熊活動的過程，與獵熊英雄的產生……等諸多部落生活情節。部落獵熊活動，即爲展現山地勇士氣勢的重要途徑，而比拉克跟歐畢魯兄弟，即爲著名的獵熊英雄。但在現實生活的歐畢魯，乃將平地的生活陋習帶入部落，諸如學會花錢、彈吉他、玩紙牌、嚼檳榔、喝酒……等諸多惡習。當歐畢魯被登山客請去當嚮導而肚疼，老布納和比拉克即前往拯救時，瓦必卻爲救歐畢魯而犧牲性命。此外，現代原住民族已非過去那種野蠻民族，亞爸那一代所參與的僅爲戰爭，並非出草。最後，獵熊英雄終究還是回歸到平靜的現實生活。

在 1980 年〈阿他茲與瓦麗絲〉，乃展現諸多原住民族議題，諸如漢族眼光、懷鄉心境……等諸多層面。阿他茲生病與瓦麗絲喝農藥輕生的情節，道出瓦麗絲在幼年喪雙親、喪姊，而成爲孤苦無依的山地女孩，迫於經濟而嫁給平地漢族先生阿他茲；卻極爲眷戀故鄉。瓦麗絲姊姊也曾迫於生活而成爲妓女；瓦麗絲的亞爸乃爲日本征戰而喪生。阿他茲還罹患「巴卡症」；甚至於被懷疑跟娶山地女人瓦麗絲有關，乃爲極度汙名化觀念。最後，瓦麗絲仍迫於經濟壓力，僅能爲了生計而賣身。

在 1980 年〈矮人之祭〉，乃描述賽夏族矮人傳說與矮靈祭由來，還有諸多原住民族議題，諸如山地傳說故事、原住民族祭典文化……等諸多層面進行論述。賽夏族矮靈祭，又稱之爲「帕斯他矮祭典」，兩社頭目需準備三十隻

野獸以展開祭典。首先，他愛要他洛與阿島學唱祭典歌曲以展開「始祭式」，第二天「招待之祭」卡馬黑洛司卻看上瓦碧娜，並要求祭典後將她帶走，第三天則為「正祭」。伊邦不願意未婚妻被帶走，企圖在巡哨途中，觀察矮人們聚在橋上互相抓頭蝨，當他正想解決矮人之際，橋卻在冥冥之中注定般地斷了，造成矮人族滅亡。最後，當矮人族喪生後，僅存的他愛乃抓住棕櫚葉，變成諸多害蟲詛咒賽夏族人作物受害，賽夏族人自此即要舉行矮靈祭，此即矮靈祭的由來。

在 1980 年〈蛇之妻〉，乃描述排灣族蛇郎君的傳說故事，分析諸多原住民族議題，諸如山地傳說故事、祖靈與天神傳說、狩獵行動、勇士訓練與榮耀象徵、部落婚禮習俗、鳥占習俗……等諸多原住民族文化議題。老獵人布康為了狩獵而誤入禁地「布納答西」，遇見蛇郎君要求將女兒出嫁。因此，孝順的女兒拉麗姮決定嫁給傳說中蛇王達魯馬斯，奴奴拉卻羨慕妹妹嫁的不錯，而進入禁地「布納答西」，害死拉麗姮，進而取而代之。此外，原住民族在狩獵前，均會以鳥占或夢占，尋求天神奧托夫的旨意。但傳說中只要族人踏進族中禁地——司魯多多山脊「布納答西」（不吉之地），即會觸怒「茲馬斯」（天神）。此外，還描述排灣族的搶婚習俗，蛇王達魯馬斯在迎娶拉麗姮時，同樣遵守族中搶婚習俗。

鍾肇政在 1982 年計畫著手進行〈高山三部曲〉寫作，並於 1983 年發表《高山組曲》，1985 年 4 月《川中島》（高山組曲第一部）（長篇），乃分析諸多原住民族議題，諸如同化教育、殖民勞役、殖民衝突壓迫、皇民化運動、霧社事件抗日精神與行動、出草行動、部落婚禮、埋石為盟……等諸多層面的原住民族議題。

在日治時期，畢荷‧瓦利斯亦即高永清，乃為真人真事的故事。畢荷為了救命恩人道澤駐在所主任小島源治，乃努力地融入皇民化運動；巴堪為了保護著馬紅的清白，寧願犧牲自我；馬紅受到羞辱而最後選擇自縊，均展現出原住民族的氣節。畢荷‧瓦利斯所呈現的族群認同迷思，彷彿同化教育最成功的花岡一郎和花岡二郎般，逐漸淡化原住民遺族的族群悲痛。皇民化運動仍使原住民族苦不堪言，尤其為長期勞役，對於原住民族部落型態的衝擊與改變甚鉅。

日本殖民官僚強搶山地原住民女子，而使山地風紀敗壞；甚至於莫那‧魯道的妹妹恬娃絲‧魯道——馬紅，被日本巡查杉山政看上。巴堪為保護馬

紅而選擇自願遭杉山政的侮辱；但最後還是遭到屈辱的馬紅乃選擇自縊。此外，關於皇民化運動，日本殖民官方乃舉行歸順式、同化教育、日本習俗與儀式，諸如日本始政紀念日，在新駐在所落成典禮中，三輪聽到太郎流暢的日語；安達主任斥令馬紅唱歌，還有諸多日本文化融入原住民族生活，諸如「四方拜」儀式、神社祭、紀元節、明治節、天長節……等日本傳統節日，均為日本殖民的同化手段之一。

當年阿外乃切身經歷過親人的慘痛犧牲；如今卻徹底地夢想成為皇國青年。回憶起當初霧社事件，莫那・魯道率領族人起義敗北後，日本殖民當局即以先進武器攻擊，派出飛機轟炸，與毒瓦斯殲滅原住民族。最後，乃進行川中島的集中營生活。原住民遺族在移徙川中島隊伍中，充滿憤怒的波波克、將要臨盆的娥賓、馬黑坡大頭目莫那・魯道的女兒馬紅、蘇克社的巴堪・羅賓，均在其中。但後來日本殖民當局，即煽動與利誘沙拉毛部友蕃去偷襲收容所中霧社部敵蕃，當友蕃慶祝著「出陣祭」時，劫後餘生的「反抗蕃」即成為所謂的「保護蕃」。

在日治時期，馘首被視為野蠻而違法的行為；老巴旺乃先後被安達主任、白木巡查部長、樺澤邀去，探查「兇蕃」訊息，進而懲罰。此外，當馬紅自縊後，畢荷後來被命令要迎娶初子，新郎畢荷與新娘娥賓乃身著山地服飾，白木先生任巡查部長乃要求以日本式婚禮喝「三三九次酒」進行婚禮。此乃令人回憶起當年花岡一郎與花子與花岡二郎與娥賓的婚禮。最後，日本殖民當局乃與保護蕃進行「歸順式」；甚至於協助「友蕃」與「敵蕃」在霧社分室進行「埋石為盟」。

在 1985 年 4 月《戰火》（高山組曲第二部）為長篇小說，乃以太平洋戰爭為背景，描述第二次霧社事件後，原住民遺族的生活型態，分析諸多原住民族議題，諸如殖民衝突壓迫、皇民化運動、故鄉情境……等諸多層面。在川中島收容所的保護蕃，乃競相參與志願兵，成為原住民皇軍而徹底被奴化，諸如阿外未成年弟弟沙坡（山下次郎）、達巴斯・庫拉（中島俊雄）、布農族林兵長（歐蘭・卡曼）……等均嚮往成為日本皇軍。此外，在四月一日「皇民奉公會」中，臺灣總督府長谷川清乃就任會長，將皇民化運動制訂為「欽定」運動。畢荷即為高峰浩、初子，均努力成為日本皇民；畢荷・瓦利斯甚至於成為公醫，乃與主任杉山警部官等相當。此外，在所謂的「天長節」，花岡新作在全島辯論大會，以流利的日語致「答辭」；山下太郎阿外則以寫血書

表明加入日本志願軍，而成爲全島知名人物。沙坡乃加入青年團訓練；甚至於連原住民少女細講，均志願成爲「特製看護婦」。原住民青年出征時，方可重新接受授刀儀式，重新回憶部落的傳統原住民族文化。

鍾肇政在 1985 年曾爲寫作《卑南平原》而赴臺東田野調查，1987 年發表《卑南平原》長篇小說，分析諸多原住民族議題，諸如霧社事件抗日行動、山地傳說故事、祭典、祖靈與天神傳說、出草與狩獵行動、勇士訓練與榮耀象徵、孿生子禁忌……等諸多層面。在普優馬的卑南王部落，乃加入漢族羅姍曜王后與漢族青年阿篤，描述原漢族群的相處過程。此外，還描述「霧社事件」、「皮士丹事件」、「大關山事件」、「逢坂事件」。在皮士丹事件中，泰耶魯族大頭目疋林‧疋戴，乃交出發動兇殺行爲的高山同胞；在大關山事件中，襲殺日警的頭目父子同時被處死；在「逢坂事件」中，高雄、臺東與花蓮交界處，發生布農族歐蘭卡曼被日警毒打後，憤而殺巡查的事件；但最慘烈即爲霧社事件的毒瓦斯攻擊。

此外，關於「卑南王」傳說的由來，乃爲卑南王協助平定林爽文之亂，受到滿清冊封得名；漢族官吏甚至於被卑南王招爲駙馬。關於原住民族祭典文化，乃描述帕卡塞拉拉、「獻祭」、「馬魯烏」、「悼亡祭」、「入倉祭」、「農神嘗新祭」、「刺猴祭」……等諸多祭典。在帕卡塞拉拉祭典亦即「獻祭」，乃將「帕卡塞拉拉」獻給諸神之王「吉拉」（日神）與「福拉」（月神）；「馬魯烏」祭典，乃由「邦沙蘭」以竹矛刺；當卑南族小王子卡他路邦被「馬諾旺」（布農族）馘首後，乃舉行「悼亡祭」；還有「大祭」、「入倉祭」，「塔科邦」在「農神嘗新祭」中，將新米擲撒給田神、山神；「瑪拉那砍」還要驅鬼祭儀與晚上驗身的儀式；在「刺猴祭」中，阿篤與巴里瓦基表現優異；在「託高會」擁有普優馬的出獵機會。此外，關於出草乃描述著卑南部落小王子卡他路邦在「塔科邦」接受訓練時，慘遭世仇爲祭神而出草的「馬諾旺」馘首；普優馬部落則爲復仇而出草。此外，卑南族的勇士訓練，乃在卑南青年十三歲即可進入「塔科邦」（少年公廨）；四年後可畢業進入「巴拉可安」（青年公廨）；三年後二十歲則晉昇「邦沙蘭」（成年級）。最後，描述卑南族乃認爲孿生子即爲不祥之兆。

鍾肇政爲《日安‧卑南》而遠赴臺東進行田野調查，描述原住民族的田野調查過程、原住民族形象、原住民族文化議題。在臺東見到的都蠻山，在鍾肇政內心裡稱之爲「聖山」，乃爲先民們靈魂的寄託地，而深具神聖意義。

此外，始於民國六十九年的考古活動，在此挖掘出無數出土物，證明約在三千年前，即存在有已查不可知的部族。但現今卑南遺址徹底被破壞，乃見證著原住民族文化的凋零與消逝。鍾肇政還見到先民立石，乃為先住民房屋構造物，彷彿「巨石文化」的象徵。鍾肇政還描述諸多原住民族菁英，諸如林志興、林信來，乃為保存族群傳統文化而努力。戰後第一位原住民族作家陳英雄，即深具指標性意義。郭光也為當年曾馳騁過日本甲子園球場的棒球名將。陸森寶乃以記錄傳統文化為職志。鍾肇政還訪談一位普優馬青年，曾接受過斯巴達教育；與當年陸森寶所接受的斯巴達教育有所差異。上述原住民菁英，即彷彿薩依德所述，為自我族群爭回歷史的歷程，努力追求原住民族的文化保存。

> 一個離鄉、亡國多年的人，面對死亡時開始認真回顧自己的人生，以今日之我探索、書寫昔日之我，與內在自我（inner self）重建關係，與已逝的父母修好，並試圖以個人的方式為民族爭回歷史（to reclaim history）。〔註764〕

鍾肇政也曾訪談一位邱先生，唸完六年再升兩年制高等科，畢業後在鄉公所工作，臺灣光復時還成為接收人員之一，並曾榮膺首兩屆民選鄉長。邱先生談到山地原住民族歷史，諸如最後馘首事件，乃發生於布農部落，原住民將駐在所日本警官一家三口砍頭。此即發生於霧社事件三、四年後。邱先生還帶鍾肇政去找古物收藏家盤古屋主人，收藏品有山豬檻、木盤、木椅、大頭目座椅、山刀、鐮刀、巨獸骨骸化石，山胞首飾……等。最後，鍾肇政還論及山地貧窮、人口流失、保留地、濫墾、酗酒、文化代溝、語言……等諸多原住民族議題。上述均為鍾肇政文學中原住民書寫的重要議題。

〔註764〕單德興、薩依德，〈序〉，《鄉關何處》（臺北：立緒出版社，2000 年 10 月），頁 17。